HERMANN AVENARIUS

Hochschulen und Reformgesetzgebung

Schriften zum Öffentlichen Recht

Band 369

Hochschulen und Reformgesetzgebung

Zur Anpassung der Länderhochschulgesetze an das Hochschulrahmengesetz

Von

Hermann Avenarius

DUNCKER & HUMBLOT / BERLIN

Gedruckt 1979 bei Buchdruckerei A. Sayffaerth - E. L. Krohn, Berlin 61
Printed in Germany

ISBN 3 428 04547 5

Vorwort

Untersuchungen, die sich einem aktuellen Thema widmen, laufen Gefahr, hinter der Entwicklung herzuhinken. Von solchem Schicksal bleibt auch diese Studie nicht verschont. Sie wurde Mitte Juli 1979 abgeschlossen und konnte deshalb danach eingetretene Ereignisse (insbesondere die Neuformulierung des Regierungsentwurfs zum nordrhein-westfälischen Hochschulgesetz) sowie jüngst erschienene Veröffentlichungen (z. B. Klaus-Peter Deumelands Kommentar zum Hochschulrahmengesetz) nicht mehr berücksichtigen.

Manche Fragen sind in dieser Arbeit nicht oder nur am Rande berücksichtigt. Man denke etwa an die Hochschulplanung, an die Verfahrensbestimmungen für die Hochschulgremien oder an die spezifischen organisationsrechtlichen Probleme der medizinischen Fachbereiche. Ebensowenig kann die Untersuchung in Anspruch nehmen, die hochschulrechtlich relevante Literatur in ihrer ganzen Fülle ausgeschöpft zu haben. Das Bemühen um Vollständigkeit hätte jedoch die Fertigstellung der Publikation nachhaltig verzögert und daher ihren „Zeitwert" erheblich gemindert. Das aber galt es zu vermeiden, und so mußte der Fragenhorizont eingegrenzt werden. Es bleibt zu hoffen, daß die ausgewählten „Teile", mögen sie auch in ihrer Summe nicht das „Ganze" des Gegenstandsbereichs der gesetzlichen Hochschulreform ausmachen, dieses Ganze doch zureichend repräsentieren.

Herrn Senator E. h. Ministerialrat a. D. Prof. Dr. Johannes Broermann danke ich für die Aufnahme dieser Untersuchung in die Reihe „Schriften zum Öffentlichen Recht".

H. A.

Inhaltsverzeichnis

Abkürzungsverzeichnis

BayHSchG	=	Bayerisches Hochschulgesetz
BayHSchLG	=	Bayerisches Hochschullehrergesetz
BerlHG	=	Berliner Hochschulgesetz
BremHG	=	Bremisches Hochschulgesetz
BRRG	=	Beamtenrechtsrahmengesetz
BVerfGE	=	Entscheidungen des Bundesverfassungsgerichts
BW	=	Baden-Württemberg
DFG	=	Deutsche Forschungsgemeinschaft
DÖV	=	Die Öffentliche Verwaltung
DUZ / HD	=	Die Deutsche Universitäts-Zeitung vereinigt mit Hochschul-Dienst
DVBl.	=	Deutsches Verwaltungsblatt
EFHG	=	Entwurf zu einem Gesetz über die Fachhochschulen
EWissHG	=	Entwurf zu einem Gesetz über die wissenschaftlichen Hochschulen
FachHSchG	=	Fachhochschulgesetz
FAZ	=	Frankfurter Allgemeine Zeitung
FHG	=	Fachhochschulgesetz
FR	=	Frankfurter Rundschau
HHG	=	Hessisches Hochschulgesetz
HmbHG	=	Hamburgisches Hochschulgesetz
HochSchG	=	Hochschulgesetz
HRG	=	Hochschulrahmengesetz
HSG	=	Hochschulgesetz
HUG	=	Hessisches Universitätsgesetz
KHG	=	Kunsthochschulgesetz
MHG	=	Musikhochschulgesetz
NHG	=	Niedersächsisches Hochschulgesetz
NJW	=	Neue Juristische Wochenschrift
NW	=	Nordrhein-Westfalen
PHG	=	Gesetz über die Pädagogischen Hochschulen
RP	=	Rheinland-Pfalz
SFB	=	Sonderforschungsbereich
SH	=	Schleswig-Holstein
SL	=	Saarland
SUG	=	Saarländisches Universitätsgesetz
UG	=	Universitätsgesetz
VHochSchG	=	Verwaltungshochschulgesetz (Speyer)
WissR	=	Wissenschaftsrecht, Wissenschaftsverwaltung, Wissenschaftsförderung

Einleitung

Durch § 72 I Hochschulrahmengesetz (HRG) wurden die Bundesländer verpflichtet, bis zum 30. Januar 1979 dem HRG entsprechende Landesgesetze zu erlassen. Diesem Gebot sind inzwischen alle Länder bis auf Nordrhein-Westfalen nachgekommen[1].

---

[1] Folgende Gesetze wurden beschlossen:

Bund:	Hochschulrahmengesetz vom 26. 1. 1976 (BGBl. I 1976 S. 185) [HRG].
Baden-Württemberg:	Universitätsgesetz vom 22. 11. 1977 (GBl. S. 473) [BW UG]; Fachhochschulgesetz vom 22. 11. 1977 (GBl. S. 522) [BW FHG]; Gesetz über die Pädagogischen Hochschulen vom 22. 11. 1977 (GBl. S. 557) [BW PHG]; Kunsthochschulgesetz vom 22. 11. 1977 (GBl. S. 592) [BW KHG].
Bayern:	Bayerisches Hochschulgesetz in der Fassung der Bekanntmachung vom 7. 11. 1978 (GVBl. S. 790) [BayHSchG]; Bayerisches Hochschullehrergesetz vom 24. 8. 1978 (GVBl. S. 571) [BayHSchLG].
Berlin:	Gesetz über die Hochschulen im Land Berlin vom 22. 12. 1978 (GVBl. S. 2449) [BerlHG].
Bremen:	Bremisches Hochschulgesetz vom 14. 11. 1977 (GBl. S. 317) [BremHG].
Hamburg:	Hamburgisches Hochschulgesetz vom 22. 5. 1978 (GVBl. S. 10) [HmbHG].
Hessen:	Hochschulgesetz vom 6. 6. 1978 (GVBl. I S. 319 [HHG]; Universitätsgesetz vom 6. 6. 1978 (GVBl. I S. 348) [HUG]; Kunsthochschulgesetz vom 6. 6. 1978 (GVBl. I S. 378) [Hess.KHG]; Fachhochschulgesetz vom 6. 6. 1978 (GVBl. I S. 380) [Hess. FHG].
Niedersachsen:	Niedersächsisches Hochschulgesetz vom 1.6.1978 (GVBl. S. 473) [NHG].
Rheinland-Pfalz:	Hochschulgesetz vom 21. 7. 1978 (GVBl. S. 507) [RP HochSchG]; Verwaltungshochschulgesetz (Speyer) vom 21. 7. 1978 (GVBl. S. 568) [RP VHochSchG]; Fachhochschulgesetz vom 21. 7. 1978 (GVBl. S. 543) [RP FachHSchG].
Saarland:	Gesetz Nr. 1093 „Saarländisches Universitäts-Gesetz“ vom 14.12.1978 (Amtsbl. S. 1085) [SUG]; Gesetz Nr. 1096 über die Fachhochschule des Saarlandes vom 31. 1. 1979 (Amtsbl. S. 269) [SL FHG]; Gesetz Nr. 1099 über die Musikhochschule des Saarlandes vom 21. 3. 1979 (Amtsbl. S. 393) [SL MHG].
Schleswig-Holstein:	Hochschulgesetz vom 2. 5. 1973 (GVOBl. S. 153), zuletzt geändert durch Drittes Gesetz zur Änderung des Hochschulgesetzes vom 22. 12. 1978 (GVOBl. S. 356) [SH HSG]. (Die zitierten Paragraphen richten sich nach der Paragraphenfolge des novellierten Gesetzes).

Damit hat eine langjährige konfliktbeladene Reformdiskussion ihr vorläufiges gesetzliches Ende gefunden. Das gibt Anlaß zu der Frage, ob das HRG, das der Bund aufgrund seiner 1969 eingeführten Rahmenkompetenz für „die allgemeinen Grundsätze des Hochschulwesens" (Art. 75 Nr. 1 a GG) erlassen hat, einheitstiftende Kraft entfalten und ob es das zuvor mehr und mehr auseinanderfließende Länderhochschulrecht wenigstens in den wesentlichen Regelungsbereichen zur Übereinstimmung bringen konnte[2].

Eines der wichtigsten Ziele des HRG war es ja, den kontroversen hochschulpolitischen Auseinandersetzungen bundesweit ein Ende zu bereiten. Daß die dabei gefundenen Lösungen nur durch Kompromisse zu erreichen waren, daß keine Seite ihre Modellvorstellungen unverkürzt zu verwirklichen vermochte, schmälert die Bedeutung des Gesetzes nicht. Wichtiger ist die Frage, wie tragfähig die Kompromisse sind und ob sie sich auch bei der Umsetzung der HRG-Vorschriften in Länderhochschulgesetze bewährt haben.

Diese Untersuchung will nicht das Hochschulrecht in seiner ganzen durch das HRG geregelten Breite abhandeln. Sie beschränkt sich vielmehr auf einige ausgewählte Aspekte, vor allem auf solche Punkte, die in den dem HRG vorausgegangenen hochschulpolitischen Diskussionen kontrovers waren. Zu klären ist, welche hochschulrechtlichen Gemeinsamkeiten und Unterschiede sich in den Hochschulgesetzen der Bundesländer vor dem Hintergrund des HRG herausgebildet haben. Auf diese Weise läßt sich ermitteln, ob und in welchem Maße das Profil der Ländergesetze durch neue Gemeinsamkeiten oder aber durch fortwirkende hochschulpolitische Gegensätze geprägt ist.

Als näher zu untersuchende Problemfelder werden erörtert: die gesetzlich erfaßten Hochschulen (I.), die anzusteuernde Entwicklung des Hochschulwesens und in diesem Zusammenhang die Gesamthochschulfrage (II.), die Gewährleistung der Wissenschaftsfreiheit (III.), die Studienreform (IV.), die Personalstruktur (V.) und die Organisation der

---

In Nordrhein-Westfalen liegen gegenwärtig nur der Entwurf der Landesregierung zu einem Gesetz über die wissenschaftlichen Hochschulen des Landes Nordrhein-Westfalen vom 5. 12. 1978 (LT-Drucksache 8/3880) [NW EWissHG] und der Regierungsentwurf zum Gesetz über die Fachhochschulen im Lande Nordrhein-Westfalen vom 24. 5. 1979 (LT-Drucksache 8/4551) [NW EFHG] vor.

[2] Dem Bundesgesetzgeber sind durch Art. 75 Nr. 1 a GG vierfach gestufte Grenzen gezogen: Er kann nur einen *Rahmen* festlegen; dieser Rahmen darf gem. Art. 72 II GG nur insoweit ausgefüllt werden, als ein *Bedürfnis* nach bundesgesetzlicher Regelung besteht; das Gesetz ist auf die Regelung von *Grundsätzen* beschränkt; diese Grundsätze dürfen ihrerseits nur *allgemeiner* Natur sein (*Maunz*, in: Maunz / Dürig / Herzog / Scholz, Art. 75 Rdnr. 28). Ob der Bundesgesetzgeber mit dem HRG, das an vielen Stellen detaillierte Spezialregelungen aufweist, diese Grenzen immer eingehalten hat, kann dahingestellt bleiben. Zweifelnd *Thieme*, WissR 1976 S. 198.

Hochschule (VI.), die Zusammensetzung der Hochschulgremien (VII.), das Ordnungsrecht der Hochschule (VIII.), die rechtliche Stellung der Studentenschaft (IX.) und das Verhältnis von Hochschule und Staat (X)[3].

Angesichts eventueller Abweichungen einzelner landesgesetzlicher Vorschriften vom HRG und im Blick auf mögliche Regelungslücken infolge unvollständiger Umsetzung des HRG in Landesrecht stellt sich vorab die Frage nach der Art der durch das Rahmengesetz erzeugten Bindungswirkung. Es mag dahinstehen, ob nach der in Art. 75 I a GG vorgesehenen Kompetenzverteilung ein Gesetz, das auf die Regelung der allgemeinen Grundsätze des Hochschulwesens beschränkt ist, überhaupt den einzelnen unmittelbar berechtigen oder verpflichten kann[4]. Das HRG selbst enthält nämlich in seinem § 72 I die notwendige Klarstellung: Indem es die Länderparlamente verpflichtet, ihm entsprechende Hochschulgesetze zu erlassen, macht es deutlich, daß seine Vorschriften Anweisungsnormen für die Legislativen sind und keine unmittelbare Geltungskraft beanspruchen. Dieser Grundsatz wird durch die — auf Art. 74 a und 75 Nr. 1 GG gestützte — Ausnahmeregelung in § 72 I 2. Hs. unterstrichen, wonach zwei beamten- und besoldungsrechtliche Einzelvorschriften (§§ 48 II und 51) unmittelbar gelten.

Ist das HRG demnach ein nur den Landesgesetzgeber bindendes Richtliniengesetz, so bleiben ihm zuwiderlaufende landesrechtliche Vorschriften — bis zu einer möglichen Kassationsentscheidung des Bundesverfassungsgerichts in einem Verfahren der abstrakten Normenkontrolle nach Art. 93 I Nr. 2 GG — in Kraft; sofern die Transformation einzelner Vorschriften des HRG unterblieben ist, besteht ein landesgesetzlich nicht ausgefülltes Rechtsvakuum, auf dessen Beseitigung im Wege einer Klage nach Art. 93 I Nr. 3 GG hingewirkt werden kann.

---

[3] Die durch den Numerus clausus aufgeworfenen Zulassungsprobleme können hier außer acht bleiben. Sie sind im Staatsvertrag über die Vergabe von Studienplätzen vom 23. 6. 1978 (Hess. GVBl. I S. 471) auf der Grundlage der §§ 29 ff., 72 II HRG geregelt und werden durch den Gegenstandsbereich der Länderhochschulgesetze praktisch nicht berührt.

[4] Ablehnend *Maunz*, Art. 75 Rdnr. 28 b; *Thieme*, WissR 1976 S. 198. Bejahend die Bundesregierung in ihrer Gegenäußerung zur Stellungnahme des Bundesrates zum Regierungsentwurf eines Hochschulrahmengesetzes, BT-Drucksache 7/1328, Anl. 3, zu Nr. 3; *Bode*, in: Dallinger / Bode / Dellian, Hochschulrahmengesetz: Kommentar, § 72 Rdnr. 6.

I. Die gesetzlich erfaßten Hochschulen

1. Hochschularten

Das HRG beschränkt sich im wesentlichen auf einen formellen Hochschulbegriff. Er umgreift gem. § 1 solche Einrichtungen, die nach Landesrecht staatliche Hochschulen sind. Immerhin ergeben sich aus § 2 I, der die Aufgaben der Hochschule umreißt, auch Elemente eines materiellen Hochschulbegriffs. Dazu zählen — entsprechend der den Hochschulen zugewiesenen Aufgabenstellung — Pflege und Entwicklung der Wissenschaften und Künste durch Forschung und Lehre und Studium, ferner die Vorbereitung auf solche Berufe, die die Anwendung wissenschaftlicher Erkenntnisse und Methoden oder die Fähigkeit zu künstlerischer Gestaltung erfordern. Das bedeutet, daß zu einer Hochschule im Sinne des § 2 I HRG stets Forschung, Lehre und Studium gehören, mag auch aufgrund der Differenzierungsklausel („entsprechend ihrer Aufgabenstellung") das relative Gewicht dieser drei Funktionen unterschiedlich ausfallen. Die Vorschrift läßt es jedenfalls nicht zu, daß eine dieser Aufgaben, z. B. die Forschung, gänzlich unterbleibt[1].

Diese gesetzliche Funktionenbeschreibung legt die Frage nahe, ob die in letzter Zeit zu Fachhochschulen erhobenen Ingenieurschulen und Höheren Fachschulen materiell-rechtlich vom HRG überhaupt miterfaßt sind. Sie betreiben üblicherweise keine eigene Forschung, sondern vermitteln praxisbezogenes Wissen, das auf den Erkenntnissen andernorts geleisteter Forschungsarbeit beruht.

Die Zweifel an der Einbeziehung der Fachhochschulen in den Geltungsbereich des HRG[2] haben jedoch kein Bundesland davon abgehal-

[1] So aber *Reich*, Hochschulrahmengesetz: Kommentar, § 2 Rdnr. 1, und *Dallinger*, in: Dallinger / Bode / Dellian, § 2 Rdnr. 2 und 7, die die Ansicht vertreten, daß eben wegen des Differenzierungsvorbehalts nicht jeder Hochschule Forschungsaufgaben übertragen werden müßten. *Dallinger* beruft sich dabei auch auf die Entstehungsgeschichte der Vorschrift: Die Einschränkung „entsprechend ihrer Aufgabenstellung" geht auf einen Vorschlag des Bundesrates zurück, der diesen Einschub damit begründete, daß es auch weiterhin Hochschulen geben werde, die nicht die Aufgabe der Forschung hätten (BT-Drucksache 7/1328, Anl. 2, Nr. 4). Wie hier: *Thieme*, WissR 1976 S. 201, und *Kühnel*, DUZ / HD 1978 S. 302. — *Denninger*, Das Hochschulrahmengesetz, S. 63 f., leitet aus dem Grundsatz der „Personal-Union" von Forschung und Lehre, dessen Beachtung allein die innovatorisch-kritische Funktion von Wissenschaft für die Berufspraxis zu sichern vermöge, die Forderung ab, daß auch an jeder Fachhochschule wenigstens für irgendein spezielles Gebiet Forschungseinrichtungen und -möglichkeiten bestehen.

ten, diese Bildungsinstitutionen als Hochschulen zu führen und ihre Rechtsverhältnisse in Hochschulgesetzen zu regeln[3]. Dabei ergeben sich allerdings in der ihnen zugewiesenen Aufgabenstellung deutliche Abweichungen zwischen den Ländern.

Bayern beschränkt das Tätigkeitsfeld der Fachhochschule auf eine anwendungsbezogene Lehre, die die Studenten zu selbständiger Anwendung wissenschaftlicher Methoden und künstlerischer Tätigkeiten in der Berufspraxis befähigen soll (Art. 2 I 6 BayHSchG). Forschung gehört danach zweifelsfrei nicht zu den Funktionen der Fachhochschulen. Diese Regelung gibt zu Bedenken Anlaß. Wenn schon die Fachhochschulen landesrechtlich dem Hochschulbereich zugerechnet werden, dann müssen sie, in der sich aus § 2 I 1 HRG ergebenden Konsequenz, wenigstens in beschränktem Umfang auch mit Forschungsaufgaben betraut werden. Dieser Notwendigkeit haben die übrigen Länder in mehr oder weniger großzügiger Weise Rechnung getragen[4].

Am weitesten ist Bremen gegangen. Nach § 4 IX 2 BremHG ermöglichen die Fachhochschulen die Verbindung von Forschung und Lehre mit der Durchführung insbesondere von anwendungsbezogenen Forschungs- und Entwicklungsvorhaben bis zu einer nach Maßgabe der Neuordnung des Hochschulwesens umfassenderen Übernahme von Forschungsaufgaben.

Alle anderen Bundesländer begrenzen die Forschungsaktivitäten der Fachhochschulen durch den Vorrang des diesen Einrichtungen zuge-

---

[2] So etwa bei *Thieme*, ebd., der außerdem darauf hinweist, daß die gem. Ar. 75 Nr. 1 a GG erforderliche bundesverfassungsrechtliche Abgrenzung des Hochschulwesens nicht den Ländern überlassen bleiben dürfe, sondern aufgrund materieller Kriterien erfolgen müsse. Ebenso *Krüger*, WissR 1977 S. 227.

[3] Darin spiegelt sich eine nahezu unaufhaltsam anmutende Entwicklung wider, in der der früher den Universitäten vorbehaltene akademische und rechtliche Sonderstatus nunmehr auf außeruniversitäre Institutionen, wie etwa die Fachhochschulen, ausgedehnt wird. Diese Tendenz beruht zweifellos auch auf gewissen Sachzwängen — insbesondere der zunehmenden Verwissenschaftlichung der Ausbildung —, ist aber zugleich in ihrer die unterschiedlichen Wissenschaftsebenen nicht mehr differenzierenden Nivellierung das Ergebnis eines hochschulpolitischen „Verteilungskampfes", bei dem die bislang „unterprivilegierten" Institutionen des tertiären Sektors erfolgreich auf die gleichberechtigte Teilhabe an den Vorrechten der Universität drängten (*Schelsky*, Abschied von der Hochschulpolitik, S. 46 ff.).

[4] In Nordrhein-Westfalen bleibt es allerdings vorläufig bei der Aufgabenbestimmung nach dem Fachhochschulgesetz vom 25. 3. 1975 (GV. S. 312), geändert durch Gesetz vom 25. 4. 1978 (GV. S. 180), dessen Novellierung noch aussteht: Forschung fällt danach nicht in den Zuständigkeitsbereich der Fachhochschulen (§ 2). In § 4 I EFHG wird ihnen im Rahmen ihres Lehrauftrags die Wahrnehmung von Forschungs- und Entwicklungsvorhaben als Aufgabe zugewiesen, allerdings mit der Einschränkung, daß solche Vorhaben zur wissenschaftlichen Grundlegung und Weiterentwicklung von Lehre und Studium erforderlich sind.

wiesenen Bildungsauftrags[5]; die meisten Länder — so Hamburg (§ 4 II 3 HmbHG), Hessen (§ 4 III 3 HHG), Niedersachsen (§ 2 IX 2 NHG), Rheinland-Pfalz (§ 2 I 2 FachHSchG), Saarland (§ 1 II SHG) und Schleswig-Holstein (§ 114 I 2 HSG) — lassen es mit einer Kann-Vorschrift bewenden[6].

2. Hochschulen in freier Trägerschaft

Sehr aufschlußreich ist die Art und Weise, wie die Bundesländer von der durch das HRG eröffneten Möglichkeit Gebrauch gemacht haben, Hochschulen in freier Trägerschaft staatlich anzuerkennen und damit den staatlichen Hochschulen gleichzustellen.

Gem. § 70 I HRG können Einrichtungen des Bildungswesens, die nach Landesrecht nicht staatliche Hochschulen sind, auf Grund landesrechtlicher Regelung die Eigenschaft einer staatlich anerkannten Hochschule erhalten, wenn gewährleistet ist, daß das an ihnen betriebene Studium unter Beachtung bestimmter Mindestanforderungen dem Studium an einer staatlichen Hochschule gleichwertig ist[7]. Die Anerkennung hat zur Folge, daß die Hochschule Hochschulprüfungen abnehmen und Hochschulgrade verleihen kann und daß das an ihr abgeschlossene Studium dem Studium an einer staatlichen Hochschule gleichwertig ist (§ 70 III HRG).

Die politische Bedeutung dieser Materie liegt weniger in der rechtlichen Einordnung der herkömmlichen mit der Theologenausbildung befaßten kirchlichen Hochschulen. Für sie gelten ohnehin wie bisher die mit den Kirchen abgeschlossenen Verträge, die weder durch das HRG (vgl. § 81) noch durch die Hochschulgesetze der Länder (z. B. § 84 HHG) berührt werden. Grundsätzlich und auch praktisch wichtiger ist die Frage, in welchem Maße freien Trägern — ob Kirchen oder sonstigen gesellschaftlichen Gruppen — durch die Länderhochschulgesetze ganz allgemein das Recht eingeräumt wird, eigene Hochschulen (von der Universität bis zu einer beliebigen Fachhochschule) unabhängig vom Staat

---

[5] z. B. § 3 I 2 BW FHG.

[6] Sehr zurückhaltend z. B. Hessen (§ 4 III 3 HHG): Die Fachhochschule „kann Forschungs- und Entwicklungsaufgaben wahrnehmen, soweit die Erfüllung ihres Bildungsauftrages dadurch gefördert und ihr Lehrauftrag nicht beeinträchtigt wird". Auch angesichts dieser und ähnlicher Formulierungen bleibt immerhin zu fragen, ob der in § 2 I 1 HRG bundesrechtlich statuierten Pflicht der (Fach-)Hochschule zur Forschung durch eine bloße landesrechtliche Gestattung Genüge getan wird.

[7] Die Vorschrift des § 70 HRG beschränkt sich somit nicht auf freie (private) Hochschulen, sondern verwendet einen umfassenderen Begriff, der die Bundeswehrhochschulen ebenso wie z. B. kommunale Hochschulen einbezieht. Die staatliche Anerkennung der Bundeswehrhochschulen Hamburg und München ist in § 143 HmbHG bzw. in Art. 96 BayHSchG geregelt.

und zugleich mit dem Anspruch auf staatliche Gleichbehandlung (Anerkennung) zu errichten.

Die in den Hochschulgesetzen der Länder auf der Grundlage des § 70 HRG getroffenen Optionen weichen erheblich voneinander ab. Parteipolitisch geprägte Präferenzen scheinen dabei eine verhältnismäßig geringe Rolle gespielt zu haben. Stärker schlagen traditionelle kulturpolitische Positionen zu Buche.

So überrascht es kaum, daß Bremen keine gesetzlichen Voraussetzungen für die staatliche Anerkennung von Hochschulen in freier Trägerschaft geschaffen hat. Nach dem HmbHG sind nichtstaatliche Hochschulen — außer den in §§ 143, 144 geregelten Einrichtungen Bundeswehrhochschule und Evangelische Fachhochschule für Sozialpädagogik — zwar nicht von vornherein ausgeschlossen; doch ist bereits die Errichtung einer solchen Institution nur aufgrund eines besonderen Gesetzes zulässig (§ 1 IV).

Demgegenüber haben Baden-Württemberg (§§ 89 ff. FHG, § 128 UG i. V. m. §§ 89 ff. FHG), Berlin (§ 163 II und III BerlHG), Niedersachsen (§ 127 ff. NHG), Nordrhein-Westfalen (§§ 165 ff. EWissHG, §§ 76 ff. EFHG), Rheinland-Pfalz (§§ 115 ff. HochSchG, §§ 84 ff. FachSchG) und Schleswig-Holstein (§§ 104 ff. HSG) ihre privatschulfreundlichen Traditionen, die bereits den Fachhochschulen zugute gekommen waren, auf das gesamte Hochschulwesen übertragen.

Nach diesen Gesetzen können private Hochschulen unter den in Anlehnung an § 70 I HRG bestimmten Voraussetzungen staatlich anerkannt werden[8]. Die Anerkennung bewirkt vor allem im Prüfungswesen und in der Verleihung von Hochschulgraden eine nahezu vollständige Gleichstellung mit den staatlichen Hochschulen. Die staatliche Aufsicht ist im wesentlichen auf Rechtsaufsicht beschränkt. Darüber hinaus sehen die Gesetze, bei unterschiedlicher Ausgestaltung im einzelnen, eine Finanzhilfe für die freien Träger vor[9].

---

[8] Während in Rheinland-Pfalz und Schleswig-Holstein ein Rechtsanspruch auf staatliche Anerkennung besteht, ist sie in Baden-Württemberg, Berlin und Niedersachsen (und — nach den Gesetzentwürfen der Landesregierung — auch in Nordrhein-Westfalen) in das Ermessen des zuständigen Ministers (Senators) gestellt. Gem. § 163 II 2 BerlHG finden in Berlin Vorschriften des Privatschulgesetzes entsprechende Anwendung; das bedeutet u. a., daß das Errichten und Betreiben einer Privathochschule staatlicher Genehmigung bedarf.

Teilweise sind die Bundesländer bei der Festlegung der gesetzlichen Voraussetzungen für die Erteilung der staatlichen Anerkennung über den Kriterienkatalog des § 70 I HRG hinausgegangen, indem sie z. B. die Einhaltung der durch Grundgesetz und Landesverfassung gewährleisteten Ordnung und die Sicherung der wirtschaftlichen und rechtlichen Stellung des Lehrpersonals verlangen (so z. B. Baden-Württemberg: § 89 IV Nr. 1 und 7 FHG, § 128 UG i.V.m. § 89 IV FHG).

Im Vergleich zu diesen insgesamt großzügigen Regelungen sind in Bayern die gesetzlichen Rahmenbedingungen für Hochschulen in freier Trägerschaft ziemlich rigide ausgefallen. Nach Art. 91 ff. BayHSchG dürfen nichtstaatliche Hochschulen ohne vorherige staatliche Anerkennung gar nicht erst betrieben werden. Die Anerkennung kann auf bestimmte Studiengänge beschränkt werden. Das Staatsministerium für Unterricht und Kultus legt fest, wie die Hochschule gegliedert ist, welche Kollegialorgane zu bilden und wie sie zusammenzusetzen sind, welche Hochschulprüfungen abgenommen und welche akademischen Grade verliehen werden können. Promotions- und Habilitationsrecht steht den freien Hochschulen von vornherein nicht zu[10]. Die Beschäftigung von Lehrpersonal bedarf der staatlichen Genehmigung. Finanzhilfe wird nach Maßgabe des Staatshaushalts nur kirchlichen Fachhochschulen gewährt.

Hessen unterscheidet im nichtstaatlichen Hochschulbereich zwischen Fachhochschulen und sonstigen Hochschulen. Für die Fachhochschulen gelten gem. §§ 34 ff. FHG im wesentlichen die gleichen Regelungen wie für Privatschulen: Sie bedürfen einer Genehmigung, deren Erteilung an die dem § 70 I HRG entsprechenden Voraussetzungen geknüpft ist; dabei wird in Anlehnung an Art. 7 IV 3 GG zusätzlich verlangt, daß eine Sonderung der Studenten nach den Besitzverhältnissen nicht gefördert wird. Die staatliche Anerkennung privater Fachhochschulen kann erteilt werden, wenn sie dauernd die Gewähr dafür bieten, daß sie die an entsprechende staatliche Fachhochschulen gestellten Anforderungen erfüllen. Mit der Anerkennung erhalten sie das Recht, unter Vorsitz eines vom Kultusminister bestellten Prüfungsleiters Hochschulprüfungen abzunehmen. Die anerkannten privaten Fachhochschulen haben wie die staatlich anerkannten Ersatzschulen Anspruch auf öffentliche Finanzhilfe. Soweit es sich jedoch um sonstige Hochschulen (also z. B. Universitäten) in freier Trägerschaft handelt, legt Hessen deutliche Zurückhaltung an den Tag. Für ihre Anerkennung und bereits für ihre Errichtung ist ein Gesetz erforderlich (§ 2 III HHG)[11].

Im Saarland kommen als Einrichtungen in freier Trägerschaft gleichfalls nur Fachhochschulen in Betracht, die mit der staatlichen Anerkennung das Prüfungsrecht erhalten und Hochschulgrade verleihen können. Ähnlich wie die (privaten) Ersatzschulen haben sie, sofern sie auf gemeinnütziger Grundlage arbeiten und die (staatliche) Fachhoch-

[9] In Baden-Württemberg und Nordrhein-Westfalen nur für Fachhochschulen (§§ 92 FHG, 128 II 3 UG; § 80 EFHG).

[10] Art. 98 III BayHSchG. In medizinischen Studiengängen kann einer nichtstaatlichen Hochschule das Promotionsrecht durch Gesetz verliehen werden.

[11] Dabei ist allerdings zu beachten, daß Art. 61 der Verfassung des Landes Hessen die Errichtung privater Hochschulen ausdrücklich vorsieht.

schule des Saarlandes entlasten, einen Anspruch auf öffentliche Finanzhilfe. Die staatliche Aufsicht ist auf Rechtsaufsicht beschränkt. Wissenschaftliche Hochschulen in freier Trägerschaft sind dagegen nicht vorgesehen[12].

[12] In diesem Zusammenhang ist aber eine saarländische Besonderheit erwähnenswert: An sämtlichen staatlichen Hochschulen (Universität, Fachhochschule und Musikhochschule) können sich auch private Dritte durch die Errichtung von Stiftungsstellen (z. B. Stiftungsprofessuren) und Stiftungsinstituten beteiligen (§§ 91 ff. SUG, §§ 72 ff. FHG, §§ 70 ff. MHG).

II. Die Entwicklung des Hochschulwesens, insbesondere: Die Gesamthochschule

Das HRG bestimmt in §§ 2 bis 6 die inhaltlichen Ziele der Hochschulreform und regelt die dazu erforderlichen organisatorischen Maßnahmen.

Die von Hochschulen und Staat gemeinsam anzustrebende Neuordnung ist nach § 4 II HRG darauf angelegt, die gegenwärtig von Hochschulen unterschiedlicher Aufgabenstellung wahrgenommenen Aufgaben in Forschung, Lehre und Studium miteinander zu verbinden. § 4 III HRG konkretisiert in neun Einzelziffern das im Rahmen des funktionellen Verbunds zu verwirklichende Sachprogramm. Darin wird in erster Linie auf die Entwicklung inhaltlich und zeitlich gestufter Studiengänge abgehoben, die sich nach Studienabschnitten kombinieren lassen, eine weitgehende Durchlässigkeit ermöglichen und die Verbindung von Wissenschaft und Praxis gewährleisten (§ 4 III Nr. 1—3).

Zur organisatorischen Umsetzung dieser Ziele sind Hochschulen, sofern und sobald es möglich ist[1], als integrierte oder kooperative Gesamthochschulen einzurichten (§ 5 I 2); dabei ist dafür Sorge zu tragen, daß die Gesamthochschule nach ihrer Struktur, den in ihr vertretenen Fachrichtungen, ihrer Größe und der räumlichen Entfernung ihrer Einrichtungen ihre Aufgaben wirksam erfüllen und ein den Anforderungen des § 4 III Nr. 1—3 entsprechendes Angebot von Studiengängen gewährleisten kann (§ 5 II)[2]. Nach diesen Grundsätzen ist auch bei der Planung und Errichtung neuer Hochschulen zu verfahren (§ 5 III). Unabhängig davon, ob Hochschulen als Einzel- oder Gesamthochschulen bestehen, muß gewährleistet sein, daß sie zur Erfüllung der in § 4 HRG, vor allem in dessen Absatz 3 genannten Aufgaben zusammenwirken (§§ 6 I 1, 5 I 3). Die Kooperation — ggf. auch in Form einer Landeshochschulkonferenz — kann im Wege staatlich genehmigter Vereinbarung oder durch einseitige staatliche Anordnung erfolgen (§ 6 I 2, II).

---

[1] Der Vorbehalt des Möglichen ergibt sich aus § 5 I 3 HRG: „In den Fällen in denen Gesamthochschulen nicht oder noch nicht gebildet werden können, ist ein Zusammenwirken der Hochschulen sicherzustellen."

[2] Der Kriterienkatalog des § 5 II konkretisiert den sich aus § 5 I 3 ergebenden Vorbehalt des Möglichen, ohne jedoch sämtliche der Bildung einer Gesamthochschule entgegenstehenden Hindernisse zu erfassen. Es bleibt den Ländern daher unbenommen, auch unter Berufung auf andere objektive Hemmnisse von der Errichtung einer Gesamthochschule abzusehen.

Die Bundesländer haben den Vorgaben der §§ 4 bis 6 HRG in unterschiedlicher Weise Rechnung getragen. Einige von ihnen — Bayern (Art. 45 a bis c BayHSchG), Hessen (§§ 6 bis 9 HHG) und Niedersachsen (§§ 5 bis 7 NHG) — haben die Neuordnungsvorschriften des HRG nahezu wörtlich übernommen und sich darauf beschränkt, Formen und Verfahren des Zusammenwirkens der Hochschulen näher auszugestalten. Sie haben sich somit hinsichtlich der künftigen organisatorischen Struktur des Hochschulwesens alle Optionen offengehalten[3]. Der politische Kompromiß des HRG, der vor allem durch die gleichberechtigte Alternative von integrierter und kooperativer Gesamthochschule — beide wiederum unter dem Vorbehalt des Möglichen — geprägt ist, wurde auf diese Weise gewissermaßen in Landesrecht transformiert. Die endgültige Entscheidung über die organisatorische Struktur des Hochschulwesens bleibt folglich in diesen drei Ländern der weiteren Entwicklung überlassen.

Auch Baden-Württemberg und Schleswig-Holstein haben sich die Zielsetzung des § 4 HRG im wesentlichen zu eigen gemacht (BW: § 33 UG; SH: § 5 HSG). In der organisatorischen Neuordnung sind diese Bundesländer jedoch einen anderen Weg gegangen. Während das HRG der Gesamthochschule den Vorrang vor der als hilfsweise verstandenen Alternative des bloßen Zusammenwirkens einräumt (§ 5 I HRG), wird in Baden-Württemberg und Schleswig-Holstein den Hochschulen zwar die Kooperation zur Pflicht gemacht, eine Priorität für die Bildung von Gesamthochschulen ist indessen nicht vorgesehen (BW §§ 34, 35 UG; SH: §§ 6, 7 HSG). In beiden Ländern hat sich der Gesetzgeber auf die Feststellung beschränkt, daß Gesamthochschulen errichtet werden „können".

Geben diese Regelungen unter dem Gesichtspunkt der gebotenen Konkordanz mit Bundesrahmenrecht schon zu Bedenken Anlaß[4], so erweist sich die Lückenhaftigkeit der Adaptation des rheinland-pfälzischen Hochschulgesetzes an das HRG vor allem hinsichtlich der Zweckbestimmung des funktionellen Hochschulverbunds als noch problematischer. Nach § 8 I HochSchG wirken alle Hochschulen (dazu zählt gem. § 1 II HochSchG auch die Fachhochschule Rheinland-Pfalz) als Teile des gegliederten Hochschulbereichs bei der Wahrnehmung ihrer Aufgaben zusam-

---

[3] Wobei die bereits vorhandenen Gesamthochschulen (in Bayern: Bamberg, in Hessen: Kassel) bestehen bleiben; in Niedersachsen werden die Hochschule Lüneburg und die Fachhochschule Nordostniedersachsen im Rahmen eines Modellversuchs zu einer Gesamthochschule zusammengeführt.

[4] Gem. § 5 I 2 HRG *müssen* Gesamthochschulen gebildet werden, es sei denn, daß nach Auffassung des Landes die erforderlichen Voraussetzungen, insbesondere für Funktionsfähigkeit und Effizienz der Gesamthochschule, nicht erfüllt sind. Dieser bundesrechtlichen Verpflichtung wird nicht schon dadurch genügt, daß der Landesgesetzgeber die bloße Möglichkeit der Errichtung von Gesamthochschulen einräumt.

men. Das Kooperationsfeld ist zwar in § 8 II HochSchG näher umschrieben, es reicht jedoch in seinen Einzelheiten an den detaillierten Zielkatalog des § 4 III HRG nicht heran[5]. Der Zusammenarbeit dient eine institutionalisierte Konferenz der Hochschulpräsidenten (§ 9 HochSchG). Gesamthochschulen sind im Gesetz nicht einmal als mögliche Organisationsformen — wie in Baden-Württemberg und Schleswig-Holstein — erwähnt[6].

Demgegenüber legen die drei Stadtstaaten um so nachhaltigeres Gewicht auf ein verdichtetes Zusammenwirken der Einzelhochschulen und räumen dabei der integrierten Gesamthochschule die politische Präferenz ein (§ 9 I BerlHG, § 12 I BremHG, § 146 HmbHG)[7]. Während aber in Bremen und Hamburg die Gesamthochschule als geschlossenes, sämtliche Hochschulen integrierendes Einheitssystem geplant ist, sieht das BerlHG ein Nebeneinander von verschiedenen integrierten Gesamthochschulen vor.

So eindeutig einerseits die in Gesetzesrang erhobene hochschulpolitische Absicht, so bemerkenswert ist andererseits, daß in allen drei Ländern die förmliche Errichtung von integrierten Gesamthochschulen noch nicht vollzogen, sondern der weiteren Entwicklung überlassen worden ist[8]. Diese Zurückhaltung beruht nicht zuletzt auf der mit solchen aufwendigen Reorganisationsmaßnahmen verbundenen hohen finanziellen Belastung des öffentlichen Haushalts[9].

---

[5] Dieser findet, soweit er die Reform der Studiengänge betrifft (§ 4 III Nr. 1 bis 3 HRG), erst in den Vorschriften über die Studienreformkommissionen (§ 17 III HochSchG) seinen Niederschlag.

[6] Der Landesgesetzgeber ist offensichtlich davon ausgegangen, daß die Voraussetzungen zur Bildung von Gesamthochschulen (noch) nicht gegeben sind.

[7] In der inhaltlichen Konzeption der integrierten Gesamthochschule greift Bremen am weitesten aus: Die von ihr anzubietenden Studiengänge müssen in der Ausgestaltung der Lehre und in der Forschungsorientierung „gleichermaßen wissenschaftlich" sein (§ 12 II BremHG). Mit diesem Postulat werden die Anforderungen des § 5 II HRG erheblich überschritten; die innere Differenzierung der integrierten Gesamthochschule dürfte dadurch erschwert werden.

[8] Berlin hat sich zwar für die Integration der Pädagogischen Hochschule in die Freie Universität, die Technische Universität und die Hochschule der Künste bis zum Wintersemester 1979/80 entschieden (§ 1 I des Gesetzes über die Schaffung der institutionellen Voraussetzungen der integrierten Lehrerausbildung in Berlin vom 13. 12. 1974); integrierte Gesamthochschulen, unter Einbeziehung der Fachhochschulen und der Hochschule der Künste, will das Land aber frühestens nach Ablauf dieses Überleitungsverfahrens errichten (§ 9 I 2 BerlHG). Bremen hat keinen Zeitplan vorgesehen. Hamburg hat sich auf den 1. Januar 1985 als spätesten Termin für die Bildung einer integrierten Gesamthochschule festgelegt (§§ 146 III 1, 191 II HmbHG). In allen drei Ländern, also auch in Hamburg, bleibt die endgültige Entscheidung dem Gesetzgeber vorbehalten (§ 9 I 2 BerlHG, § 1 III BremHG, § 146 III HmbHG).

[9] s. z. B. Senatsentwurf eines bremischen Hochschulgesetzes vom 20. 12. 1976, Begründung zu § 11.

Unter diesen Umständen begnügen sich die Stadtstaaten vorläufig mit mehr oder weniger weitreichenden Zwischenlösungen, die das Konzept der integrierten Gesamthochschule schrittweise verwirklichen sollen.

Das Hamburger Modell sieht für den Übergangszeitraum eine sog. kooperative Gesamthochschule vor. Diese ist in erster Linie für die Durchführung integrierter Studiengänge zuständig; sie erläßt z. B. in eigener Verantwortung Studien- und Prüfungsordnungen, unterbreitet Berufungsvorschläge. Darüber hinaus obliegen ihr Aufgaben der Studienreform, der Forschungskoordination und der organisatorischen Vorbereitung der integrierten Gesamthochschule (§ 149 HmbHG).

Die kooperative Gesamthochschule Hamburg hat die Rechtsform der rechtsfähigen Körperschaft des öffentlichen Rechts; ihr gehören neben den korporativ beteiligten Einzelhochschulen u. a. das ihr zugeordnete Personal und die an ihr immatrikulierten Studenten als Mitglieder an (§ 148 HmbHG). Sie ist also selbst Hochschule und nicht nur ein bloßer Verbund von Hochschulen. Die in § 5 I 2 HRG normierte kooperative Gesamthochschule stellt indes nur eine organisatorische Verknüpfung von Einzelhochschulen durch gemeinsame Gremien dar; sie kann deshalb nicht selbst Hochschule sein[10]. Dieser bundesrechtlich vorgegebenen Formenklausur trägt die Hamburger Lösung nicht Rechnung.

In Berlin und Bremen soll das Zusammenwirken der Hochschulen durch gemeinsame Ausschüsse mit hochschulübergreifenden Kompetenzen institutionalisiert werden (§ 8 BerlHG, §§ 14, 15 BremHG). Das BremHG verpflichtet die Einzelhochschulen, integrierte Studiengänge einzurichten. Zu diesem Zweck müssen die betroffenen Hochschulen durch Vereinbarung jeweils ein gemeinsames Gremium einsetzen, das die Zuständigkeiten eines Fachbereichs (z. B. Erlaß von Studien- und Prüfungsordnungen, Berufungsvorschläge usw.) wahrnimmt. Auch auf sonstigen Gebieten (Planung und Durchführung von Forschungs- und Entwicklungsvorhaben, Nutzung von Ressourcen usw.) sollen im Wege der Vereinbarung gemeinsame Gremien mit Entscheidungsbefugnissen konstituiert werden. Der Staat behält sich umfangreiche Einwirkungsbefugnisse vor: Erfüllen die Hochschulen die in ihre Kooperationsbereitschaft gesetzten Erwartungen nicht, so kann der Senator für Wissenschaft und Kunst „die erforderlichen Maßnahmen treffen". Zur Förderung des Zusammenwirkens von Hochschulen sieht das BremHG überdies eine drittelparitätisch zusammengesetzte Landeshochschulkonferenz vor, die Empfehlungen und Stellungnahmen abgeben soll (§ 13).

Im Vergleich zu den Bremer Regelungen sind die Bestimmungen des BerlHG um vieles behutsamer: Die Hochschulen können gemeinsame

[10] So auch *Dallinger*, § 5 Rdnr. 14.

Gremien mit Entscheidungsbefugnissen in hochschulübergreifenden Angelegenheiten einsetzen, sie müssen es aber nicht. Im übrigen dürfen Vereinbarungen, die auf die Bildung solcher Kommissionen abzielen, anders als in Bremen nur mit Zustimmung der davon betroffenen Hochschulorgane, also insbesondere der Fachbereichsräte, abgeschlossen werden. Ein Interventionsrecht steht dem Wissenschaftssenator nicht zu.

Nordrhein-Westfalen hat bereits 1972 mehrere integrierte Gesamthochschulen, zumeist durch Zusammenlegung von Pädagogischen Hochschulen und Fachhochschulen, errichtet[11]. Inzwischen ist das Land einen Schritt weitergegangen, indem es die Pädagogischen Hochschulen Rheinland, Ruhr und Westfalen-Lippe mit Wirkung zum 1. April 1980 mit den wissenschaftlichen Hochschulen zusammengeführt hat[12]. Nach § 4 NW EWissHG ist das Hochschulwesen des Landes so weiterzuentwickeln, daß alle Hochschulen zu integrierten Gesamthochschulen ausgebaut oder zusammengeschlossen werden. Fürs erste beschränkt sich der Entwurf jedoch auf die Bildung von sog. Gesamthochschulbereichen, die die Universitäten und Fachhochschulen zusammenfassen sollen; sie können durch Rechtsverordnung errichtet werden (§ 149). Die Hochschulen eines Gesamthochschulbereichs arbeiten im Verbund, unter Leitung eines „Gemeinsamen Vorstands", zusammen; ihm obliegen die Vorbereitung, Errichtung und Veränderung integrierter Studiengänge sowie entsprechender Studien- und Prüfungsordnungen, die Koordinierung der fachlichen Schwerpunkte des Lehrpersonals, die Bildung zentraler Einrichtungen und Verwaltungseinrichtungen sowie die Koordinierung der gemeinschaftlichen Nutzung von Hochschuleinrichtungen, die Bildung von Forschungs- und Ausbildungsschwerpunkten u. a. (§§ 150, 151).

Eine abschließende Würdigung der ländergesetzlichen Vorschriften zur Neuordnung des Hochschulwesens führt zu folgendem Ergebnis:

Alle Bundesländer verpflichten die Hochschulen auf einen mehr oder weniger weitreichenden funktionellen Verbund, der vor allem die Abstimmung und Durchlässigkeit der Studiengänge ermöglichen soll. Bei der institutionellen Verankerung dieses Verbunds sind Hamburg und

---

[11] Gesamthochschulentwicklungsgesetz vom 30. 5. 1972 (GV. S. 134), geändert durch Gesetz vom 31. 7. 1974 (GV. S. 769). Es handelt sich um die Gesamthochschulen — Universitäten Duisburg, Essen, Paderborn, Siegen und Wuppertal sowie die Fernuniversität — Gesamthochschule — Hagen. Die zuvor schon existierenden wissenschaftlichen Hochschulen des Landes sind von dieser Entwicklung nicht betroffen.

[12] Gesetz über die Zusammenführung der Pädagogischen Hochschulen mit den anderen wissenschaftlichen Hochschulen des Landes Nordrhein-Westfalen vom 19. 12. 1978 (GV. S. 650). Die Eingliederung der Pädagogischen Hochschulen erfolgt nicht durch globale Übernahme als erziehungswissenschaftlicher Fachbereich in die Universität, sondern durch eine Fach-zu-Fach-Zuordnung.

Bremen am weitesten gegangen; demgegenüber hat es Rheinland-Pfalz mit sehr allgemein gehaltenen Regelungen bewenden lassen. Ob und wieweit freilich das gesetzlich angeordnete Zusammenwirken der Hochschulen tatsächlich zu greifbaren Ergebnissen führen wird, bleibt abzuwarten.

Die integrierte Gesamthochschule, die in den Reformdiskussionen jahrelang Gegenstand heftiger Auseinandersetzungen war, ist — von Einzelfällen, die eher Versuchscharakter haben, abgesehen — bislang nirgendwo Realität geworden[13]. Sie dürfte angesichts einer allgemeinen Ernüchterung und aufgrund finanzieller Restriktionen der öffentlichen Hand zunächst in weite Ferne gerückt sein.

[13] Das gilt auch für Nordrhein-Westfalen, wo die Universitäten ihre Stellung behaupten konnten; daran vermag auch die umstrittene Eingliederung der Pädagogischen Hochschulen nichts zu ändern.

Auch das Saarland wird trotz der inzwischen vollzogenen Auflösung der Pädagogischen Hochschule an der gegliederten Hochschulstruktur festhalten; die Landesregierung hat die Errichtung einer integrierten Gesamthochschule nachdrücklich abgelehnt. In der geplanten Novelle zum Gesetz Nr. 917 über die Hochschule des Saarlandes vom 29. 4. 1970 (Abl. S. 510) soll nur ein möglichst enges Zusammenwirken der Hochschulen auf der Grundlage der §§ 4 und 5 HRG angestrebt werden (s. Gesetzentwurf der Regierung des Saarlandes zum SUG vom 6. 6. 1978, LT-Drucksache 7/1178, Begründung A. II.).

III. Wissenschaftsfreiheit

Bei den der Verabschiedung des HRG vorausgegangenen Beratungen und bei seiner Umsetzung in Länderrecht haben das durch Art. 5 III 1 GG gewährleistete Grundrecht der freien wissenschaftlichen Betätigung und die in dieser Bestimmung zugleich enthaltene wertentscheidende Grundsatznorm für das Verhältnis der Hochschule zum Staat eine zentrale Rolle gespielt.

Die dabei zutage getretenen Probleme berühren zunächst die grundsätzliche Frage nach dem Wissenschaftsverständnis und der Rolle von Hochschule und Hochschulwissenschaftler im gesellschaftlichen Umfeld (1.). Sie weisen sodann auf Konfliktfelder, die dadurch entstehen, daß sich die individuelle Freiheit von Forschung und Lehre im Großbetrieb der modernen Hochschule konkurrierenden Rechten und Interessen anderer Hochschulmitglieder ausgesetzt sieht (2.).

§ 3 HRG umschreibt in seinen Absätzen 2 und 3, teilweise unter Rückgriff auf Formulierungen im Hochschulurteil des Bundesverfassungsgerichts[1], Inhalt und Reichweite des Grundrechts auf freie Forschung und freie Lehre. In Absatz 1 der Vorschrift schlägt sich die Bedeutung des Art. 5 III 1 GG als wertentscheidender Grundsatznorm nieder: Land und Hochschule müssen danach die freie wissenschaftliche Betätigung der Hochschulmitglieder sicherstellen. § 3 IV HRG gewährleistet — ohne dabei, wie in Abs. 2 und 3, Bezug auf Art. 5 III 1 GG zu nehmen — die Freiheit des Studiums[2]. § 3 V HRG stellt klar, daß die

---

[1] Vom 29. 5. 1973, BVerfGE 35, 79 (113).

[2] Damit läßt das Gesetz die Frage unbeantwortet, ob die Freiheit des Studiums verfassungsrechtlich verbürgt ist und, wenn ja, in welcher grundgesetzlichen Norm sie ihre Stütze findet. Im traditionellen deutschen Hochschulrecht ist die Studier- oder Lernfreiheit, verstanden als „akademische Freiheit", aus dem Grundrecht der Wissenschaftsfreiheit, insbesondere der Lehrfreiheit, abgeleitet worden; sie gründet auf der Annahme einer in Art. 5 III GG enthaltenen institutionellen Garantie: Forschung und Lehre sollen unter einen verfassungsrechtlich verankerten institutionellen Schutz gestellt werden, der nur dann zur Geltung gelangen kann, wenn auch die Lernenden als Dialogpartner der Lehrenden von diesem Schutz mitumfaßt werden (*Kimminich*, WissR 1973 S. 206). *Scholz*, in: Maunz / Dürig / Herzog / Scholz, Grundgesetz, Art. 5 III, Rdnr. 113, erachtet die Lernfreiheit des Studenten nur als einen Rechtsreflex der Lehrfreiheit, keineswegs aber als ein im Rahmen des Art. 5 III GG gleichrangiges Komplementärrecht; nach seiner Ansicht wurzelt die Studierfreiheit im Recht der freien Ausbildungswahl des Art. 12 I GG.

Hochschulmitglieder bei der Wahrnehmung ihrer Rechte auf wechselseitige Rücksicht verpflichtet sind.

1. Wissenschaft und Gesellschaft

Der Wissenschaftsbegriff, der Art. 5 III GG und damit auch § 3 HRG zugrunde liegt, ist rein technisch-formaler Natur[3]; darunter fällt „alles, was nach Inhalt und Form als ernsthafter planmäßiger Versuch zur Ermittlung der Wahrheit anzusehen ist"[4]. Der Verzicht auf eine inhaltliche Determinierung des Wissenschaftsbegriffs ist notwendige Voraussetzung zur Abwehr staatlicher oder sonstiger Fremdbestimmung. Nur so kann vermieden werden, daß erkenntnistheoretische Prämissen oder gesellschaftspolitische Zielvorgaben dem Wissenschaftsbetrieb der Hochschule und den in ihr tätigen Wissenschaftlern von außen aufgedrängt und vorgeschrieben werden[5]. Aus der Unabhängigkeit und Selbständigkeit der Wissenschaft folgt, daß sie grundsätzlich keiner anderen Verantwortung unterliegt als der, die sich aus ihrer Eigengesetzlichkeit als planmäßiger Wahrheitssuche ergibt[6].

So nimmt es nicht wunder, daß die in § 3 I 1 des Entwurfs der Bundesregierung zum HRG[7] enthaltene Wendung, wonach die Hochschulmitglieder die ihnen gewährleistete Wissenschaftsfreiheit „im Bewußtsein ihrer Verantwortung vor der Gesellschaft" nutzen und wahren, auf heftigen Widerstand stieß[8]. Sie hat schließlich keinen Eingang ins HRG gefunden. Ebensowenig hat eine andere Formulierung des Regierungsentwurfs (in § 23, dem Vorläufer des jetzigen § 22 HRG), die den Gegenstandsbereich der Forschung auf ihre Anwendungsfolgen erweiterte, Bestand gehabt: Hatte es im Entwurf noch geheißen, daß auch die Folgen, die sich aus der Anwendung wissenschaftlicher Erkenntnisse ergeben können, Gegenstand der Forschung *sind*, so hat sich der Gesetzgeber für ein abschwächendes *„können sein"* entschieden. Damit ist klargestellt, daß dem HRG ein verpflichtendes Selbstverständnis der Hochschulforschung, auch ihre Folgen mitzubedenken, nicht zu entnehmen ist[9].

---

[3] *Schmitt Glaeser*, WissR 1974 S. 115.
[4] BVerfGE 35, 79 (113).
[5] Dazu *Schmitt Glaeser*, ebd., S. 115.
[6] *Scholz*, Art. 5 III Rdnr. 99.
[7] Vom 30. 11. 1973, BT-Drucksache 7/1328.
[8] Zum Problem der gesellschaftlichen Folgenverantwortung: *Scholz*, Art. 5 III Rdnr. 99.
[9] Nach *Dallinger*, § 22 Rdnr. 3, sind freilich eindeutige Schlüsse in dieser Richtung nicht angebracht; *Scholz*, Art. 5 III Rdnr. 99, sieht Befürchtungen vor einer unzulässigen gesellschaftlichen Folgenverantwortung der Wissenschaft durch die jetzige Formulierung des § 22 S. 2 HRG nicht gänzlich behoben.

Die Mehrheit der Bundesländer hat die Regelungen der §§ 3 und 22 HRG mehr oder weniger wörtlich übernommen und davon abgesehen, die Hochschulen wie auch immer gearteten gesellschaftlichen Bindungen zu unterwerfen. Demgegenüber heben die bremischen, hamburgischen und hessischen Hochschulgesetze gerade auf diese gesellschaftliche Verantwortung der Hochschulen ab.

Nach § 4 I 1 BremHG dienen die Hochschulen entsprechend ihrer Aufgabenstellung im Zusammenwirken aller ihrer Mitglieder der Pflege und der Entwicklung der Wissenschaften und der Künste in ihren verschiedenen Richtungen durch Forschung, Lehre und Studium „im Bewußtsein ihrer Verantwortung vor der Gesellschaft in einem freiheitlichen demokratischen und sozialen Rechtsstaat"; gem. § 6 I 1 des Gesetzes nutzen und wahren die Mitglieder der Hochschule „im Bewußtsein ihrer Verantwortung vor der Gesellschaft die durch Art. 5 Abs. 3 Satz 1 des Grundgesetzes und Art. 11 der Landesverfassung verbürgten Grundrechte der Freiheit von Wissenschaft und Kunst, Forschung, Lehre und Studium". § 9 I 1 HmbHG formuliert behutsamer: „Die Hochschulen und ihre Mitglieder sind gehalten, die ihnen durch Art. 5 Abs. 3 des Grundgesetzes und dieses Gesetzes verbürgte Freiheit in Lehre und Studium, Forschung und Kunst im Bewußtsein ihrer Verantwortung vor der Gesellschaft auf der Grundlage der verfassungsmäßigen Ordnung zu nutzen und zu bewahren[10]." Nach § 3 I 2 HHG sind die Hochschulen im Rahmen der freiheitlichen demokratischen Grundordnung berufen, „die Verantwortung der Wissenschaft für die Gesellschaft zu stärken".

§ 6 HUG, der schon vor Inkrafttreten des HRG geltendes Recht und bereits damals heftig umstritten war, verpflichtet alle an Forschung und Lehre beteiligten Mitglieder und Angehörige der Universität, „die gesellschaftlichen Folgen wissenschaftlicher Erkenntnisse mitzubedenken. Werden ihnen Ergebnisse der Forschung, vor allem in ihrem Fachgebiet, bekannt, die bei verantwortungsloser Verwendung erhebliche Gefahr für die Gesundheit, das Leben oder das friedliche Zusammenleben der Menschen herbeiführen können, sollen sie den zuständigen Fachbereichsrat oder ein zentrales Organ der Universität davon unterrichten".

Bei der Frage nach der Zulässigkeit der Einbindung der freien wissenschaftlichen Betätigung in gesellschaftliche Verantwortung ist auf die grundlegenden Ausführungen des Bundesverfassungsgerichts in seiner Entscheidung zu § 6 HUG zurückzugreifen[11]. Danach sind Begrenzungen des vorbehaltlos verbürgten Grundrechts der Wissenschaftsfreiheit

---

[10] Auffällig an beiden Regelungen ist, daß auch die Freiheit des Studiums undifferenziert aus Art. 5 III 1 GG hergeleitet wird.

[11] Beschluß vom 1. 3. 1978, BVerfG 47, 327 (366 ff.).

durch Gesetz ausgeschlossen. Andererseits ist die Wissenschaftsfreiheit nicht schrankenlos gewährt. Einschränkungen dürfen jedoch nur aus der Verfassung selbst hergeleitet werden. „Die Konflikte zwischen der Gewährleistung der Wissenschaftsfreiheit und dem Schutz anderer verfassungsrechtlich garantierter Rechtsgüter müssen daher nach Maßgabe der grundgesetzlichen Wertordnung und unter Berücksichtigung der Einheit dieses Wertsystems gelöst werden[12].“ In diesem Sinn hat sich das Bundesverfassungsgericht für eine verfassungskonforme Auslegung des § 6 HUG entschieden. Die Pflicht zum Mitbedenken (§ 6 S. 1 HUG) umfaßt demzufolge nicht alle gesellschaftlichen und gesellschaftspolitischen Auswirkungen jeglicher Größenordnung, sondern beschränkt sich „auf schwerwiegende Folgen für verfassungsrechtlich geschützte Gemeinschaftsgüter, deren Beeinträchtigung bei der im Einzelfall gebotenen Abwägung nach der Wertordnung des Grundgesetzes schwerer wiegt als die dem Wissenschaftler auferlegte Verpflichtung[13]. Auch die Informationspflicht gem. § 6 S. 2 HUG ist nach Ansicht des Bundesverfassungsgerichts insoweit mit der Verfassung vereinbar, als es darum geht, notwendige Voraussetzungen für den Schutz vor erheblichen Gefahren für die verfassungsrechtlich geschützten Rechtsgüter des Lebens, der Gesundheit und des friedlichen Zusammenlebens der Menschen zu schaffen; sie besteht daher nicht schon bei offenkundigen Gefährdungen, sondern bei erheblichen Mißbrauchsgefahren, „die auch ein Fachmann nicht ohne weiteres erkennen kann“[14].

Im Unterschied zu § 6 HUG konstituieren die Regelungen des § 6 I 1 BremHG, des § 9 I 1 HmbHG und des § 3 I 2 HHG keine konkreten Handlungspflichten. Sie sprechen nur allgemein von der Verantwortung der Wissenschaftler für die Gesellschaft. Man mag daran zweifeln, ob diesen Bestimmungen überhaupt rechtliche Bedeutung zukommt, ob sie mehr als einen präambelartigen und damit folgenlosen moralischen Appell äußern. Aber auch dann, wenn man ihnen normativen Gehalt zuweist, sind Konsequenzen, die sich daraus ergeben mögen, nur in den Grenzen geboten, die das Bundesverfassungsgericht in seinem Beschluß zu § 6 HUG aufgezeigt hat.

Die vor allem von Abgeordneten der Opposition im Deutschen Bundestag bei den Beratungen des HRG vorgetragenen Befürchtungen, derartige Klauseln ließen nur eine gesellschaftlich nützliche Wissenschaft als legitim erscheinen und könnten leicht als Vehikel einer politischen Wissenschaftskontrolle mißbraucht werden[15], sind somit, jedenfalls unter rechtlichen Gesichtspunkten, gegenstandslos geworden.

---

[12] Ebd., S. 369.

[13] Ebd., S. 380.

[14] Ebd., S. 382 f.

[15] So z. B. die Abgeordneten Dr. Gölter und Dr. Klein in der Zweiten Le-

Aus der Vereinbarkeit der Vorschriften der §§ 6 HUG, 3 I 2 HHG, 6 I 1 BremHG und 9 I 1 HmbHG mit Art. 5 III 1 GG folgt jedoch nicht ohne weiteres, daß sie auch mit den rahmenrechtlichen Bestimmungen des HRG in Einklang stehen. Da der Bundesgesetzgeber gesellschaftliche Bindungen der freien wissenschaftlichen Betätigung nach ausführlichen Beratungen gerade nicht in das HRG aufgenommen hat, könnte er eine insoweit abschließende, auf materielle Vereinheitlichung des Hochschulrechts abzielende Regelung getroffen haben, die gem. § 72 I 1 HRG nicht mehr zur Disposition der Landesparlamente stünde. Dem ist jedoch entgegenzuhalten, daß § 3 HRG den verfassungsrechtlichen Gehalt des Grundrechts der Wissenschaftsfreiheit allenfalls erläutert und konkretisiert, keineswegs aber verbindlich festschreibt und festzuschreiben vermag. Damit bleibt Art. 5 III 1 GG in seiner Einordnung in das Gesamtgefüge des Grundgesetzes die maßgebliche Norm. Dem Landesgesetzgeber ist es deshalb nicht verwehrt, die Wissenschaftsfreiheit insoweit einzugrenzen, als sich ihre Schranken aus der Verfassung selbst herleiten lassen.

2. Wissenschaftsfreiheit im Spannungsfeld konkurrierender Rechte und Interessen

Die individuelle Wissenschaftsfreiheit kann sich im Großbetrieb der modernen Hochschule naturgemäß nicht schrankenlos durchsetzen. Sie gerät zwangsläufig in Konkurrenz zu den Ansprüchen anderer Hochschulmitglieder und muß sich darüber hinaus den sonstigen Aufgaben der Hochschule, insbesondere ihrer Ausbildungsfunktion, anpassen[16].

In diesem Zusammenhang kommt dem Verhältnis von Lehr- und Lernfreiheit (a) sowie den Koordinationsmechanismen im Bereich von Lehre (b) und Forschung (c) besondere Bedeutung zu.

a) Lehrfreiheit vs. Lernfreiheit

Nach § 3 III 1 HRG umfaßt die durch Art. 5 III 1 GG gewährleistete Freiheit der Lehre neben dem Recht auf Äußerung wissenschaftlicher Lehrmeinungen im Rahmen der zu erfüllenden Lehraufgaben auch die Abhaltung von Lehrveranstaltungen und deren inhaltliche und methodische Gestaltung. Der Lehrende hat danach nicht nur das Recht, die inhaltliche und methodisch-didaktische Konzeption der Lehrveranstaltung selbst zu bestimmen; er ist außerdem davor geschützt, daß die

---

sung des HRG (Stenographischer Bericht über die 136. Sitzung des Bundestages am 12. 12. 1974, S. 9297 und S. 9336).

[16] Dazu BVerfGE 35, 79 (121 f.).

von ihm durchgeführte Lehrveranstaltung durch Behinderungen tatsächlicher Art vereitelt wird[17].

Auf der anderen Seite ist den Studenten gem. § 3 IV HRG im Rahmen der Freiheit des Studiums das Recht auf Äußerung wissenschaftlicher Meinungen eingeräumt. Sie können demnach in einer dem Charakter der Lehrveranstaltung angemessenen Weise zu Themen, die mit der Lehrveranstaltung zusammenhängen, ihre Ansichten geltend machen und ggf. auch zur Diskussion stellen; das Äußerungsrecht steht allerdings unter dem zweifachen Vorbehalt, daß die Art der Lehrveranstaltung nach den Regelungen der Studienordnung Meinungsbekundungen größeren Umfangs überhaupt zuläßt und daß Beschlüsse der Hochschulorgane über die ordnungsgemäße Durchführung des Lehr- und Studienbetriebs einzuhalten sind[18].

Mit diesen Regelungen über das Verhältnis von Lehr- und Lernfreiheit befindet sich das HRG in Übereinstimmung mit einer Vielzahl zuvor ergangener gerichtlicher Entscheidungen[19]. Diese gewähren einerseits dem Lehrenden das aus Art. 5 III GG hergeleitete Recht, Inhalt, Form und Durchführung der Lehrveranstaltung selbst zu bestimmen. Andererseits räumen sie den Studenten die Befugnis ein, eigene Gedanken zu Gegenstand und Gestaltung der Lehrveranstaltung vorzutragen. Dabei müssen sie die Leitungsbefugnis des Lehrenden achten; sie können also nicht nach Belieben und ohne Worterteilung dazwischenreden[20]. Im übrigen ist nach der Art der Veranstaltung zu differenzieren: etwa zwischen Vorlesungen, die in erster Linie auf den Vortrag des Lehrenden ausgerichtet, und Seminaren, die wesensgemäß auf Kommunikation und Dialog angelegt sind. Keineswegs haben die Studenten das Recht, stoffremde Themen zur Diskussion zu stellen; ebensowenig dürfen sie die zur Ausübung des Lehramts gehörenden thematischen und didaktischen Kompetenzen im Wege eines Umfunktionierens der Lehrveranstaltung an sich reißen.

---

[17] *Dallinger*, § 3 Rdnr. 11 und 12. Nach *Scholz*, Art. 5 III Rdnr. 130, ergibt sich aus der Lehrfreiheit auch ein unmittelbar gegen störende Hochschulmitglieder gerichteter öffentlich-rechtlicher Unterlassungsanspruch. *Dallinger*, § 3 Rdnr. 12, hält demgegenüber allein ein staats- bzw. hochschulgerichtetes Abwehrrecht auf Abhilfe für gegeben.

[18] *Dallinger*, § 3 Rdnr. 16.

[19] s. dazu die Rechtsprechungsübersicht bei *Waibel*, WissR 1974 S. 153—168; 1975 S. 86—96.

[20] Allerdings darf der Leiter einer Lehrveranstaltung dieses Dispositionsrecht nicht mißbrauchen. s. z. B. VG Karlsruhe, Urteil vom 30. 4. 1974, VII HO 19/73, zitiert nach *Waibel*, WissR 1975 S. 89: „Daß diese Leitungsbefugnis selbst nur in rechtmäßiger Weise ausgeübt werden darf, es damit dem Leiter einer Lehrveranstaltung verwehrt ist, Rechte der Studenten beispielsweise in der Weise zu beeinträchtigen, daß er sie an der Gewinnung eigener inhaltlicher Aussagen hindert oder in einseitiger Weise zu Wort kommen läßt, oder die Leitungsbefugnis zur Indoktrinierung mißbraucht, bedarf keiner näheren Darlegung“.

In sechs Ländern — Baden-Württemberg, Bayern, Hamburg, Nordrhein-Westfalen (EWissHG), Rheinland-Pfalz und Saarland — sind die Regelungen des HRG über das Verhältnis von Lehr- und Studierfreiheit mehr oder weniger wörtlich übernommen worden. Demgegenüber weichen die Hochschulgesetze der übrigen Bundesländer zumindest verbal davon ab.

So läßt § 4 SH HSG einen Hinweis auf das Meinungsäußerungsrecht des Studenten vermissen. Aufgrund der gefestigten Rechtsprechung ist jedoch nicht daran zu zweifeln, daß auch den Studenten an den Hochschulen Schleswig-Holsteins ein grundrechtlich gesicherter Anspruch auf Artikulation ihrer wissenschaftlichen Auffassungen zusteht.

Im Gegensatz dazu scheinen die Hochschulgesetze von Berlin, Bremen, Hessen und Niedersachsen über die Regelung des § 3 IV HRG noch hinauszugehen: Von der Freiheit des Studiums ist hier nicht nur die Äußerung wissenschaftlicher Ansichten, sondern auch die Meinungsäußerung zu Inhalt, Gestaltung und Durchführung von Lehrveranstaltungen gedeckt[21]. Bei genauerer Betrachtung zeigt sich jedoch, daß mit diesen Vorschriften das ohnehin gewährleistete studentische Äußerungsrecht nur konkretisiert, nicht aber durch zusätzliche Ansprüche erweitert wird. Die verfassungsrechtlich vorgegebene Gewichtsverteilung zwischen Lehr- und Studierfreiheit ist davon nicht betroffen. Auch hier gilt, daß Meinungsäußerungen der Studenten die Bestimmungsbefugnis des Lehrenden nicht in Frage stellen dürfen und im übrigen der Art und der Thematik der jeweiligen Lehrveranstaltung Rechnung tragen müssen[22].

Als problematisch hingegen erweist sich in diesem Zusammenhang die Bestimmung des § 5 V 2 BremHG. Danach sind berechtigte Beschwerden von Hochschulmitgliedern, die unvermeidbar zu geringen und kurzen Störungen führen, keine Pflichtverletzungen. Aus diesem Beschwerderecht erwachsen den Studenten Befugnisse, die über das oben dargestellte Äußerungsrecht hinausgehen. Dieses muß dem Charakter der

---

[21] § 4 IV 2 NHG („... freie wissenschaftliche und künstlerische Meinungsäußerung zu Inhalt, Gestaltung und Durchführung von Lehrveranstaltungen"), § 6 IV 2 BremHG (Die Freiheit des Studiums „umfaßt auch im Rahmen der einzelnen Veranstaltungen die der Form der Lehrveranstaltung entsprechende Meinungsäußerung zu Inhalt, Gestaltung und Durchführung"), § 11 IV 1 HHG („... Äußerungen, die mit Inhalt und Durchführung der Lehrveranstaltungen im Zusammenhang stehen"), § 5 IV 2 BerlHG (Die Freiheit des Studiums „umfaßt auch unbeschadet des Absatzes 3 die in den einzelnen Lehrveranstaltungen der Form dieser Lehrveranstaltungen entsprechende Meinungsäußerung zu deren Inhalt, Gestaltung und Durchführung").

[22] Eine nachahmenswerte Regelung, die nicht so sehr von einem Denken in den Kategorien studentischer „Ansprüche", sondern von didaktischen Erwägungen geprägt ist, stellt § 20 I RP HochSchG dar, wonach bei der Sicherstellung des Lehrangebots „auch die Mitwirkung der Studenten an der Gestaltung der Lehrveranstaltungen zu ermöglichen" ist.

Lehrveranstaltung entsprechen und darf nicht in die Leitungsbefugnis des Lehrenden eingreifen; jenes gestattet Verhaltensformen, die den geordneten Ablauf der Lehrveranstaltung beeinträchtigen. Aufgrund der dem Staat durch Art. 5 III GG zugewiesenen Garantenstellung zum Schutz der Wissenschaftsfreiheit hat der Gesetzgeber aber darauf zu achten, daß die Hochschullehrer „unter Berücksichtigung der Aufgaben und Zwecke der Universität so frei wie möglich ihren wissenschaftlichen Auftrag erfüllen können. Er muß durch geeignete organisatorische Maßnahmen sicherstellen, daß Störungen und Behinderungen ihrer freien wissenschaftlichen Tätigkeit durch Einwirkungen anderer Gruppen soweit als möglich ausgeschlossen werden“[23]. Mit diesen Grundsätzen verträgt es sich nicht, wenn Studenten einen Freibrief für — auch noch so geringe und kurze — Störungen von Lehrveranstaltungen erhalten[24].

b) Freiheit der Lehre und Lehrverpflichtung

Angesichts der ihr zugewiesenen Ausbildungsfunktion kommt die Hochschule nicht daran vorbei, den Lehrbetrieb durch Planung und Koordination sicherzustellen. Diesen Sachzwängen muß der einzelne Wissenschaftler Rechnung tragen, hier kann er sich nicht auf die Lehrfreiheit berufen. Daher bestimmt § 3 III 2 HRG, daß Beschlüsse der zuständigen Hochschulorgane in Lehrangelegenheiten insoweit zulässig sind, als sie sich auf die Organisation des Lehrbetriebs und auf die Aufstellung und Einhaltung von Studien- und Prüfungsordnungen beziehen. Darüber hinaus stehen auch dem Staat aufgrund seiner Verantwortung für die von den Hochschulen wahrzunehmende Ausbildungsfunktion Einwirkungsmöglichkeiten zu Gebote; deshalb kann er, um die (Massen-)Ausbildung zu gewährleisten, das wissenschaftliche Per-

[23] BVerfGE 35, 79 (127 f.). s. auch § 36 IV 1 HRG, wonach sich die Hochschulmitglieder so zu verhalten haben, daß die Hochschulen und ihre Organe ihre Aufgaben erfüllen können und niemand gehindert wird, seine Rechte und Pflichten an den Hochschulen wahrzunehmen. Es genügt dem rahmengesetzlichen Regelungsauftrag nicht, wenn das BremHG in § 5 V1 diese Vorschrift übernimmt, um sie sogleich im nächsten Satz zu relativieren.

[24] Daß nur „berechtigte“ Beschwerden zu einem Dispens von Sanktionen führen, ist dabei unerheblich. Dieser Begriff stellt, wenn die Bestimmung überhaupt einen Sinn haben soll, nicht auf objektive Rechtfertigung, sondern auf die subjektive Sicht des Beschwerdeführers, sein „berechtigtes“ Empfinden ab. Das ergibt sich auch aus der nachfolgenden einschränkenden Vorschrift des § 5 V 3 BremHG, die Verpflichtungen aus einem Dienst- oder Arbeitsverhältnis unberührt sein läßt. Der Gesetzgeber geht also davon aus, daß Beschwerden mit Störungsfolgen, so „berechtigt“ sie auch immer sein mögen, sehr wohl beamten- oder arbeitsrechtliche Pflichten verletzen können. M. a. W.: Er gibt mit der einen, der hochschulrechtlichen Hand, was er mit der anderen, der dienstrechtlichen Hand wieder nimmt. Die Regelung läuft damit auf eine unzulässige Privilegierung der beamten- und arbeitsrechtlich nicht gebundenen Studenten hinaus. Indem der Gesetzgeber das Recht auf diese Weise wohlmeinend pädagogisiert, gerät er nicht zuletzt mit dem Gleichheitssatz in Konflikt.

sonal durch — freilich nicht beliebig extensive — Lehrdeputate in Pflicht nehmen[25].

Nach § 12 i. V. m. § 64 I HRG ist der Fachbereich (gem. § 65 HRG auch eine gemeinsame Kommission bzw. ein Studienbereich) für die Sicherstellung des erforderlichen Lehrangebots auf der Grundlage einer jährlichen Studienplanung verantwortlich (§ 12 I 1). Er überträgt seinen in der Lehre tätigen Angehörigen im Rahmen der für ihr Dienstverhältnis geltenden Regelungen bestimmte Aufgaben, soweit dies zur Gewährleistung des erforderlichen Lehrangebots notwendig ist[26]. Dabei hat er den unterschiedlichen Aufwand nach Art und Umfang der Lehrveranstaltungen und die Inanspruchnahme durch sonstige dienstliche Aufgaben zu berücksichtigen, — dies wiederum mit dem Vorbehalt der jeweils geltenden dienstrechtlichen Regelungen (§ 12 II).

Die Anordnungsbefugnis des Fachbereichs (er „überträgt") unterliegt somit mehreren Einschränkungen: Sie erstreckt sich nur auf solche Lehrveranstaltungen, die zur Einhaltung von Studienordnungen notwendig sind[27]; der freiwilligen Selbstkoordination der Beteiligten kommt der Vorrang zu[28]; der Fachbereich muß nach den unterschiedlichen Belastungen der Lehrpersonen, insbesondere nach dem unterschiedlichen Aufwand für die einzelnen Lehrveranstaltungsarten, differenzieren; vor allem aber sind die normativen Vorgaben des Staates zu beachten, der im Wege des Dienstrechts den zeitlichen Umfang der Lehrverpflichtung bestimmen kann.

Was das Differenzierungsgebot betrifft, so zeigt sich gerade hier die Schwächung hochschuleigener Zuständigkeiten infolge ihrer Überlagerung durch dienstrechtliche Regelungen: Der hochschulinterne Entschei-

---

[25] s. die bereits erlassenen oder bevorstehenden Rechtsverordnungen über Regellehrverpflichtungen, für die die Länderhochschulgesetze nunmehr die erforderliche Ermächtigungsgrundlage bereitstellen (z. B. § 62 S. 1 BW UG); sie dienen dazu, die Kapazitätsregelungen der bundeseinheitlich geltenden Kapazitätsverordnung vom 2. Februar 1977 (z. B. Hess. GVBl. I S. 103) umzusetzen.

Schwer zu entscheiden ist die Frage, wo die dienstrechtlich auferlegten Verpflichtungen, die notwendigerweise zu Lasten anderer wissenschaftlicher Aktivitäten, vor allem in der Forschung, gehen, auf die Grenze des verfassungsrechtlich Zulässigen stoßen. Dazu *Scholz,* Art. 5 III, Rdnr. 174, der im übrigen die Ansicht vertritt, wegen des Grundrechts der Lehrfreiheit dürfe das gesetzliche Lehrdeputat der Hochschullehrer nicht einseitig für Pflichtlehrveranstaltungen in Anspruch genommen werden; dem Hochschullehrer müsse vielmehr in Anrechnung auf sein Lehrdeputat noch genügend Raum für thematisch freie Lehrveranstaltungen bleiben. A. M. *Dallinger,* § 3 Rdnr. 14, Fn. 49.

[26] Solche Beschlüsse sind nicht nur korporationsrechtlich, sondern auch dienstrechtlich bindend (§ 43 II 2 HRG).

[27] Treffend daher der Begriff des „Mindestlehrangebots" in § 85 SH HSG.

[28] Das ergibt sich gleichfalls aus der Formel des § 12 II HRG: „... soweit dies zur Gewährleistung des erforderlichen Lehrangebots notwendig ist". s. auch BVerfGE 35, 79 (129).

dungsspielraum ist durch die staatlicherseits pauschal fixierten Lehrdeputate weitgehend reduziert[29, 30].

Mit diesen Restriktionen mag es zusammenhängen, daß einige Länder — Baden-Württemberg, Hamburg, Hessen, Saarland und Schleswig-Holstein — die für den Fachbereich verbindliche, wenn auch mit dem Vorbehalt anderslautender dienstrechtlicher Regelungen versehene Differenzierungsklausel des § 12 II HRG nicht oder nur teilweise in ihre Hochschulgesetze übernommen haben[31]. Die gegenwärtigen Kapazitätsengpässe und die darin begründete Mängelbewirtschaftung durch Lehrdeputate können derartige Abweichungen von rahmenrechtlichen Vorgaben nicht rechtfertigen, zumal langfristig, nach Überwindung des Numerus clausus und bei der dann zu erwartenden Liberalisierung der Lehrverpflichtungen, das Differenzierungsgebot auch in der Praxis bedeutsam werden könnte.

Auch der nach § 12 II HRG zu beachtende Subsidiaritätsgrundsatz, der der Selbstkoordination der Lehrenden den Vorrang vor der Anordnungsbefugnis des Fachbereichs einräumt, ist nicht von allen Bundesländern strikt beachtet worden. Er fehlt gänzlich im HmbHG[32]; ihm wird nur in abgeschwächter Form in den Hochschulgesetzen des Saar-

[29] s. dazu die — noch für die frühere Personalstruktur getroffene — Vereinbarung der KMK über die Lehrverpflichtung an wissenschaftlichen Hochschulen und Fachhochschulen vom 10. 3. 1977 (Beschlußsammlung der KMK Nr. 1754); vgl. etwa die sich daran anlehnende bayerische Regellehrverpflichtungsordnung vom 21. 9. 1977 (GVBl. S. 492). Die KMK-Vereinbarung läßt nur eine sehr begrenzte und an enge Voraussetzungen gebundene Flexibilität bei der Wahrnehmung der Lehrverpflichtungen zu: Nach 1.3.2.1 können Lehrende ihre Lehrverpflichtung im Durchschnitt zweier aufeinander folgender Studienjahre erfüllen; außerdem ist ein partieller Ausgleich der Lehrdeputate zwischen verschiedenen Lehrpersonen mit der gleichen Regellehrverpflichtung innerhalb eines Semesters zulässig. Nach 1.3.2.2 darf der Fachbereich einem Lehrenden gestatten, den Umfang seiner Lehrverpflichtungen in den einzelnen Semestern bis zu einer gewissen Grenze frei festzulegen, sofern er das Deputat im Durchschnitt zweier Studienjahre voll wahrnimmt. In all diesen Fällen muß aber das erforderliche Gesamtlehrangebot sichergestellt sein.

[30] Daher wirkt die in mehreren Hochschulgesetzen anzutreffende an sich so begrüßenswerte Formel, wonach bei der Festlegung der Lehrverpflichtung jedem Professor mindestens die Zeit für wissenschaftliche Arbeiten, vor allem in der Forschung, belassen werden müsse (so z. B. § 133 V 2 BerlHG), eher deklamatorisch.

[31] Nach § 97 III HmbHG hat der Fachbereich bei der Verteilung der Lehraufgaben nur andere Dienstaufgaben (also Funktionen außerhalb der Lehre) angemessen zu berücksichtigen. § 62 BW UG (mit entsprechenden) Vorschriften in den übrigen hochschulrechtlichen Einzelgesetzen) bestimmt immerhin, daß die Landesregierung bei dem durch Rechtsverordnung zu regelnden Umfang der dienstrechtlichen Lehrverpflichtungen neben den unterschiedlichen Dienstaufgaben auch den unterschiedlichen Zeitaufwand für die verschiedenen Arten von Lehrveranstaltungen zu berücksichtigen hat.

[32] § 97 III: Die Fachbereiche sorgen für die Vollständigkeit und Ordnung des Unterrichts und „bestimmen insoweit die Aufgaben des wissenschaftlichen künstlerischen Personals ...“.

landes und Schleswig-Holsteins Rechnung getragen[33]. Immerhin verdient erwähnt zu werden, daß die Hochschulgesetze mehrerer anderer Länder demgegenüber das Prinzip kollegialer Einigung um so nachdrücklicher betonen[34].

Im Zusammenhang mit der Sicherstellung des erforderlichen Lehrangebots stellt sich die Frage nach der Reichweite der Anordnungsbefugnis der Hochschulorgane bzw. des Dienstherren noch unter einem anderen Gesichtspunkt. Gem. § 43 II HRG haben die Professoren im Rahmen der für sie maßgeblichen dienstrechtlichen Normen Lehrveranstaltungen ihrer Fächer in allen Studiengängen durchzuführen und die zur Sicherstellung des Lehrangebots gefaßten Beschlüsse der zuständigen Hochschulgremien zu verwirklichen. Die Lehrverpflichtung des Professors erstreckt sich somit auf jeden Studiengang der Hochschule, in dem Lehrveranstaltungen seines Fachs abzuhalten sind. Bei einem gestuften Studiensystem mit aufeinander bezogenen Studiengängen (§ 4 III Nr. 1 HRG) bedeutet das insbesondere, daß der herkömmliche Universitätsprofessor auch in Fachhochschulstudiengängen unterrichten und daß umgekehrt der Fachhochschulprofessor Lehraufgaben in forschungsbezogenen Studiengängen wahrnehmen muß[35]. Aus § 43 I HRG ergibt sich andererseits, daß die Verpflichtung zur Disponibilität die Professoren nur im Rahmen ihrer Hochschule trifft. Ihr Lehramt endet an den institutionellen und funktionellen Grenzen der Hochschule, der sie inkorporiert sind.

Mit der zuletzt genannten Einschränkung lassen sich die Regelungen des BW UG, des BerlHG, des BremHG und des NW EWissHG, die die Professoren zur Abhaltung von Lehrveranstaltungen auch an anderen Hochschulen verpflichten[36], nicht vereinbaren. Sie unterlaufen außerdem das für Professoren grundsätzlich geltende Abordnungsverbot (§ 50 II HRG), das den Hochschullehrer vor einer ihm beamtenrechtlich aufgezwungenen Mobilität schützen soll. Mögen die hochschulpolitischen Intentionen auch noch so begrüßenswert, die Sachzwänge im Ausbildungsbereich noch so drückend sein: sie rechtfertigen es nicht, die Pro-

---

[33] Vor einer Beschlußfassung des Fachbereichs über die Koordinierung der Lehre sind die fachlich oder persönlich betroffenen Lehrpersonen (im Saarland nur die Professoren auf Lebenszeit) zu hören (§ 62 VI i. V. m. § 22 Nr. 2 SUG, § 57 SH HSG).

[34] z. B. § 87 III BremHG, § 22 VI HUG (mit entsprechenden Regelungen in den übrigen Einzelgesetzen), § 95 II NHG, § 116 II NW EWissHG. Die Hochschulgesetze der übrigen Länder machen sich die Formulierung des § 12 II HRG zu eigen.

[35] *Dellian*, in: Dallinger / Bode / Dellian, § 43 Rdnr. 15.

[36] Nach § 133 II 1 BerlHG, § 17 II 1 BremHG im Rahmen des Zusammenwirkens von Hochschulen; gem. § 64 IV BW UG und § 58 II 4 NW EWissHG auf Anordnung des Ministers (wobei allerdings in NW die Verpflichtung allein der Sicherstellung des notwendigen Lehrangebots dienen und nur vorübergehend sowie zu einem angemessenen Anteil erfolgen darf).

fessoren zu Lehraufgaben zu verpflichten, die von ihrem Amt, wie es rahmenrechtlich umschrieben ist, nicht umfaßt werden[37].

c) Freiheit der Forschung — Verteilung der Forschungsmittel

§ 3 II 1 HRG gewährleistet den mit der selbständigen Wahrnehmung von Forschungsaufgaben betrauten Hochschulwissenschaftlern — also den Professoren (§ 43 I 1) und den Hochschulassistenten (§ 47 III 1) — in exemplarischer Verdeutlichung des Grundrechts aus Art. 5 III GG die Freiheit in der Fragestellung, in den Grundsätzen der Methodik sowie in der Bewertung und Verbreitung des Forschungsergebnisses. Für die moderne Forschung — das gilt vor allem für die Natur- und Ingenieur-, aber auch für die empirischen Sozialwissenschaften — ist indes mit dieser Freiheitsverbürgung allein noch nicht viel gewonnen; sie bedarf darüber hinaus einer ihren Bedürfnissen entsprechenden Ausstattung mit Personal- und Sachmitteln. Hier wächst vor allem den Hochschulorganen (den Fachbereichen und dem zuständigen zentralen Kollegialorgan bzw. den unter ihrer Verantwortung stehenden wissenschaftlichen Einrichtungen) eine ausschlaggebende Bedeutung zu. Sie entscheiden über die Organisation des Forschungsbetriebs, die Förderung und Abstimmung von Forschungsvorhaben und die Bildung von Forschungsschwerpunkten (§§ 3 II 2, 23 I 1 HRG)[38].

Damit stellt sich zunächst die Frage, ob der einzelne Hochschullehrer Anspruch auf eine für die Forschung in seinem Fach adäquate personelle und materielle Ausstattung hat. Aus Art. 5 III GG ist ein Recht auf eine an den fachspezifischen Desiderata orientierte Grundausstattung nicht herzuleiten. Wohl aber ergibt sich aus dieser Grundrechtsverbürgung ein verfassungsrechtlicher Anspruch auf angemessene Berücksichtigung bei der Zuweisung der vorhandenen Mittel[39]. Das so verstandene Teilhaberrecht ist jedoch in Verbindung mit dem allgemeinen Gleichheitssatz nur auf eine willkürfreie Verteilung gerichtet, läßt also den zuständigen Hochschulorganen einen weiten Ermessensspielraum[40].

---

[37] Eine multifunktionale, sich auf gestufte Studiengänge erstreckende Disponibilität der Professoren, wie sie vor allem das BerlHG und das BremHG anstreben, wird sich daher nur in einer integrierten Gesamthochschule erreichen lassen. (Man sollte freilich die Vorzüge dieser Vielseitigkeit nicht zu hoch veranschlagen und die Gefahren eines Mißbrauchs der den Hochschulorganen dadurch eingeräumten Verfügungsmacht nicht unterschätzen). Vorerst jedenfalls bleibt nur der Ausweg, auf die Möglichkeit der Erteilung von freiwillig zu übernehmenden Lehraufträgen zurückzugreifen.

[38] Wobei auch hier, wie im Bereich der Lehre, der individuellen Eigeninitiative der Hochschullehrer der Vorrang zukommt (BverfGE 35, 79 [129]).

[39] BVerwG, NJW 1978 S. 842 (dazu *Perschel*, Hochschulrecht und Hochschulpolitik in der Rechtsprechung des Bundesverwaltungsgericht, S. 479 ff.); so ausdrücklich § 32 II NHG.

[40] BVerwG, ebd.

Dem entspricht die Regelung des § 64 I 2 HRG, der den Fachbereich verpflichtet, im Rahmen der Ausstattungspläne dafür Sorge zu tragen, daß seine Angehörigen die ihnen obliegenden Aufgaben erfüllen können[41].

Angesichts der mit den unvermeidlichen Verteilungskämpfen in den Hochschulgremien oft verbundenen Unwägbarkeiten und Verzerrungen erhält die durch § 45 IV HRG neu eröffnete Zulässigkeit von Berufungszusagen über die personelle und sächliche Ausstattung einer Professur besonderes Gewicht[42]. Dabei ist aber zu beachten, daß der Minister in der Erteilung von Zusagen an die geltenden Ausstattungspläne gebunden ist.

Von der durch § 45 IV HRG den Ländern eingeräumten Befugnis hat Bremen erklärtermaßen keinen Gebrauch gemacht: § 18 IV BremHG bestimmt, ähnlich der KMK-Vereinbarung vom 28. 11. 1968, daß sich Berufungs- und Bleibeverhandlungen auf die nähere Ausgestaltung des Dienstverhältnisses und die persönlichen Bezüge beschränken und daß Zusagen über die Ausstattung des vorgesehenen Aufgabenbereichs nicht gegeben werden dürfen. Demgegenüber ist in den Hochschulgesetzen der meisten übrigen Länder eine Berufungszusage über die Grundausstattung im Rahmen der Ausstattungspläne ausdrücklich für zulässig erklärt worden. In Rheinland-Pfalz ist es Sache der Hochschule selbst, den Professoren der Besoldungsgruppen C 3 und C 4 entsprechende Zusagen im Zusammenhang mit einer Berufung zu machen (§ 47 IV HochSchG, § 36 IV VHochSchG)[43].

---

[41] Weitergehend insoweit die Regelung des § 28 II BW UG, wonach allen an wissenschaftlichen Einrichtungen tätigen Professoren in den Ausstattungsplänen eine Mindestausstattung zuzuweisen ist. Vgl. auch § 20 IV 3 HUG: „Es ist darauf Bedacht zu nehmen, daß den Professoren und Hochschulassistenten ein Teilhaberecht an den personellen und sachlichen Mitteln gewährt wird, das sich nach den Bedürfnissen des jeweiligen Fachgebiets richtet (Mindestausstattung)".

[42] Nach Nr. 11 II der KMK-Vereinbarung über das Verfahren bei der Besetzung von Lehrstühlen vom 28. 11. 1968 (Beschlußsammlung der KMK Nr. 1751.1) durften sich Berufungs- und Bleibeverhandlungen nur auf die persönlichen Bezüge erstrecken; Berufungs- oder Rufabwendungszusagen zur räumlichen, personellen und sächlichen Ausstattung hatten zu unterbleiben. So verständlich diese in der KMK-Vereinbarung zum Ausdruck gelangte Zurückhaltung der staatlichen Hochschulverwaltungen damals, in einer Zeit häufig allzu großzügiger und sich wechselseitig überbietender Zusagepraxis, auch gewesen sein mag: sie stand in den Folgejahren einer flexiblen Zusagepolitik bei der Gewinnung herausragender Wissenschaftler hinderlich im Wege (dazu *Thieme*, WissR 1976 S. 212).

[43] Hessen und Schleswig-Holstein sehen in ihren Hochschulgesetzen keine vergleichbaren Regelungen vor. Doch ist auch in diesen Ländern davon auszugehen, daß der zuständige Minister, mangels entgegenstehender gesetzlicher Bestimmungen, Zusagen über die Grundausstattung erteilen darf.

Für die staatlichen Hochschulverwaltungen in sämtlichen Bundesländern stellt sich in diesem Zusammenhang die Frage nach der Fortgeltung der KMK-Vereinbarung vom 28. 11. 1968. Nachdem § 45 IV HRG den Ländern

In vielen Fällen können jedoch weder korporationsrechtliche Teilhabeansprüche noch ministerielle oder universitäre Berufungszusagen die Mittel herbeischaffen, die für die Realisierung von Forschungsvorhaben benötigt werden[44]. Gerade wegen solcher finanziellen Engpässe hängt für den Ertrag und die Effizienz der Forschung vieles davon ab, ob und in welchem Maße es den Hochschulwissenschaftlern gestattet ist, Zuwendungen von dritter Seite einzuwerben.

Nach § 25 HRG ist Drittmittelforschung im Rahmen der dienstlichen Aufgaben der Hochschulforscher zulässig. Ein fremd finanziertes Vorhaben kann auch innerhalb der Hochschule durchgeführt werden, sofern dadurch ihre Aufgabenerfülung sowie die Rechte und Pflichten anderer Personen nicht beeinträchtigt werden und die Folgekosten angemessen berücksichtigt sind; außerdem sollen die Forschungsergebnisse in der Regel in angemessener Zeit veröffentlicht werden. Falls diese Voraussetzungen nicht erfüllt sind, kann die Hochschule die Inanspruchnahme ihrer Sachmittel und Einrichtungen sowie ihres Personals untersagen oder durch Auflagen einschränken. Damit die Hochschule einen Überblick über die von den Mitgliedern betriebenen Drittmittelforschungen erhält, besteht für diese Vorhaben, auch wenn sie außerhalb der Hochschule durchgeführt werden, eine Anzeigepflicht. Das HRG bestimmt darüber hinaus, daß die Fremdmittel für hochschulintern durchgeführte Projekte von der Hochschule verwaltet und die daraus bezahlten hauptberuflichen Mitarbeiter als Personal der Hochschule eingestellt werden sollen.

Insgesamt erweist sich § 25 HRG als eine flexible Regelung, die der Drittmittelforschung hinreichend Raum läßt, andererseits aber auch Vorkehrungen gegen Mißgebrauchsgefahren trifft. Um so mehr kommt es für die Forschungspraxis in den Hochschulen darauf an, wie die Hochschulgesetze der einzelnen Bundesländer diese Rahmenvorschrift

---

die Möglichkeit eingeräumt hat, Ausstattungszusagen unter bestimmten Voraussetzungen gesetzlich für zulässig zu erklären, ist die Wissenschaftsadministration dort, wo entsprechende landesgesetzliche Regelungen ergangen sind, an die KMK-Vereinbarung nicht mehr gebunden: Was bundesrechtlich mit entsprechender landesgesetzlicher Umsetzung erlaubt ist, kann aufgrund bloßer Verwaltungsvereinbarung der Länder nicht verboten sein. Entfällt damit die Bindungswirkung der KMK-Übereinkunft für diejenigen Länder, die § 45 IV HRG transformiert haben, ist sie auch für die übrigen Bundesländer obsolet geworden.

[44] Das gilt besonders dort, wo bestimmte Fachrichtungen durch Schwerpunktbildungen in anderen Disziplinen marginalisiert worden sind. Die der Hochschule nach § 23 I HRG zustehende Befugnis, Forschungsschwerpunkte einzurichten, mag im Zuge fortschreitender Arbeitsteilung und Mittelkonzentration zweckmäßig sein. Sie kann jedoch, vor allem wenn die zuständigen Organe allzu rigoros Gebrauch davon machen, zu einer Verödung der Hochschule und zu einer kurzsichtigen Anpassung an den wissenschaftlichen Zeitgeschmack oder den vermeintlichen gesellschaftlichen Bedarf führen. Vor allem kleine Fächer und neue Disziplinen können dabei zu kurz kommen.

durch Ausgestaltung in den Details operationalisiert haben. Dabei zeigt sich, daß die innerhalb der Hochschule durchzuführende Drittmittelforschung (§ 25 II HRG) durchaus unterschiedlichen Verfahrensregelungen unterliegt.

Einen vergleichsweise restriktiven Kurs steuern das bremische und das hamburgische Hochschulgesetz.

Gem. § 73 III BremHG erstreckt sich die Anzeigepflicht auf eine Vielzahl von Einzelheiten und bezieht sogar Informationen über die aus dem Forschungsvorhaben zu erwartenden Einkünfte der Projektbeteiligten mit ein, — eine Bestimmung, die schon deshalb fehl am Platze ist, weil es sich bei Drittmittelforschung im Sinne des § 25 I HRG begrifflich um dienstliche Tätigkeit handelt, für die nach den beamtenrechtlichen Regelungen keine Einkünfte entgegengenommen werden dürfen[45].

Die Anzeige ist dem Leiter der Hochschule und dem Fachbereich zuzuleiten. Der Fachbereichsrat hat ein Mitwirkungsrecht: Wenn er die Voraussetzungen für ein hochschulintern durchzuführendes Vorhaben als nicht erfüllt ansieht, kann er der Inanspruchnahme von Hochschulressourcen durch eine Empfehlung an den Rektor widersprechen, über die sich nur der Akademische Senat hinwegsetzen kann. Die Einschaltung des Fachbereichsrats in Fragen der Drittmittelforschung mag unter dem Gesichtspunkt größerer Transparenz und stärkerer Partizipation gewisse Vorzüge aufweisen. Sie kann erfahrungsgemäß aber auch zu einer Komplizierung und Verzögerung der Entscheidungsabläufe führen[46] und den informationspflichtigen Forscher einem unangemessenen Rechtfertigungsdruck aussetzen.

Nach § 74 I BremHG[47] soll die Hochschule ein Drittmittelvorhaben, das die gesetzlichen Voraussetzungen erfüllt, soweit als möglich fördern, dabei aber solche Projekte mit Vorrang bedienen, die aus öffentlichen Mitteln oder aus Geldern gemeinnütziger Einrichtungen der Wissenschaftsförderung bezuschußt werden. Es ist schwer begreiflich, daß bei der Entscheidung über die Förderungswürdigkeit eines von

[45] Erhält der Wissenschaftler für eine Forschungsleistung von dritter Seite ein Entgelt. so handelt es sich in aller Regel um wissenschaftliche Nebentätigkeit (*Dallinger*, § 25 Rdnr. 4). Dagegen sind Veröffentlichungen üblicherweise auch dann Bestandteil der hauptamtlich zu erbringenden Dienstleistungen, wenn dafür ein Honorar gezahlt wird; nimmt der Hochschullehrer für die Publikation der von ihm im Rahmen seiner hauptamtlichen Tätigkeit gewonnenen Forschungsergebnisse personelle und sächliche Mittel der Hochschule in Anspruch, so braucht er dafür folgerichtig auch kein Nutzungsentgelt zu entrichten (VG Berlin, NJW 1978 S. 848).

[46] Dieser Gefahr soll gem. § 73 IV BremHG eine zehnwöchige Ausschlußfrist vorbeugen, nach deren ergebnislosem Ablauf der Projektleiter das Vorhaben in der Hochschule im angezeigten Umfang durchführen kann.

[47] So auch § 35 IV NHG.

dritter Seite subventionierten Vorhabens nicht so sehr auf wissenschaftlich relevante Kriterien — Bedeutung der Fragestellung, theoretischer Ansatz, methodisches Instrumentarium o. ä. —, sondern in erster Linie auf die Art der Finanzierungsquelle abgehoben wird.

Auch das HmbHG stellt gegenüber der Drittmittelforschung Kautelen auf, die im konkreten Fall zu unerwünschten Restriktionen führen können. Das Gesetz unterwirft diese Vorhaben nicht nur einer Anzeige-, sondern — sofern Hochschulressourcen in Anspruch genommen werden sollen — auch einer Genehmigungspflicht (§ 78 II)[48]. Das Genehmigungserfordernis setzt der Drittmittelforschung Schranken, die über die Vorkehrungen in § 25 III HRG — Untersagung oder Auflagenerteilung — hinausgehen: Nach dem HRG ist der Forscher in der Inanspruchnahme von Hochschulressourcen frei, wenn und solange die Hochschule keine Gegenmaßnahmen ergreift; gem. § 78 II HmbHG muß er mit der Durchführung des Projekts warten, bis ihm der — an keinerlei Fristen gebundene — Fachbereich grünes Licht gibt[49]. Mit anderen Worten: Passivität der Hochschule schlägt nach Bundesrahmenrecht zugunsten, nach Hamburger Recht zu Lasten des Wissenschaftlers aus.

Die Hamburger Regelungen sind noch aus einem weiteren Grund nicht HRG-konform: Sie räumen dem Fachbereich die Befugnis ein, ein Drittmittelprojekt auch dann durch Versagung der Genehmigung zu blockieren, wenn es mit einem anderen Forschungsvorhaben nicht in der gebotenen Weise koordiniert ist. Diese Restriktion ist durch die abschließende Normierung in § 25 III HRG nicht gedeckt.

Im Unterschied zu Bremen und Hamburg haben die übrigen Bundesländer der Drittmittelforschung[50] kaum zusätzlich Hindernisse in den Weg gestellt[51]. Teilweise gewähren sie den Forschern sogar besonderen

[48] Zuständig ist der Fachbereich. Die Genehmigung zu erteilen oder zu versagen, ist i. d. R. Sache des Fachbereichssprechers, da der Fachbereichsrat gem. § 99 I nur in den grundsätzlichen Angelegenheiten des Fachbereichs entscheidet. Es bleibt allerdings abzuwarten, wie die nach § 78 IV zu treffenden satzungsrechtlichen Vorschriften der jeweiligen Hochschule diese Kompetenzfrage regeln.

[49] Auf die Erteilung der Genehmigung könnte ggf. vor dem Verwaltungsgericht geklagt werden. Doch hätte die Klage wegen des dem Fachbereich zustehenden weitgespannten Entscheidungsspielraums und der begrenzten richterlichen Nachprüfungsmöglichkeiten in der Regel wenig Aussicht auf Erfolg.

[50] In Baden-Württemberg wird sie mit dem wenig glücklichen Begriff „Forschung im Auftrag Dritter" belegt (§ 59 UG).

[51] Der Einwerbung von Drittmitteln nicht gerade förderlich ist allerdings die Bestimmung der § 119 III 2 BerlHG, § 24 III 1 HHG, § 119 II 2 NHG (so auch § 103 II 2 BremHG), wonach die Ausstattungspläne „unter Berücksichtigung der Mittel Dritter" die vorhandene und für erforderlich gehaltene Ausstattung angeben.

Verfahrensschutz, etwa durch Einräumung eines Anhörungsrechts[52]; die meisten sichern dem Projektleiter das Recht auf freie Auswahl der Mitarbeiter zu, verschiedentlich auch ausdrücklich die Befugnisse zur Entscheidung über die Mittelverwendung (die allerdings i. d. R. durch die Bewilligungsbedingungen des Zuwendungsgebers präjudiziert ist)[53], einige Länder (Niedersachsen, Rheinland-Pfalz und das Saarland) verpflichten die Hochschule ausdrücklich auf die Beachtung des Übermaßverbotes: Die Untersagung der Inanspruchnahme von Hochschulressourcen kommt nur dann in Betracht, wenn Auflagen oder Nebenleistungen nicht zum Ziel führen (§§ 35 II NHG, 13 II RP HochschG, 13 IV SUG).

Schleswig-Holstein hat sich die rahmenrechtlichen Vorschriften nur in begrenztem Maße zu eigen gemacht. Die Vorschrift des § 3 III 4 HSG stellt an ein mit Hochschulressourcen durchzuführendes Drittmittelvorhaben weniger strenge Anforderungen als § 25 II HRG: Soweit es die Aufgaben der Hochschule nicht beeinträchtigt, ist es zulässig. Von einer angemessenen Berücksichtigung der Folgekosten und von einer Veröffentlichungspflicht ist ebensowenig die Rede wie davon, daß die aus Fremdmitteln bezahlten hauptamtlichen Mitarbeiter als Personal der Hochschule eingestellt werden sollen. So sehr das HSG mit diesen Bestimmungen den auf Drittmittel angewiesenen Hochschulwissenschaftlern entgegenkommen mag: es verkürzt den für den Landesgesetzgeber verbindlich vorgegebenen Regelungsgehalt des § 25 HRG und verstößt damit gegen das Gebot rahmenrechtlicher Konkordanz.

---

[52] So z. B. Art. 7 c II BayHSchG, § 13 IV SUG.

[53] § 53 III BerlHG (Personal- und Sachmittel), § 33 IV HHG (Personal), § 35 VII NHG (Personal), § 132 II NW EWissHG (Personal), § 13 IV RP HochSchG (Personal- und Sachmittel). Das Recht des Projektleiters auf freie Auswahl der Mitarbeiter ist von erheblicher praktischer Bedeutung, weil es sonst bei der allgemeinen Entscheidungszuständigkeit des Fachbereichs oder der wissenschaftlichen Einrichtung verbleibt; z. B. §§ 87 II Nr. 10, 88 III BremHG, wonach der Fachbereichsrat über Einstellungsvorschläge befindet. § 13 V 1 SUG verfährt hinsichtlich der administrativen Anbindung von Drittmittelprojekten an die Hochschule am großzügigsten: Auch die Mittel für universitätsintern durchzuführende Vorhaben werden nur dann von der Universität verwaltet, wenn der Zuwendungsgeber sich damit einverstanden erklärt oder der Zuwendungsempfänger es beantragt. Ob das der Sollvorschrift des § 25 IV HRG genügt, ist immerhin zweifelhaft.

IV. Studienreform

War das Studium an der traditionellen deutschen Universität, zumindest dem Anspruch nach, auf das Humboldtsche Ideal zweckfreier Bildung, auf eine selbständige Teilnahme am Wissenschaftsprozeß ausgerichtet, so hat es sich angesichts einer Entwicklung, in der die Hochschulen mehr und mehr zu Stätten der Massenausbildung wurden, grundlegend gewandelt. Es ist „Brotstudium" geworden, notwendige Voraussetzung für einen Beruf[1]. Die Krise der Hochschule wird vor allem darin gesehen, daß sie die Aufgabe der Berufsvorbereitung nur unzureichend erfüllt. Die Klagen lauten allenthalben, das Studium sei zu sehr am Erkenntnisstand der Wissenschaften, nicht aber an den Bedürfnissen der Praxis orientiert, die Studieninhalte seien mit unnötigem Stoff überfrachtet und die Lehrveranstaltungen entsprächen nicht hinlänglich den Anforderungen der Didaktik. Demgemäß laufen die Reformbemühungen seit vielen Jahren auf stärkeren Praxisbezug[2], auf eine Entrümpelung der Studiengänge und auf nachhaltige Berücksichtigung didaktischer Gesichtspunkte hinaus. Alle Denkschriften und Empfehlungen haben die Lage freilich kaum zu ändern vermocht; die Situation ist eher noch schwieriger geworden.

So hat sich nunmehr der Gesetzgeber der Studienreform angenommen. Ihr mißt das HRG — wie sich schon aus dem hervorgehobenen Standort und der Vielzahl der einschlägigen Regelungen ergibt — vorrangige Bedeutung bei.

Oberstes Ziel des Studiums und damit der Studienreform ist die *Berufsausbildung:* Lehre und Studium sollen den Studenten auf ein berufliches Tätigkeitsfeld vorbereiten und ihm die dafür erforderlichen Kenntnisse, Fähigkeiten und Methoden vermitteln (§ 7)[3]. Dabei stellt sich sogleich ein Dilemma ein: Ein zu enger Praxisbezug könnte der beruflichen Mobilität, der vielseitigen Verwendbarkeit der Hochschul-

---

[1] Dazu schon *Schelsky*, Einsamkeit und Freiheit, S. 207 ff.

[2] Wobei freilich zu beobachten ist, daß die Berufsorientierung in einigen Fächern schon seit langem an der Tagesordnung ist. Man denke z. B. an die Rechtswissenschaften, in denen die Auseinandersetzung mit der Rechtsprechung einen wesentlichen Teil von Lehre und Studium ausmacht.

[3] Die berufliche Funktionalisierung des Studiums zeigt sich auch in anderen Vorschriften des HRG: z. B. § 2 I 2, § 4 III Nr. 3, § 9 III 1, IV 2 Nr. 1, § 10 I, § 11 I 3.

Kritisch zu den Studienzielen des HRG: *von Schenck*, Das Hochschulrahmengesetz, S. 99 ff.; *Thieme*, DÖV 1979 S. 73—81.

absolventen abträglich sein; dem sucht das HRG dadurch zu begegnen, daß es in § 8 I 2 Nr. 1 postuliert, die Studieninhalte müßten im Hinblick auf Veränderungen in der Berufswelt den Studenten „breite berufliche Entwicklungsmöglichkeiten eröffnen", — was doch nur heißen kann, daß das Studium selbst breit, also auf ein Grundlagenstudium hin angelegt und von einem allzu unmittelbaren Zusammenhang mit bestimmten Berufen entkoppelt sein muß.

Die starke Betonung des Praxisbezugs im HRG hat zur Folge, daß die Unterschiede zwischen dem Studium an wissenschaftlichen Hochschulen und an Fachhochschulen leicht verwischt werden; sie lassen sich allenfalls andeutungsweise in § 2 I 1 erkennen, wonach die Hochschulen „entsprechend ihrer Aufgabenstellung" der Entwicklung der Wissenschaften und Künste durch Forschung, Lehre und Studium dienen. Es ist daher Sache des Landesrechts, den Charakter des Studiums je nach der Hochschulart näher zu bestimmen[4].

Der Straffung des Studiums soll insbesondere die Einführung der Regelstudienzeit (§ 10 II) dienen. Sie verfolgt zugleich den Zweck, die Verweildauer an den Hochschulen zu verkürzen und damit deren Kapazitäten zu steigern[5].

Darüber hinaus macht sich das Gesetz auch die Forderung nach stärkerer Berücksichtigung *methodischer und didaktischer Erkenntnisse* im Lehrbetrieb zu eigen (§ 8 I 2 Nr. 2) und erhebt die Studienberatung zum gesetzlichen Gebot (§ 14).

Das HRG hat es mit diesen Postulaten nicht bewenden lassen, sondern zugleich Instrumente bereitgestellt, die auf eine weitgehende Reglementierung des Studiums hinauslaufen. Das Gesetz geht vom Studiengang als leitendem Ordnungszprinzip aus (§ 10). Es handelt sich dabei um ein durch Studien- und Prüfungsordnungen geregeltes, auf einen bestimmten berufsqualifizierenden Abschluß oder ein anderes Ausbildungsziel ausgerichtetes Studium[6]. Wesentliches Kennzeichen

[4] z. B. § 4 HHG, der die Besonderheiten wie folgt herauszuarbeiten sucht: „Die Universität vermittelt eine wissenschaftliche Ausbildung. Ziel der Ausbildung ist die Befähigung zur selbständigen Anwendung und Entwicklung wissenschaftlicher Methoden und Erkenntnisse" (Abs. 1 S. 2 und 3). „Die Fachhochschule vermittelt durch anwendungsbezogene Lehre eine auf den Erkenntnissen der Forschung beruhende Ausbildung" (Abs. 3 S. 1).

[5] Ob die Regelstudienzeit zur Lösung der Kapazitätsprobleme tatsächlich beizutragen vermag, ist sehr zweifelhaft. Die Semesterzahl sagt nichts darüber aus, wie sehr ein Student die Ausbildungskapazität seines Fachs in Anspruch nimmt. Ob er die Lehrveranstaltungen in gedrängter Folge oder weit auseinander gezogen belegt: an der Aufnahmefähigkeit der Hochschule dürfte das wenig ändern.

[6] So die Definition in § 42 I 1 BW UG; ähnlich § 122 I NW EWissHG, § 27 I BerlHG, § 46 I bis III HmbHG. Das HRG selbst und die übrigen Länderhochschulgesetze bestimmen den Begriff nicht.

des Studienganges ist demnach seine Normierung durch Studien- und Prüfungsordnungen. Die Studienordnung regelt auf der Grundlage der Prüfungsordnung detailliert Inhalt, Aufbau und zeitliche Gewichtung des Studiums (§ 11). Die Prüfungsordnung bestimmt Prüfungsanforderungen und -verfahren und legt die Regelstudienzeit fest (§ 16).

Diese Vorschriften sollen dazu beitragen, dem Studenten die Orientierung zu erleichtern und ihm eine rationelle Organisation des Studiums zu ermöglichen. Darin wird gleichzeitig aber auch eine Tendenz zur Verschulung des Hochschulbetriebs sichtbar; der Lernfreiheit als „akademischer Freiheit" werden enge Grenzen gezogen.

Hätte es der Bundesgesetzgeber mit diesen Regelungen bewenden lassen, wäre den Ländern und damit möglicherweise auch den Hochschulen immerhin noch ein erheblicher Spielraum zur Verwirklichung der Studienreform verblieben. Tatsächlich jedoch forciert das HRG die von ihm angestrebte Neuordnung durch detaillierte Bestimmungen über Umfang und Handhabung der Regelstudienzeit (1.), vor allem aber durch die Installation von Studienreformkommissionen (2.).

1. Die Regelstudienzeit

Die Regelstudienzeit, die das bislang vorherrschende Prinzip der Mindeststudienzeit ablöst, legt die Studienzeiten fest, in denen „in der Regel" — eine entsprechende Gestaltung der Studienordnungen und des Lehrangebots vorausgesetzt — ein erster berufsqualifizierender Abschluß erworben werden kann (§ 10 II 1 HRG)[7]. Sie ist zunächst eine Planungsgröße, von der die Studienordnung, das Lehrangebot, das Prüfungsverfahren und darüber hinaus die Festsetzung der Ausbildungskapazitäten und die Berechnung von Studentenzahlen bei der Hochschulplanung auszugehen haben (§ 10 II S. 2 HRG). § 11 IV HRG bestimmt, daß die Regelstudienzeit vier Jahre nur in besonders begründeten Fällen überschreiten soll[8]. In geeigneten Fachrichtungen sind Studiengänge einzurichten, die bereits innerhalb von drei Jahren abzuschließen sind; hier ist in erster Linie an Fachhochschulstudiengänge gedacht.

Die globale Begrenzung der Studiengänge auf vier bzw. drei Jahre wird in den meisten Fächern eine drastische Verkürzung und Zusam-

---

[7] Die Regelstudienzeit schließt demnach auch die für den erfolgreichen Studienabschluß benötigte regelmäßige Prüfungsdauer ein (*Bode*, in: Dallinger / Bode / Dellian, § 10 Rdnr. 9).

[8] Die besonderen Gründe, die eine Überschreitung rechtfertigen, ergeben sich aus § 10 III: Bei der Festlegung der Studiendauer sind u. a. die besonderen Erfordernisse des Studiengangs, Erfahrungen mit bereits bestehenden Studiengängen und mit vergleichbaren Studiengängen im Ausland zu berücksichtigen.

mendrängung der Lehrinhalte zur Folge haben. Problematisch an dieser Entwicklung ist der Umstand, daß der Zeitfaktor zum Maßstab aller Dinge wird. Richtigerweise hätten zunächst die Studiengänge fachspezifisch bereinigt werden müssen, bevor irgendwelche Festlegungen hinsichtlich der Studiendauer getroffen werden[9].

Während die Regelstudienzeit als objektive Planungsgröße für die Studienreform bundesweit zur Geltung gelangt ist — die Länder haben die HRG-Vorschriften insoweit einheitlich transformiert[10] —, ergeben sich in den Konsequenzen für die das Zeitlimit überschreitenden Studenten Unterschiede zwischen den Bundesländern.

Das HRG selbst bestimmt den Sanktionsmechanismus wie folgt: Nach § 16 III 3 sind Prüfungsanforderungen und -verfahren so zu gestalten, daß die Abschlußprüfung grundsätzlich innerhalb der Regelstudienzeit, spätestens aber sechs Monate nach deren Ablauf abgenommen wird. Entsprechend sind die Fristen für die Meldung zur Prüfung festzulegen (§ 16 III 2). Hält ein Student diese Fristen nicht ein, so wird er zunächst aufgefordert, sich zur Prüfung zu melden (§ 17 II 1). Auf seinen Antrag ist ihm eine Nachfrist von sechs Monaten einzuräumen (§ 17 II 2). Bei Vorliegen besonderer Gründe kann eine längere Nachfrist eingeräumt werden; hat der Student die Gründe zu vertreten, so darf die Gesamtdauer der Nachfrist zwölf Monate nicht überschreiten (§ 17 III 3). Meldet sich ein Student nach der ausdrücklichen Aufforderung nicht zur Prüfung, stellt er keinen Antrag auf Nachfristgewährung oder hält er die ihm eingeräumte Nachfrist nicht ein, so unterliegt er von Gesetzes wegen der Exmatrikulation (§ 17 III 1). Ein „nach Maßgabe der jeweiligen Prüfungsordnung" bestehender Anspruch auf Zulassung zur Prüfung bleibt indessen unberührt (§ 17 III 2)[11].

Die ländergesetzlichen Regelungen über die bei Überschreiten der Regelstudienzeit zu verhängenden Sanktionen weichen nicht unbeträchtlich voneinander ab.

Das zeigt sich bereits bei der Festlegung der *Prüfungsfristen*. Die meisten Länder haben sich an die Vorgabe des § 16 III 3 HRG gehalten

---

[9] Dabei muß man freilich berücksichtigen, daß bisherige Versuche in dieser Richtung weithin erfolglos blieben.

[10] Allerdings entstehen in vielen Studiengängen Übergangsprobleme, die darauf beruhen, daß es an den erforderlichen Studienordnungen und an dem notwendigen Lehrangebot mangelt (§ 10 II 1 HRG).

[11] Doch gehen dem Studenten die sozialen Vergünstigungen verloren, sofern nicht ein sozialer Härtefall vorliegt (§ 17 III 1 2. Hs. HRG). Da die zulässige Studiendauer auch nach neuem Recht fünf Jahre und mehr betragen kann, ändert sich hinsichtlich der Ausbildungsförderung nach BAföG, die nur in den wenigsten Fächern über zehn Semester hinausgeht (s. die Förderungshöchstdauerverordnung vom 9. 11. 1972, BGBl. I S. 2076), kaum etwas. Schwierigkeiten treten u. U. hinsichtlich der studentischen Krankenversicherung auf (dazu *Thieme*, DÖV 1979 S. 79).

(Abschlußprüfung grundsätzlich innerhalb der Regelstudienzeit, spätestens aber sechs Monate nach ihrem Ablauf). Demgegenüber gehen Schleswig-Holstein und Hamburg andere Wege. § 86 SH HSG nimmt zwar in Abs. 7 die HRG-Vorschrift auf, bestimmt aber sodann in Abs. 8 S. 3, daß die Prüfungsfristen in den Prüfungsordnungen so festzulegen seien, daß die Abschlußprüfung innerhalb der Regelstudienzeit „zuzüglich zwölf Monate" abgelegt sein kann. Hamburg löst sich vollends von der Maßgabe des HRG: Nach § 56 I 4 HmbHG sind die Fristen so zu bemessen, daß die Abschlußprüfung innerhalb der Zeit abgelegt sein kann, die in den vorangehenden drei Jahren die Absolventen des Studiengangs ohne Einbeziehung von Wiederholungen zum Abschluß der Prüfung benötigt haben. Man mag die Großzügigkeit der Hamburger und der schleswig-holsteinischen Regelungen begrüßen, — mit dem HRG vereinbar sind sie nicht[12].

Auch die ländergesetzlichen Vorschriften zur Gewährung von *Nachfristen* für die Meldung zur Prüfung sind nicht völlig einheitlich.

Die nach § 17 II 2 HRG auf Antrag „automatisch" einzuräumende Fristverlängerung von sechs Monaten wird in Hessen (§ 58 II 2 HHG) und in Niedersachsen (§ 21 II 2 NHG) weniger starr gehandhabt. Die Nachfrist ist bis zum nächsten Prüfungstermin zu gewähren — eine Regelung, wie sie auch in § 63 II 2 BremHG vorgesehen ist —, sie beträgt aber „mindestens" sechs Monate. Das Hinausschieben der Meldefrist bis zum nächsten Prüfungstermin ist durch besondere Gründe im Sinne des § 16 II 3 HRG gerechtfertigt; dagegen steht die von Hessen und Niedersachsen generell für zulässig erklärte Überschreitung der Sechs-Monate-Frist nicht im Einklang mit der eindeutigen rahmenrechtlichen Zeitbestimmung.

Die meisten Länder — bis auf Bayern und Schleswig-Holstein — haben die „besonderen Gründe", aus denen eine längere Nachfrist eingeräumt werden kann, durch beispielhafte Erwähnung näher umschrieben. Genannt werden u. a. Tätigkeiten in der Hochschul- oder studentischen Selbstverwaltung (§ 52 II 4 BW UG, § 39 III 2 BerlHG, § 63 II 4 BremHG, § 56 III 2 HmbHG, § 58 II 3 HHG, § 21 III 5 NHG, § 122 IV NW EWissHG, § 27 II 3 RP HochSchG, § 6 II IV SUG)[13], Fehlen des für die Einhaltung der Fristen notwendigen Lehrangebots (§ 39 III 4 BerlHG, § 56 III 4 HmbHG, § 58 III 5 HHG), Fehlen einer Studienordnung i. S. des § 11 HRG (§ 56 III 4 HmbHG)[14], Krankheit (§ 39 III 4 BerlHG, § 63 II 4 Brem-

[12] Gleicher Ansicht zu § 56 I 4 HmbHG: *Bode*, § 16 Rdnr. 6 Fn. 4.

[13] Wegen des Benachteiligungsverbots des § 37 III HRG rechnet die Tätigkeit in der Hochschulselbstverwaltung zu den nicht zu vertretenden Verlängerungsgründen (*Reich*, § 17 Rdnr. 4). § 52 II 4 BW UG begrenzt die dafür zu gewährende weitere Nachfrist auf zwölf Monate.

[14] Unzulänglichkeit des Lehrangebots und Fehlen einer Studienordnung sind zugleich Gründe, die der Student nicht zu vertreten hat (so ausdrück-

HG, § 56 III 2 HmbHG, § 58 II 3 HHG)[15], Auslandsstudium (§ 63 II 4 BremHG, § 56 III 4 HmbHG, § 21 III 6 NHG, § 122 III 1 NW EWissHG, § 27 II 4 RP HochSchG)[16].

Aus diesen Regelungen ergibt sich: An sämtlichen Hochschulen der Bundesrepublik wird jedem Studenten auf Antrag automatisch eine Nachfrist von sechs Monaten — in Bremen, Hessen und Niedersachsen auch darüber hinaus — und zusätzlich bei Vorliegen besonderer Gründe noch eine weitere Fristverlängerung eingeräumt. Da sich kaum vorstellen läßt, daß es einem Studenten nicht gelingt, besondere Gründe nachzuweisen, dürfte er keine Schwierigkeiten haben, eine Nachfrist von insgesamt zwölf Monaten zu erreichen. Daher dehnt sich die Regelstudienzeit faktisch auf fünf Studienjahre aus[17]. Die Gesamtdauer der Nachfrist kann sogar ein Jahr überschreiten, wenn der Student die Gründe — etwa wegen nicht reformierter Studienordnung oder mangels eines entsprechenden Lehrangebots — nicht zu vertreten hat[18]. Infolgedessen sind die Auswirkungen der gesetzlichen Begrenzung der Studiendauer für die Studenten nicht ganz so dramatisch, wie es auf den ersten Blick den Anschein hat[19].

---

lich § 39 III 4 BerlHG, § 56 III 4 HmbHG). Das folgt bereits aus der Definition der Regelstudienzeit, die begrifflich eine entsprechende Gestaltung der Studienordnung und des Lehrangebots voraussetzt (§ 10 II 1 HRG). Die Gewährung einer Nachfrist erweist sich aber deshalb als notwendig, weil nach § 72 III 1 HRG die Vorschriften des § 17 II 2 bis IV HRG in jedem Fall auf Studenten, die spätestens zwei Jahre nach Inkrafttreten des HRG ihr Studium begonnen haben, anzuwenden sind (dazu *Reich*, § 17 Rdnr. 4).

[15] Offensichtlich erachten die hamburgischen und die hessischen Vorschriften eine Krankheit nicht als unvertretbaren Verlängerungsgrund, da sie für diesen Fall nur eine Nachfrist von höchstens zwölf Monaten einräumen. Man darf aber davon ausgehen, daß zumindest eine längere Krankheit auch an den Hochschulen Hessens und Hamburgs Fristenverlängerungen über die Dauer eines Jahres hinaus rechtfertigt.

[16] Nach § 56 III 4 HmbHG liegt ein nicht zu vertretender Verlängerungsgrund vor, wenn dem Studenten die Einhaltung der Fristen wegen eines Auslandsstudiums unmöglich gewesen ist. Gem. § 27 II 4 RP HochSchG kann die Nachfrist bei einem Auslandsstudium bis zur Hälfte der Regelstudienzeit, also bis zu zwei Jahren, gewährt werden.

[17] Sofern die Prüfungsordnung die Abnahme der Abschlußprüfung erst zum Ende einer sich an die Regelstudienzeit anschließenden Sechs-Monate-Frist vorsieht (vgl. § 16 III 3 HRG), kommt ein weiteres halbes Jahr hinzu. In Hamburg und Schleswig-Holstein kann die Gesamtstudiendauer wegen der von vornherein großzügiger bemessenen Prüfungsfristen noch darüber hinausgehen.

[18] Bremen nennt eine zeitliche Obergrenze: Gem. § 63 II 5 BremHG soll die Gesamtdauer der Nachfrist nicht mehr als zwei Jahre betragen.

[19] Das ändert nichts an der verständlichen Sorge vieler Studenten vor einer Zwangsexmatrikulation. Politiker aller Bundestagsparteien streben deshalb eine Novellierung des HRG an, durch die die Legalexmatrikulation rückgängig gemacht werden soll (FAZ vom 9. 7. 1979; „Der Spiegel“, Nr. 28 vom 9. 7. 1979, S. 78).

Was die sog. *Zwangsexmatrikulation* angeht, so gewähren Rheinland-Pfalz und das Saarland zusätzlichen Verfahrensschutz und zusätzlichen Aufschub: Gem. § 27 III 1 HochSchG und § 6 III 1 SUG ist ein Student, der die Meldefrist auch nach Aufforderung versäumt oder eine Nachfrist nicht eingehalten hat, darauf hinzuweisen, daß die Rechte aus der Einschreibung erlöschen, wenn er nicht binnen einer ihm zu setzenden Ausschlußfrist von sich aus aktiv wird. Erst nach deren erfolglosem Ablauf wird er exmatrikuliert.

Nach § 63 IV 3 BremHG ist der von einer Zwangsexmatrikulation betroffene Student, der bereits eine Zwischenprüfung abgelegt hat, auf Antrag in seinem früheren Studiengang, unbeschadet festgesetzter Zulassungszahlen, erneut zu immatrikulieren. Diese Regelung, so sehr man sie im Interesse der Studenten begrüßen mag, unterläuft in unzulässiger Weise die eindeutige rahmenrechtliche Bestimmung des § 16 III 1 HRG.

Im übrigen ist zu beachten, daß dem Studenten, selbst wenn er die Rechte aus der Einschreibung verliert, der *Anspruch auf Zulassung zur Prüfung* erhalten bleibt. Wenn § 17 III 2 HRG diesen Anspruch nur „nach Maßgabe der jeweiligen Prüfungsordnung" bestehen läßt, so heißt das nichts mehr und nichts weniger, als daß „die für die Zulassung zur Prüfung erforderlichen Leistungen nachgewiesen" sein müssen (§ 17 I HRG)[20]. Deshalb widerspricht es dem Rahmenrecht, wenn ein Gesetz oder eine Prüfungsordnung für den Fall der Zwangsexmatrikulation den automatischen Verlust des Prüfungsanspruchs vorsieht[21].

Nach Art. 70 a III 3 und 4 BayHSchG erlischt der Anspruch auf Zulassung zu einer Vor- und Zwischenprüfung mit der Zwangsexmatrikulation; dieselbe Folge tritt bei Abschlußprüfungen ein, sofern nicht die Prüfungsordnung Gegenteiliges bestimmt. Diese Vorschrift verstößt gegen das rahmenrechtliche Koppelungsverbot und ist daher ebenso unzulässig wie § 52 III 3 BW UG[22] („Mit dem Erlöschen der Zulassung zum Studiengang geht der Anspruch auf Zulassung zu einer Vor-, Zwischen- oder Abschlußprüfung verloren").

Dagegen sind landesgesetzliche Regelungen, die den Prüfungsanspruch nur dann entfallen lassen, wenn der zeitliche Zusammenhang mit dem Studium nicht mehr gewahrt ist (so § 63 IV 1 BremHG), mit dem HRG vereinbar. Der Ausschluß vom Prüfungsrecht ist hierbei nicht automatisch an die Zwangsexmatrikulation gekoppelt, er beruht vielmehr auf davon unabhängigen Gründen.

---

[20] *Bode*, § 17 Rdnr. 22.

[21] *Bode*, ebd.

[22] Und die inhaltsgleichen Vorschriften der übrigen baden-württembergischen Hochschulgesetze.

2. Studienreformkommissionen

Das HRG hat sich nicht darauf beschränkt, den Hochschulen Richtlinien für die Studienreform an die Hand zu geben. Es trifft darüber hinaus institutionelle Vorkehrungen, die gewährleisten sollen, daß die so konzipierte Studienreform auch tatsächlich in Gang gesetzt wird. Zu diesem Zweck sieht das Gesetz in § 9 Studienreformkommissionen vor.

Sie werden von den zuständigen Landesbehörden (i. d. R. der Kultus- bzw. der Wissenschaftsminister, bei Studiengängen mit staatlicher Abschlußprüfung auch das jeweils zuständige Fachressort) im Zusammenwirken mit den betroffenen Hochschulen gebildet (Abs. 2). Ihre Aufgabe ist es, binnen vorzugebender Fristen Empfehlungen zur Neuordnung von Studiengängen zu erarbeiten (Abs. 4). Zwar sind die Empfehlungen auf Grundsätze zu beschränken; andererseits sollen ihnen aber Musterstudien- und -prüfungsordnungen beigefügt werden (Abs. 5). Die Empfehlungen werden dem für das Hochschulwesen zuständigen Minister vorgelegt; vor ihrer Verabschiedung ist den Hochschulen Gelegenheit zur Stellungnahme zu geben (Abs. 6). Nach § 9 VII kann der Minister nach Anhörung der Hochschulen verlangen, daß die Studien- und Prüfungsordnungen den Empfehlungen angepaßt werden[23].

Damit unterliegen fortan auch Studiengänge mit Hochschulabschlußprüfung (insbesondere die Diplomstudiengänge) nicht mehr der alleinigen, nur durch staatliche Rechtskontrolle eingeschränkten Verantwortung der Hochschulen, sondern hochschulexterner Maßgabe. Wohl an keiner anderen Stelle des Gesetzes wird so nachhaltig in die traditionelle Hochschulautonomie eingegriffen wie in § 9 VII HRG.

Um so mehr hängt von der Zusammensetzung der Studienreformkommissionen und der Frage ab, in welchem Umfang die Hochschule an ihnen beteiligt sind[24].

Gem. § 9 III HRG sind Vertreter aus dem Bereich der Hochschulen, von staatlichen Stellen sowie Fachvertreter aus der Berufspraxis zu beteiligen; bei Studiengängen, die mit einer staatlichen Prüfung abge-

---

[23] Das kann auch dadurch geschehen, daß der Minister späteren Änderungen der Prüfungsordnung mangels Übereinstimmung mit den Empfehlungen gem. § 16 I 2 HRG die Genehmigung versagt. In den meisten Bundesländern stellt auch die Unvereinbarkeit einer Studienordnung mit der Reformempfehlung einen Grund zur Versagung der Genehmigung dar.

[24] Die Mitwirkung von Hochschul-Vertretern an den Studienreformkommissionen kann freilich den vorausgegangenen Verlust an Hochschulautonomie nicht wettmachen. Es wiederholt sich hier eine Entwicklung, die auch auf anderen Gebieten (man denke z. B. an die sog. Gemeinschaftsaufgaben nach Art. 91 a GG oder an das Zusammenwirken von Kommunen und Staat) das Beziehungsgeflecht öffentlicher Instanzen rapide verändert: eine nachhaltige Tendenz zur „Mischverwaltung“, der klare Kompetenzabgrenzungen und Verantwortlichkeitszuweisungen anheimfallen.

schlossen werden, verfügen die Vertreter staatlicher Stellen über mehr als die Hälfte der Stimmen.

Die meisten Länder haben bei den Studiengängen mit Hochschulprüfung den Hochschulvertretern die Mehrheit eingeräumt[25]. Anders Bayern: Nach Art 66 a III 1 BayHSchG bestehen die Studienreformkommissionen zur Hälfte aus Vertretern staatlicher Stellen und aus sachverständigen Mitgliedern der Hochschulen[26]; Fachvertreter aus der Berufspraxis nehmen mit beratender Stimme teil. Während die übrigen Bundesländer den Einfluß der Staatsvertreter bei Studiengängen, die mit einer staatlichen Prüfung beendet werden, auf die einfache Stimmenmehrheit beschränken[27], weist Bayern ihnen zwei Drittel der Stimmen zu (Art. 66 a III 3 BayHSchG).

Wichtiger noch als die Studienreformkommissionen in den einzelnen Ländern (regionale Kommissionen) dürften auf Dauer die gemeinsamen Studienreformkommissionen mit bundesweiter Zuständigkeit (überregionale Kommissionen) sein, die gem. § 9 I 2 HRG von den Ländern gebildet werden sollen. Soweit diese Gremien Empfehlungen zu Studiengängen mit staatlicher Abschlußprüfung erarbeiten, verfügen die ihnen angehörenden Staatsvertreter über mindestens zwei Drittel der Stim-

---

[25] Bremen sogar mit zwei Dritteln der Sitze (§ 68 II 5 BremHG). Hamburg (§ 70 IV HmbHG) verteilt die Sitze auf Hochschulmitglieder, Fachvertreter aus der Berufspraxis und Vertreter staatlicher Stellen im Verhältnis 7 : 3 : 2. Niedersachsen (§ 10 II 1, V 1 NHG) sieht eine Relation von neun Hochschul- und sechs Staatsvertretern vor; die Vertreter der Berufspraxis nehmen mit beratender Stimme teil. Nordrhein-Westfalen (§ 104 I EWissHG) räumt den Vertretern der Hochschule zwölf Sitze ein; dem Staat stehen vier, den Praxisvertretern zwei Sitze zu. Nicht ganz eindeutig die Regelung des SUG: § 101 II 3 bestimmt nur, daß bei Studiengängen mit staatlicher Abschlußprüfung die Vertreter staatlicher Stellen über mehr als die Hälfte der Stellen verfügen; der Umkehrschluß spricht dafür, daß bei Studiengängen mit Hochschulabschlußprüfung eine andere, für die Hochschulen günstigere Sitzverteilung vorzunehmen ist.

[26] Noch weniger eindeutig als die Regelung in den Hochschulgesetzen der übrigen Länder läßt Art. 66 a III 2 BayHSchG erkennen, ob das Ministerium bei der Berufung der Hochschulvertreter an die Vorschläge der Hochschule gebunden ist. Die Vorschrift sagt nur, daß die Hochschulen „sachverständige Mitglieder" vorschlagen können. Damit stellt sich die Frage, ob die Hochschulen überhaupt Vorschläge machen müssen und ob das Ministerium einen Vorschlag mit der Begründung zurückweisen kann, der Kandidat sei nicht sachverständig. § 9 III 1 HRG spricht von „Vertretern" aus dem Bereich der Hochschulen, verlangt demgemäß eine Legitimation seitens der Hochschulen; damit ist ein freies staatliches Berufungsrecht ausgeschlossen (*Bode*, § 9 Rdnr. 11; a. A. *Reich*, § 9 Rdnr. 7). Im Sinne rahmenrechtlicher Konkordanz ist Art. 66 a III 2 BayHSchG dahin auszulegen, daß das Staatsministerium für Unterricht und Kultus die Hochschulen zur Einreichung von Vorschlägen auffordern muß und bei der Berufung der „sachverständigen Mitglieder von Hochschulen" an diese Nominierungen gebunden ist.

[27] Bremen (§ 68 II 6 BremHG) und Niedersachsen (§ 10 III 3 NHG) begrenzen in diesen Fällen die Sitz- bzw. Stimmenzahl der Staatsvertreter auf ein Quorum, das „für die absolute Mehrheit erforderlich und ausreichend ist".

men (§ 9 III 2 HRG). Die Bundesländer haben inzwischen eine Vereinbarung über die Errichtung überregionaler Studienreformkommissionen abgeschlossen[28,29].

Die Ländervereinbarung sieht in § 1 neben den einzelnen Studienreformkommissionen und einem Koordinierungsgremium eine Ständige Kommission für die Studienreform vor. Diese Dachkommission unterstützt und koordiniert die Arbeit der Fachkommissionen, stellt allgemeine Grundsätze für Studium und Prüfungen auf und nimmt zu Empfehlungen der Fachkommissionen gegenüber der Kultusministerkonferenz Stellung; die von ihr formulierten Grundsätze bedürfen der Zustimmung der für das Hochschulwesen zuständigen Landesminister (§ 4 der Vereinbarung). Die Ständige Kommission ist wie die einzelnen Fachkommissionen im übrigen an die Grundsätze für die Studienreform gebunden, die die Hochschulminister der Bundesländer gemeinsam festgelegt haben (§ 2 I letzter Satz der Vereinbarung)[30].

Diese Regelungen räumen der staatlichen Seite beträchtliche Einwirkungsmöglichkeiten ein und verstärken damit die bereits im Gesetz angelegte Tendenz zu einer „Verstaatlichung" der Studienreform[31]. Dieser Eindruck wird noch durch die Besetzung der Ständigen Kommission verdichtet: Ihr gehören paritätisch je elf Vertreter der Länder und der Hochschulen an; hinzu kommen mit beratender Stimme zwei Vertreter des Bundes sowie je ein Vertreter des Bundesverbandes der Arbeitgeberverbände und des Deutschen Gewerkschaftsbundes (§ 7 der Vereinbarung).

Bei den Fachkommissionen ist der Hochschuleinfluß erheblich stärker ausgeprägt: Sieben Vertretern der Hochschule stehen drei Vertreter staatlicher Stellen gegenüber, deren Zahl sich allerdings bei Studiengän-

---

[28] Vereinbarung über die Bildung gemeinsamer Studienreformkommissionen der Länder nach § 9 Hochschulrahmengesetz vom 16. 2. 1978 (abgedruckt in: Dallinger / Bode / Dellian, Anhang S. 457).

[29] Damit ergibt sich das Problem der Kompatibilität von Empfehlungen einer regionalen mit denen einer bundesweiten Studienreformkommssion. Gem. § 9 I HRG, wonach überregionale Kommissionen nur gebildet werden *sollen*, steht der regionalen, de facto aber kommt der bundesweiten Kommission der Vorrang zu. Die Ländervereinbarung sucht das Dilemma dadurch zu vermeiden, daß sie in § 2 III eine Kooperation mit den regionalen Kommissionen und eine Verwendung der von diesen erarbeiteten Ergebnisse vorschreibt. Wichtig ist die dazu formulierte Protokollnotiz: Von Ausnahmen abgesehen, sollen in den Studiengängen, in denen bereits bundesweite Studienreformkommissionen eingesetzt sind, nicht auch regionale Kommissionen eingerichtet werden. Diese Regelungen nimmt § 71 III HmbHG bereits vorweg.

[30] Die Anfang Mai 1979 von der Ständigen Kommission mit knapper Mehrheit (elf gegen zehn Stimmen) als „Beratungsgrundlage" verabschiedeten „Grundsätze für die Studienreform" sind inzwischen Gegenstand heftiger politischer Auseinandersetzungen geworden (FR vom 5. 6. und 3. 7. 1979).

[31] Diese Befürchtung äußert auch *Bode*, § 9 Rdnr. 10.

gen mit staatlicher Abschlußprüfung auf neun mit insgesamt zwei Dritteln der Stimmen erhöht. Die Fachvertreter aus der Berufspraxis nehmen mit beratender Stimme teil (§ 6 der Vereinbarung)[32].

Die Empfehlungen der — regionalen wie auch der überregionalen — Studienreformkommissionen werden, gestützt auf die dem jeweiligen Hochschulminister in § 9 VII HRG eingeräumte Durchsetzungsmacht, nicht nur die Autonomie der Hochschulen schmälern. Das allein ist bedauerlich genug, auch dann, wenn man sich den gelegentlich zu beobachtenden Beschwörungsritualen nicht anzuschließen vermag, die die Hochschule, in Verkennung ihrer rechtlichen und tatsächlichen Bindungen, aus dem übergreifenden staatlichen Zusammenhang gänzlich herauslösen möchten. Verhängnisvoller sind die sich aus dem Autonomieverlust ergebenden Konsequenzen: Die externen Empfehlungen werden zu einer weitgehenden Gleichschaltung der Studiengänge führen und damit eine Reform „von unten" erschweren. Initiativen der Hochschulen — ihrer Fachbereiche, Institute und einzelner Mitglieder — können sich nur noch begrenzt entfalten. Das ist die nahezu zwangsläufige Folge einer Studienreform, die von Experten betrieben und letztlich vom Staat verordnet wird.

---

[32] Die Berufung der Hochschul-Vertreter erfolgt in einem komplizierten Verfahren unter Einschaltung der Kultusministerkonferenz und der Westdeutschen Rektorenkonferenz. s. dazu die Anlage zu der Ländervereinbarung (abgedruckt bei Dallinger / Bode / Dellian, Anhang S. 464).

V. Personalstruktur der Hochschule

Eine der wichtigsten mit dem HRG angestrebten Reformen zielte darauf ab, den Hochschulen eine neue Personalstruktur zu geben. Die historisch gewachsene, kaum noch zu durchschauende Personalvielfalt mit einer entsprechenden Vielfalt differenzierter dienstrechtlicher Regelungen sollte durch eine übersichtliche Gliederung bereinigt werden[1].

Das hauptberuflich tätige wissenschaftliche und künstlerische Personal gliedert sich gem. § 42 HRG nunmehr nur noch in vier Gruppen: Professoren, Hochschulassistenten, wissenschaftliche und künstlerische Mitarbeiter sowie Lehrkräfte für besondere Aufgaben. Diesen sind vier Funktionskategorien zugeordnet: Der Professor nimmt die Hochschulaufgaben in Wissenschaft oder Kunst selbständig wahr; das Amt des Hochschulassistenten steht dem Hochschullehrernachwuchs offen und gewährt angemessenen Freiraum für eigenverantwortliche Tätigkeit vor allem in der Forschung; der wissenschaftliche (bzw. künstlerische) Mitarbeiter erbringt wissenschaftliche (künstlerische) Dienstleistungen; die Lehrkraft für besondere Aufgaben erfüllt überwiegend Unterrichtsfunktionen[2].

Die personalrechtlichen Regelungen des HRG und die sie umsetzenden Vorschriften der Länderhochschulgesetze haben weitreichende Bedeutung für die Rechtsstellung der Professoren (1.), der Hochschulassistenten (2.) und der wissenschaftlichen Mitarbeiter (3.)[3].

---

[1] In Bayern z. B. gehörten seinerzeit, also bis zum Inkrafttreten des neuen BayHSchLG vom 24. 8. 1978, zum hauptberuflichen wissenschaftlichen und künstlerischen Personal u. a.: ordentliche Professoren, außerordentliche Professoren, Abteilungsvorsteher (und Professoren), Wissenschaftliche Räte (und Professoren), beamtete außerplanmäßige Professoren, Hochschul- und Universitätsdozenten, Leitende Oberärzte, Oberärzte, wissenschaftliche Assistenten, Oberassistenten und Oberingenieure, Akademische Räte, Studienräte, Regierungsräte und andere Beamte im Hochschuldienst, wissenschaftliche und künstlerische Angestellte, Lektoren, Verwalter der Dienstgeschäfte eines wissenschaftlichen Assistenten, wissenschaftliche Hilfskräfte, Professoren an Fachhochschulen, sonstige Lehrpersonen an Fachhochschulen (s. Regierungsentwurf des BayHSchLG vom 15. 11. 1977, LT-Drucksache 8/6646, Begründung II. 3.).

[2] *Dellian*, in: Dallinger / Bode / Dellian, § 42 Rdnr. 2.

[3] Auf Status und Funktion der in § 56 HRG erfaßten Lehrkräfte für besondere Aufgaben (Lektoren, Studienräte im Hochschuldienst usw.) soll im folgenden nicht näher eingegangen werden. Bei ihnen haben sich gegenüber dem bisherigen Rechtszustand kaum Änderungen ergeben. *Dellian*, § 56 Rdnr. 1, weist zutreffend darauf hin, daß diese Bedienstetengruppe wegen

1. Professoren

Die Professoren nehmen die ihrer Hochschule jeweils obliegenden Aufgaben in Wissenschaft und Kunst, Forschung und Lehre in ihren Fächern nach näherer Ausgestaltung des Dienstverhältnisses selbständig wahr (§ 43 I HRG). Die hauptberuflichen Funktionen der Professoren sind somit keineswegs einheitlich. Neben Differenzierungen aufgrund des jeweiligen Dienstverhältnisses[4] ergeben sich vor allem Unterschiede nach der Art der Hochschule (wissenschaftliche Hochschule, Fachhochschule, Kunst- oder Musikhochschule, integrierte Gesamthochschule). Der Professor an einer wissenschaftlichen Hochschule trägt zwar fortan den gleichen Titel wie sein Kollege an einer Fachhochschule; seine Aufgabenstellung ist jedoch eine andere[5]. Während ersterer mit der selbständigen Vertretung seines Fachs in Forschung und Lehre betraut ist, steht bei letzterem die Lehrverpflichtung ganz im Vordergrund[6]. Infolge-

---

der Vielzahl der zu erfüllenden Aufgaben und wegen der unterschiedlichen Wertigkeit der Dienstposten sehr heterogen ist. Das erklärt den eher fragmentarischen Regelungscharakter des § 56 HRG. Die Lehrkraft für besondere Aufgaben läßt sich nicht scharf von den übrigen wissenschaftlichen Ämtern unterscheiden und bedeutet daher für den Typenzwang des § 42 eine „offene Flanke" (*Dellian*, ebd.).

[4] Und besoldungsrechtlichen Abstufungen nach den Besoldungsgruppen C 4. C 3 und C 2 (§ 33 Bundesbesoldungsgesetz i. V. m. Anlage II — Bundesbesoldungsordnung C —).

[5] Ob sich die Einebnung der Amtsbezeichnung „Professor", die keinerlei Unterschied zwischen dem Lehrstuhlinhaber an einer Universität und dem Fachhochschullehrer erkennen läßt, angesichts der unterschiedlichen Funktion, Qualifikation und Besoldung mit dem Gleichheitssatz und den hergebrachten Grundsätzen des Berufsbeamtentums (Art. 33 V GG) vereinbaren läßt, ist zweifelhaft. Das Bundesverfassungsgericht hat 1974 für den Richteramtsbereich entschieden, es gebe einen hergebrachten Grundsatz des Richteramtsrechts, demzufolge dem Richter eine angemessene, d. h. wirklichkeitsgerechte Amtsbezeichnung gebühre und daß es bei wesentlichen Unterschieden in der Amtsstellung der Richter an einem Amtsgericht unzulässig sei, dieselbe Amtsbezeichnung zu wählen, BVerfG, NJW 1974 S. 1940). Es ist deshalb fraglich, ob die Länderhochschulgesetze, die in Ausführung des HRG den einheitlichen Professorentitel verwenden, verfassungsgerichtlich Bestand haben können.

Bayern hat in Art. 14 II BayHSchLG den Professoren der Besoldungsgruppe C 4 und C 3 das Recht eingeräumt, den Titel „Ordinarius" bzw. „Extraordinarius" zu führen. Ähnlich ist die Rechtslage in Baden-Württemberg. Im Rahmen des Landesbesoldungsanpassungsgesetzes vom 3. 4. 1979 (GBl. S. 134) wurde § 67 UG durch einen neuen Absatz 5 ergänzt. Danach sind die Universitätsprofessoren der Besoldungsgruppe C 4 berechtigt, den Titel „Ordinarius" zu führen. Universitätsprofessoren der Besoldungsgruppe C 3, die sich in Lehre und Forschung besonders bewährt haben, und Honorarprofessoren, denen die korporationsrechtliche Stellung eines beamteten Professors übertragen worden ist (z. B. den bei Max-Planck-Instituten tätigen Direktoren), kann auf Vorschlag der Universität vom Ministerpräsidenten der persönliche Titel „Ordinarius" verliehen werden.

[6] Damit zeichnen sich Probleme für die grundrechtliche Absicherung der Lehrfreiheit des Fachhochschulprofessors ab. Lehre im Sinne der verfassungsrechtlichen Verbürgerung der Wissenschaftsfreiheit gem. Art. 5 III GG

dessen ergeben sich bereits unter funktionellen Gesichtspunkten Zweifel daran, ob der Professor im Sinne des HRG mit dem Hochschullehrer im Sinne des Hochschulurteils des Bundesverfassungsgerichts[7] identisch ist[8,9].

Diese Zweifel werden durch § 44 HRG, der die Einstellungsvoraussetzungen für Professoren regelt, eher noch bekräftigt. Die Vorschrift

---

(und damit zugleich gem. § 3 III HRG, der auf diese Vorschrift Bezug nimmt und sie erläuternd umschreibt) besteht nach h. M. im Verbreiten eigener Forschungsergebnisse des Lehrenden, sie hängt eng mit dem eigenen wissenschaftlichen Erkenntnisprozeß zusammen; auf das Grundrecht der Lehrfreiheit kann sich demzufolge nur berufen, wer auf seinem Lehrgebiet auch als Forscher tätig ist (*Kimminich*, WissR 1973 S. 200 f.; *Scholz*, Art. 5 III Rdnr. 104; s. auch BVerfGE 35, 79 [112 f.]). Ob diese Rechtsauffassung, die eng mit dem Humboldtschen Postulat der Einheit von Forschung und Lehre verknüpft ist, der Realität der heutigen Hochschulausbildung mit ihren immer stärker standardisierten Studiengängen noch entspricht, ist allerdings eine andere Frage. Zur Ausdifferenzierung von Lehre und Forschung in der modernen Hochschule: *Schelsky*, Abschied von der Hochschulpolitik, S. 26 f., und *ders.*, Einsamkeit und Freiheit, S. 207 ff.

[7] BVerfGE 35, 79 (126 f.). Als Hochschullehrer definiert das Gericht den „akademischen Forscher und Lehrer, der aufgrund der Habilitation oder eines sonstigen Qualifikationsbeweises mit der selbständigen Vertretung eines wissenschaftlichen Fachs in Forschung und Lehre betraut ist". Aus den Wertentscheidungen des Art. 5 III i. V. m. Art. 3 I GG leitet das Bundesverfassungsgericht ferner das Gebot ab, die Gruppe der Hochschullehrer in den Gremien der Gruppenuniversität müsse in sich homogen zusammengesetzt sein; ihr dürften nur Professoren angehören, die dem zuvor beschriebenen Typus des Hochschullehrers entsprächen (ebd., S. 134 f.).

[8] *Dellian*, § 43, Rdnr. 6 und 7, teilt diese Bedenken nicht. Obwohl er zwischen Professoren an wissenschaftlichen Hochschulen und an Fachhochschulen klar unterscheidet, vertritt er die Ansicht, das HRG gehe vom Hochschullehrerbegriff des Bundesverfassungsgerichts aus und lasse nur solche hauptberuflichen Professoren zu, die diesen Anforderungen genügten. Diese Auffassung hätte praktisch zur Folge, daß sich ein Fachhochschulprofessor durch eine Habilitation oder einen gleichwertigen Leistungsnachweis qualifizieren müßte. Das ist in der Tat *Dellians* Standpunkt. Man vermag sich aber kaum vorzustellen, daß derart rigide Qualifikationsanforderungen an den Fachhochschulen durchzusetzen sind. Sie wären auch im Blick auf die durch anwendungsbezogene Lehre gekennzeichnete Aufgabenstellung des Fachhochschulprofessors gar nicht angebracht.

[9] Die Zuordnung von Hochschullehrer- und Professorenbegriff hat unter Umständen hochschulexterne Auswirkungen. Gem. § 67 I 1 VwGO kann sich ein Prozeßbeteiligter vor dem Bundesverwaltungsgericht auch durch einen Rechtslehrer an einer deutschen Hochschule vertreten lassen (vgl. auch § 22 I 1 BVerfGG für die Prozeßvertretung vor dem Bundesverfassungsgericht). Nach Ansicht des Bundesverwaltungsgerichts (NJW 1975 S. 1899) sind Fachhochschullehrer nicht Rechtslehrer an einer deutschen Hochschule im Sinne des § 67 I VwGO. Es muß sich vielmehr um Rechtslehrer an einer wissenschaftlichen Hochschule handeln. Dazu zählten unter der seinerzeit geltenden Personalstruktur nach Auffassung des Bundesverwaltungsgerichts nur Professoren, Honorarprofessoren und Privatdozenten (s. auch Bundesverwaltungsgericht, JZ 1971 S. 130). Diese Rechtsprechung mit ihrer Unterscheidung zwischen wissenschaftlicher und sonstiger Hochschule ist durch das HRG nicht gegenstandslos geworden. Zu der damit zusammenhängenden Problematik: *Krüger*, WissR 1977 S. 219—239.

verlangt als Basisqualifikation neben dem abgeschlossenen Hochschulstudium (Abs. 1 Nr. 1) und der pädagogischen Eignung (Nr. 2) auch die besondere Befähigung zu wissenschaftlicher Arbeit, hält aber die Promotion als Nachweis dieser Befähigung nur „in der Regel" für notwendig (Nr. 3). Die darüber hinaus erforderlichen Qualifikationen können „je nach den Anforderungen der Stelle" statt durch eine Habilitation oder ihr gleichwertige wissenschaftliche Leistungen (Nr. 4 Buchst. a) auch durch „besondere Leistungen bei der Anwendung oder Entwicklung wissenschaftlicher Erkenntnisse und Methoden in einer mindestens fünfjährigen beruflichen Praxis, von der mindestens drei Jahre außerhalb des Hochschulbereichs ausgeübt worden sein müssen", erbracht werden (Nr. 4 Buchst. b). Auf die Qualifikationsmerkmale der Nr. 1 bis 4 kann sogar, „soweit es der Eigenart des Faches und den Anforderungen der Stelle entspricht", ganz verzichtet werden, wenn der Bewerber „hervorragende fachbezogene Leistungen in der Praxis und pädagogische Eignung nachweist" (Abs. 2).

Die letztgenannte Bestimmung mag mit dem Hochschullehrerbegriff des Bundesverfassungsgerichts insoweit vereinbar sein, als es sich bei dieser Regelung um einen eng umgrenzten Ausnahmetatbestand handelt, der es einer Hochschule ermöglichen soll, herausragende Wissenschaftler, die sich dem üblichen Rekrutierungsmuster nicht fügen, für eine Professur zu gewinnen[10].

Auch die Regelung des § 44 I Nr. 3 HRG, wonach ausnahmsweise von der Promotion als Nachweis der besonderen wissenschaftlichen Befähigung abgesehen werden kann, steht nicht im Widerspruch zum Hochschullehrerbegriff des Bundesverfassungsgerichts. Sie trägt vielmehr den Sonderfällen Rechnung, in denen seit eh und je von dieser akademischen Prüfung abgesehen wurde; man denke nur an Fächer wie Architektur, in denen sie nicht üblich ist[11].

Als problematisch erweist sich hingegen die Vorschrift des Abs. 1 Nr. 4 Buchst. b. Der dort normierte berufspraktische Qualifikationsweg als gleichrangige Alternative zur wissenschaftlichen Qualifikation auf Habilitationsniveau eignet sich zwar vorzüglich für die Karriere zum Professor an einer Fachhochschule und entspricht auch der dort bisher

---

[10] So betont z. B. *Dellian*, § 44 Rdnr. 9, überzeugend den Ausnahmecharakter der Vorschrift: Die Abweichung von den Normen des Abs. 1 Nr. 1 bis 4 müsse aus fach- und funktionsspezifischen Gründen gerechtfertigt sein. Im übrigen ist darauf hinzuweisen, daß die Universitäten schon bisher gelegentlich diesen Sonderweg bei der Berufung von Professoren beschritten haben. Demgegenüber ist *Thieme*, WissR 1976 S. 211, der Ansicht, mit § 44 II HRG sei das Homogenitätsprinzip in so eklatanter Weise verletzt, daß die Regelung vor der Verfassungsrechtsprechung keinen Bestand haben könne. Legt man die Vorschrift in der gebotenen Weise restriktiv aus, dürften diese Bedenken entkräftet sein.

[11] BVerfGE 47, 327 (394); im einzelnen *Dellian*, § 44 Rdnr. 4.

üblichen Einstellungspraxis. Er genügt jedoch i. d. R. kaum den strengen Anforderungen, die an die Eignung von Professoren an wissenschaftlichen Hochschulen im Sinne des Hochschullehrerbegriffs des Bundesverfassungsgerichts — Habilitation oder sonstiger, d. h. gleichwertiger, Qualifikationsbeweis — geknüpft sind. Die Anwendung wissenschaftlicher Erkenntnisse und Methoden ist heutzutage in fast jedem Beruf, der eine akademische Ausbildung voraussetzt, unerläßlich. Auch wer sich durch besondere Leistungen in der beruflichen Praxis hervorgetan hat, ist damit, trotz pädagogischer Eignung und Promotion, noch nicht ohne weiteres für die Tätigkeit als Universitätsprofessor, wohl aber im allgemeinen als Fachhochschulprofessor befähigt. Interpretationsversuche, die die Bestimmung so „auffüllen", daß — im Sinne eines ungeschriebenen Tatbestandsmerkmals — auch bei dieser Qualifikationsmodalität stets das Habilitationsniveau gewahrt sein müsse[12], erweisen sich als wenig tragfähig. Sie lassen außer acht, daß in § 44 I Nr. 4 Buchst. b nur von „besonderen", nicht aber von habilitationsäquivalenten Leistungen bei der Anwendung und Entwicklung wissenschaftlicher Erkenntnisse und Methoden die Rede ist und daß im übrigen wissenschaftliche Leistungen im Range einer Habilitation bereits durch die Regelung in Abs. 1 Nr. 4 Buchst. a gefordert werden, Nr. 4 Buchst. b somit bedeutungslos bliebe. Der berufspraktische Qualifikationsweg soll ja nach dem Willen des Gesetzgebers eine Alternative zum wissenschaftlichen Eignungsverfahren darstellen; dieser Zweck würde verfehlt, wollte man Nr. 4 Buchst. b im Wege der Auslegung generell mit zusätzlichen wissenschaftlichen Leistungskriterien aufladen. Eine Interpretation mit derart hochgeschraubten wissenschaftlichen Anforderungen an die berufliche Qualifikation vermöchte gerade den Bedürfnissen der Fachhochschulen nicht gerecht zu werden.

Immerhin ist zu beachten, daß auch für den berufspraktischen Qualifikationsweg die Maßgabe „je nach den Anforderungen der Stelle" gilt. Es ist dabei nicht von vornherein ausgeschlossen, daß in wenigen Ausnahmefällen auch an wissenschaftlichen Hochschulen, gerade an Technischen Hochschulen, Stellen zu besetzen sind, für die fachpraktische Erfahrungen von wesentlicher Bedeutung sind[13]. Geht man jedoch von

---

[12] So *Dellian*, § 44 Rdnr. 7, der — von seinem Standpunkt aus konsequent — zu dem Ergebnis gelangt, daß die bisherigen Mindestanforderungen an Fachhochschullehrer keinesfalls genügten und daß deshalb auch die Fachhochschulprofessoren fortan ein mindestens der Habilitation entsprechendes Qualifikationsniveau aufweisen müßten.

[13] In diesem einschränkenden Sinne dürften die Ausführungen im Beschluß des Bundesverfassungsgerichts zum HUG (BVerfGE 47, 327, [394]) zu verstehen sein, die den im damaligen § 39 a II Buchst. b HUG alternativ vorgesehenen Befähigungsnachweis („Promotion und besondere fachpraktische wissenschaftliche Leistungen") im Sinne des vom Bundesverfassungsgericht im Hochschulurteil entwickelten Hochschullehrerbegriffs als ausreichend erachten. Dabei ist zu berücksichtigen, daß diese Vorschrift im

der Normallage aus, so drängt sich der Schluß auf, daß die zusätzliche wissenschaftliche Qualifikation (Nr. 4 Buchst. a) den Stellenanforderungen für Professoren an wissenschaftlichen Hochschulen entspricht, während die berufliche Qualifikation (Nr. 4 Buchst. b) auf die Stellenanforderungen für Professoren an Fachhochschulen zugeschnitten ist. Dieser Auslegung könnte entgegengehalten werden, daß das Gesetz eben nicht nach dem Hochschultyp, sondern nach den Stellenmerkmalen differenziert[14]. Da aber die Professorenstellen in ihren Anforderungsprofilen ihrerseits weitgehend vom jeweiligen Hochschultyp geprägt sind, steht es durchaus in Einklang mit dem HRG, wenn man die Einstellungsvoraussetzungen nach Nr. 4 Buchst. a generell den Professoren an wissenschaftlichen Hochschulen, die nach Nr. 4 Buchst. b ganz allgemein den Professoren an Fachhochschulen vorbehält. Diese Auffassung findet ihre Bestätigung in der Überleitungsvorschrift des § 75 IV HRG. Danach kann bei Beamten, die zum Zeitpunkt des Inkrafttretens der neuen hochschulgesetzlichen Regelungen an einer Fachhochschule oder in einem entsprechenden Studiengang an einer Gesamthochschule hauptamtlich in der Lehre tätig sind, für den Fall der Übernahme in das Professorenamt von den Einstellungsvoraussetzungen des § 44 I Nr. 3 und 4 Buchst. b HRG abgesehen werden. Das Gesetz selbst geht also davon aus, daß der zusätzliche Leistungsnachweis beim Fachhochschulprofessor in der berufspraktischen Qualifikation liegt.

Angesichts der offenen Fragen, die § 44 Nr. 4 HRG hinterläßt, ist es um so wichtiger, die Umsetzung und Ausfüllung dieser Vorschrift im Hochschulrecht der einzelnen Bundesländer zu untersuchen.

Hier wird eine hochschulpolitische Trennungslinie sichtbar: Fünf Bundesländer (Berlin, Bremen, Hamburg, Hessen und, bemerkenswerterweise, Baden-Württemberg) regeln die Einstellungsvoraussetzungen für Professoren an wissenschaftlichen Hochschulen und an Fachhochschulen einheitlich: Statt der Habilitation oder gleichwertiger wissenschaftlicher Leistungen genügen je nach den Anforderungen der Stelle

Unterschied zu § 44 I Nr. 4 Buchst. b HRG, der besondere Leistungen bei der *Anwendung* wissenschaftlicher Erkenntnisse und Methoden genügen läßt, in jedem Fall fachpraktische *wissenschaftliche* Leistungen verlangte. Die Schlußfolgerung *Dallingers* (§ 38 Rdnr. 8), der Beschluß des Bundesverfassungsgerichts stelle klar, daß der Qualifikationsweg des § 44 I Nr. 4 Buchst. b HRG generell den Anforderungen des Hochschullehrerbegriffs genüge, überzieht die Tragweite der Entscheidung.

[14] So *Dellian*, § 44 Rdnr. 8, der sich für seine Ansicht auf die Entstehungsgeschichte der Vorschrift beruft: Die jetzige Fassung des § 44 stimmt mit dem Gesetzesbeschluß des Bundestages überein; der Änderungsvorschlag des Bundesrates, den berufspraktischen Qualifikationsweg auf Professoren zu beschränken, die in anwendungsbezogenen Studiengängen tätig sein sollen (BT-Drucksache 7/1328 Anlage 2, Nr. 38), wurde vom Vermittlungsausschuß nicht angenommen. *Dellians* weitergehende Schlußfolgerung, dem Gesetz sei somit ein „Differenzierungsverbot nach der Hochschulart" zu entnehmen, ist nicht begründet.

besondere Leistungen bei der Anwendung oder Entwicklung wissenschaftlicher Erkenntnisse und Methoden in einer mindestens fünfjährigen Berufspraxis[15].

In diesen Ländern hängt es fortan von der Berufungspraxis ab, welche Leistungsnachweise tatsächlich verlangt werden: ob also die bislang üblichen Unterschiede in den Standards je nach Art der Hochschule beibehalten oder ob die Qualifikationsanforderungen in der einen oder anderen Richtung angeglichen werden. Aufgrund des Hochschulurteils des Bundesverfassungsgerichts darf jedenfalls zum Professor an einer wissenschaftlichen Hochschule und damit zum Hochschullehrer nur berufen werden, wer in seinen wissenschaftlichen Leistungen dem Habilitationsniveau entspricht[16].

Nordrhein-Westfalen verfährt behutsamer. Zwar läßt § 59 I Nr. 4 EWissHG für Professoren an wissenschaftlichen Hochschulen auch den berufspraktischen Qualifikationsweg zu, — insoweit gelten die gleichen Bedenken wie gegenüber den vorerwähnten Hochschulgesetzen. Bei Fachhochschulprofessoren hingegen verlangt das Gesetz keinen zusätzlichen wissenschaftlichen Befähigungsnachweis; dieser kann nur in besonderen Ausnahmefällen gefordert werden (§ 34 I Nr. 4, II EFHG).

Die CDU- bzw. CDU/FDP-regierten Bundesländer haben demgegenüber — mit der schon genannten Ausnahme Baden-Württembergs — in ihren Hochschulgesetzen die Einstellungsvoraussetzungen nach der Hochschulart differenziert. Professoren an wissenschaftlichen Hochschulen müssen eine Habilitation oder gleichwertige wissenschaftliche Leistungen vorweisen[17], für die Einstellung von Fachhochschulprofessoren

[15] Baden-Württemberg: § 65 I Nr. 4 UG, § 48 I Nr. 4 PHG, § 46 I Nr. 4 FHG; Berlin: § 134 I Nr. 4, IV BerlHG; Bremen: § 165 b II Nr. 4 Brem. Beamtengesetz; Hamburg: § 15 I Nr. 4 IV HmbHG; Hessen: § 39 a II HUG (wobei Abs. 6 ausdrücklich bestimmt, daß eine Habilitation nicht als Voraussetzung für die Einstellung als Professor verlangt werden darf), § 29 II FHG.

[16] So zuletzt auch BVerfGE 47, 327 (392): Die Qualifikation zum Hochschullehrer muß jedenfalls „in etwa dem Niveau einer Habilitation entsprechen".

[17] In Bayern (Art. 11 I 2 BayHSchLG), Rheinland-Pfalz (§ 46 I Nr. 4 HochSchG, § 35 I Nr. 4 VHochSchG) und im Saarland (§ 59 I Nr. 4 SUG) stellt die Habilitation die Regel dar, von der in Rheinland-Pfalz sogar nur in begründeten Ausnahmefällen abgewichen werden darf. Ein wenig unklar ist die Bestimmung des § 93 I Nr. 4 SH HSG, der nur von zusätzlichen wissenschaftlichen Leistungen spricht, die durch eine Habilitation nachgewiesen werden können; man wird aber unter Rückgriff auf das Hochschullehrerurteil des Bundesverfassungsgerichts davon ausgehen dürfen, daß die zusätzlichen wissenschaftlichen Leistungen auf jeden Fall Habilitationsniveau erreichen müssen. § 56 I Nr. 4 NHG verlangt zusätzliche wissenschaftliche Leistungen, die durch eine Habilitation, durch gleichwertige wissenschaftliche Leistungen oder „durch gleichwertige wissenschaftliche Leistungen bei der Anwendung und Entwicklung wissenschaftlicher Erkenntnisse und Methoden" nachgewiesen worden sind; der berufspraktische Qualifikationsweg reicht demnach dann für die Einstellung als Professor an einer wissenschaftlichen

genügen besondere fachpraktische Leistungen im Sinne des § 43 I Nr. 4 Buchst. b HRG[18].

2. Hochschulassistenten

Funktion und dienstrechtliche Stellung des Hochschulassistenten sind in § 47 ff. HRG detailliert geregelt. Er hat gem. § 47 HRG die Aufgabe, in Forschung und Lehre die für eine Habilitation erforderlichen oder gleichwertige wissenschaftliche Leistungen zu erbringen[19]. Daneben obliegen ihm auch wissenschaftliche Dienstleistungen. In der Forschung ist der Hochschulassistent nach eigener Entscheidung, also weisungsfrei, tätig; hierfür steht ihm „nach näherer Bestimmung des Landesrechts" ein angemessener Anteil seiner Arbeitszeit zur Verfugung. Falls er nach Feststellung des zuständigen Hochschulgremiums die entsprechende Qualifikation besitzt (zumeist durch den Nachweis der Habilitation), führt er die von ihm abzuhaltenden Lehrveranstaltungen[20] selbständig durch. Der Hochschulassistent ist nicht einem einzelnen Professor, sondern dem Fachbereich (mit dem Fachbereichsrat als zuständigem Organ)[21] zugeordnet. Dieser entscheidet über die Verwendung des Hochschulassistenten, vor allem im Bereich der weisungsabhängigen Dienstleistungen, kann aber seine Zuständigkeit an einen Fachvorgesetzten (eine Institutsleitung oder einen einzelnen Professor) übertragen[22]. Im übrigen beauftragt der Fachbereich einen Professor mit der wissenschaftlichen Betreuung[23].

Hochschule aus, wenn die dabei erbrachten — wissenschaftlichen — Leistungen habilitationsäquivalent sind.

[18] Bayern: Art. 11 III Nr. 3 BayHSchLG; Niedersachsen: § 50 III NHG; Rheinland-Pfalz: § 37 I Nr. 4 FachHSchG; Saarland: § 47 I Nr. 4 FHG; Schleswig-Holstein: § 93 I Nr. 4 HSG (bei „Professoren, die in anwendungsbezogenen Studiengängen tätig sein sollen"). In Rheinland-Pfalz und im Saarland ist bei Fachhochschulprofessoren die Habilitation als Leistungsnachweis nicht einmal alternativ vorgesehen.

[19] Woraus sich ergibt, daß der Hochschulassistent nur an einer wissenschaftlichen Hochschule, die über geeignete Forschungsmöglichkeiten verfügt und das Habilitationsrecht besitzt, in Betracht kommt. Folgerichtig sehen die in Baden-Württemberg, Hessen, Rheinland-Pfalz und im Saarland als Einzelgesetze erlassenen Fachhochschulgesetze (in Baden-Württemberg auch das Gesetz über die Pädagogischen Hochschulen) die Rechtsfigur des Hochschulassistenten nicht vor.

[20] Die in der Habilitandenphase gegenüber der Forschung nur untergeordnete Bedeutung haben dürfen (*Dellian*, § 47 Rndr. 5).

[21] Umkehrschluß aus § 64 IV 3 HRG, wonach der Dekan über die Verwendung der wissenschaftlichen, künstlerischen und sonstigen Mitarbeiter des Fachbereichs, also nicht über die Verwendung der Hochschulassistenten befindet.

[22] *Dellian*, § 47 Rdnr. 8.

[23] Ob die Regelungen über die Zuordnung des Hochschulassistenten tatsächlich dazu führen, daß er von der vielfach beklagten professoralen Bevormundung des früheren wissenschaftlichen Assistenten befreit ist, steht dahin. Wie so oft, dürfte es weniger auf die gesetzliche Regelung selbst als auf ihre

Als Hochschulassistent kann eingestellt werden, wer eine qualifizierte Promotion oder gleichwertige wissenschaftliche oder berufspraktische[24] Leistungen nachweist. Von wesentlicher Bedeutung ist § 47 V 1 HRG: Die Zahl der Stellen in den einzelnen Fächern ist so zu bemessen, daß qualifizierten Hochschulassistenten eine angemessene Chance für die Berufung zum Professor gewährleistet ist.

Die Hochschulassistenten werden gem. § 48 I HRG für die Dauer von drei Jahren zu Beamten auf Zeit ernannt. Das Dienstverhältnis soll um weitere drei Jahre verlängert werden, wenn die pädagogische Eignung und die wissenschaftliche Qualifikation (durch Habilitation oder gleichwertige Leistung) festgestellt ist oder wenn zu erwarten ist, daß die noch fehlenden Voraussetzungen für die Berufung zum Professor in der verbleibenden Zeit erfüllt werden. Unter bestimmten persönlichen Umständen ist darüber hinaus eine zusätzliche Verlängerung bis zu zwei Jahren möglich. Weitere Verlängerungen der Dienstzeit oder eine erneute Einstellung als Hochschulassistent sind unzulässig[25].

Angesichts dieser die Rechtsverhältnisse des Hochschulassistenten bis ins einzelne regelnden bundesrechtlichen Vorchriften ist den Ländern ein nur geringer Gestaltungsspielraum verblieben. Er beschränkt sich im wesentlichen darauf, den für Forschungsaufgaben verfügbaren angemessenen Anteil an der Arbeitszeit zu bestimmen (§ 47 III 1 2. Hs. HRG) und die Stellenzahl haushaltsrechtlich festzulegen (§ 47 V 1 HRG)[26].

Hinsichtlich der Stellenpolitik läßt sich gegenwärtig, in einer Zeit des Übergangs, noch kein abschließendes Urteil treffen[27]. Hier wird man abwarten müssen, bis sich die Entwicklung konsolidiert hat.

Handhabung ankommen. Ein Kollektiv (Fachbereichsrat) agiert nicht ohne weiteres großzügiger und liberaler als ein individueller Vorgesetzter. Die Zuordnung zum Fachbereich ändert im übrigen nichts daran, daß auch der Hochschulassistent auf das Wohlwollen und die Unterstützung seines Betreuers, des „Habilitationsvaters", angewiesen ist.

[24] In den Fächern, in denen eine Promotion nicht üblich ist.

[25] Das bedeutet eine Verschlechterung gegenüber den für die früheren wissenschaftlichen Assistenten maßgeblichen Regelungen in den meisten der bislang geltenden Hochschulgesetze (*Kimminich*, Wissenschaft, S. 692).

[26] Hochschulpolitisch bedeutsam könnte allerdings die Tatsache werden, daß mehrere Länderhochschulgesetze es in dem Bemühen um die Förderung des qualifizierten wissenschaftlichen Nachwuchses nicht bei der Rechtsfigur des Hochschulassistenten bewenden lassen, sondern zu diesem Zweck die Möglichkeit vorsehen, Professoren auf Zeit, zumeist in der Besoldungsgruppe C 2, zu ernennen; der untergegangene Assistenzprofessor kann auf diese Weise in neuem terminologischen Gewande (ohne das wenig schmückende Beiwort „Assistenz") wiederauferstehen (so z. B. die Regelungen in § 67 I 2 BW UG, § 136 II BerlHG, § 165 f I Brem. Beamtengesetz, § 59 III NHG, § 48 II RP HochSchG). Diese Sonderform des Professors dürfte sich mit der abschließenden Regelung des § 47 HRG, die zur Förderung des wissenschaftlichen Nachwuchses nur den Hochschulassistenten vorsieht, kaum vereinbaren lassen.

Was die Fixierung des für Forschungsaktivitäten verfügbaren Anteils an der Arbeitszeit des Hochschulassistenten betrifft, so haben es einige Bundesländer (Baden-Württemberg: § 69 III 1 UG, Bayern: Art. 18 III 1 BayHSchLG, Schleswig-Holstein: § 97 a III 1 HSG) damit bewenden lassen, die Formel des § 47 III 1 2. Hs. HRG („angemessener Anteil“) einfach zu wiederholen. Diese Regelung genügt dem Normierungsauftrag des HRG („nach näherer Bestimmung des Landesrechts“) nicht[28]. Erforderlich ist auch in diesen Ländern eine normative Regelung des für Forschung verfügbaren zeitlichen Anteils, die, je nach den hochschulrechtlichen Gegebenheiten, auch durch Rechtsverordnung oder Hochschulsatzung erfolgen kann. Die übrigen Länder sehen in den Hochschulgesetzen übereinstimmend vor, daß den Hochschulassistenten die Hälfte ihrer Arbeitszeit für Forschungsaufgaben zur Verfügung steht[29].

3. Wissenschaftliche Mitarbeiter

Der wissenschaftliche Mitarbeiter unterscheidet sich vom Hochschulassistenten dadurch, daß er ausschließlich unterstützende Funktionen im Wissenschaftsbetrieb wahrnimmt. Ihm obliegen nach § 53 I HRG wissenschaftliche Dienstleistungen. Dazu gehört auch, den Studenten Fachwissen oder praktische Fertigkeiten zu vermitteln und sie in der Anwendung wissenschaftlicher Methoden zu unterweisen. Diese unterrichtende Tätigkeit ist allerdings subsidiärer Natur; eine Verpflichtung besteht nur, soweit das erforderliche Lehrangebot nicht von anderen Lehrenden bewältigt werden kann[30]. Daraus und aus dem systema-

---

[27] Die Kriterien „angemessene Chance“ für „qualifizierte Hochschulassistenten“ (§ 47 V 1 HRG) sind ohnehin sehr unbestimmt und eröffnen damit einen weiten personal- und finanzpolitischen Handlungsspielraum.

[28] Vgl. *Dellian*, § 47 Rdnr. 5.

[29] Mit gelegentlichen Sonderbestimmungen für in der Krankenversorgung tätigen Hochschulassistenten, z. B. § 139 III 1 BerlHG: ein Drittel der Arbeitszeit für Forschungsaktivitäten.

[30] Die wissenschaftlichen Mitarbeiter sind den Fachbereichen, den wissenschaftlichen Einrichtungen oder den Betriebseinheiten „zugeordnet“ (§ 53 I HRG). Es fragt sich jedoch, ob mit dieser Zuordnung, die persönliche Abhängigkeitsverhältnisse verhindern soll, viel gewonnen ist. Die Vorschrift schließt keineswegs aus, daß ein wissenschaftlicher Mitarbeiter auch künftig einem Professor zur wissenschaftlichen Dienstleistung nach dessen Weisung zugeteilt wird (gem. §§ 64 IV 3, 66 I 2 HRG durch Entscheidung des Dekans oder der Leitung einer wissenschaftlichen Einrichtung über seine „Verwendung“). Die Bedenken gegen die Wirksamkeit dieser Regelung rechtfertigen es allerdings nicht, sie landesgesetzlich zu unterlaufen, wie das z. B. in § 74 S. 2 BW UG (entsprechend in § 53 III 2 BW PHG) geschehen ist; darin wird wie selbstverständlich davon ausgegangen, daß wissenschaftliche Mitarbeiter aufgrund des Ausstattungsplans einem Professor „zugeordnet“ werden. Bedenklich ist auch die Regelung des § 71 III SUG, der zwar bestimmt, daß die hauptamtlich oder hauptberuflich tätigen wissenschaftlichen Mitarbeiter grundsätzlich einem Fachbereich zugeordnet sind, für die hauptberuflich vor-

tischen Zusammenhang mit § 43 HRG (Aufgaben der Professoren) und § 47 HRG (Aufgaben der Hochschulassistenten) ergibt sich, daß zu den Dienstaufgaben des wissenschaftlichen Mitarbeiters die selbständige Wahrnehmung von Forschungs- und Lehrtätigkeiten gerade nicht gehört. Er ist in seinen Aktivitäten grundsätzlich weisungsgebunden. Ihm steht deshalb auch das Grundrecht auf freie wissenschaftliche Betätigung (Art. 5 III GG, § 3 II und III HRG) in seinem Dienstverhältnis nicht zu[31]. Da wissenschaftliche Mitarbeiter folglich im Rahmen ihrer hauptberuflichen Dienstaufgaben keinen Anspruch auf Durchführung selbständiger Forschungsvorhaben besitzen, sind sie, jedenfalls im Prinzip, nicht berechtigt, sich dienstlich, z. B. durch eine Promotion, weiterzuqualifizieren[32].

Eben in diesem Punkt erweist sich die vom HRG eingeführte Rechtsfigur des wissenschaftlichen Mitarbeiters als problematisch. So verständlich und richtig es ist, daß der Gesetzgeber die Unschärfen in der Abgrenzung von Professoren und Mittelbau beheben und der eigentümlichen Zwitterstellung des bisherigen wissenschaftlichen Assistenten (der oft Funktionen eines Hochschullehrers wahrnahm, ohne ihm dienst-, korporations- und besoldungsrechtlich gleichgestellt zu sein) ein Ende setzen wollte, so bedenklich eng und unselbständig ist nunmehr die Rolle des wissenschaftlichen Mitarbeiters definiert. Mag es auch zweckmäßig gewesen sein, für den Hochschullehrernachwuchs i. e. S. das Amt des Hochschulassistenten (mit nur begrenzt verfügbarer Stellenzahl) zu schaffen, so ist doch nicht einzusehen, warum dem wissenschaftlichen Mitarbeiter die Möglichkeit der Weiterqualifikation im Amt prinzipiell vorenthalten sein soll. Damit entfällt ein wichtiger Anreiz, der bislang fähige Hochschulabsolventen dazu bewog, sich für eine zumeist zeitlich befristete Tätigkeit im Mittelbau zu entscheiden.

§ 53 I HRG verschließt indessen dem wissenschaftlichen Mitarbeiter nicht jeglichen Freiraum für ein bestimmtes Maß an eigener wissenschaftlicher Betätigung und wissenschaftlicher Weiterbildung. So kann er selbstverständlich außerhalb der Arbeitszeit freie Forschungsaktivitäten entfalten und insoweit auch von der Hochschule gefördert werden. Ebensowenig ist etwas dagegen einzuwenden, daß ihm die Möglichkeit zu eigenständiger Forschung (z. B. zur Arbeit an einer Disser-

---

übergehend (und die nebenberuflich) tätigen wissenschaftlichen Mitarbeiter jedoch die Möglichkeit der Zuordnung zu einem Professor vorsieht. Das SH HSG läßt jede Regelung über die Zuordnung der wissenschaftlichen Mitarbeiter vermissen. Im HUG ergibt sie sich nur mittelbar aus den dem Fachbereichsvorstand übertragenen Zuständigkeiten (§ 23 I 7).

[31] *Dallinger*, § 3 Rdnr. 4.

[32] *Dellian*, § 53 Rdnr. 9: Durch eine auf wissenschaftliche Weiterqualifikation gerichtete Gestaltung des Dienstverhältnisses würde ein Amt nach der Art des früheren Verwalters der Stelle eines wissenschaftlichen Assistenten geschaffen, das mit der neuen Personalstruktur beseitigt werden sollte.

tation) auch in der Arbeitszeit eingeräumt wird, sofern die eigentlichen Dienstleistungsaufgaben dadurch nicht beeinträchtigt werden. Mit dem HRG ist es ferner vereinbar, wenn der wissenschaftliche Mitarbeiter im Rahmen und zur Förderung seiner Dienstleistungsfunktionen Gelegenheit zur selbständigen Forschung erhält. Darüber hinaus kann ihm im Einzelfall eine Forschungsaufgabe zur eigenen Erledigung, also bei grundsätzlicher Fortgeltung der Weisungsgebundenheit, übertragen werden[33].

Angesichts dieses rahmenrechtlich belassenen Gestaltungsspielraums hängt vieles davon ab, wie die Bundesländer die Rechtsstellung des wissenschaftlichen Mitarbeiters im einzelnen geregelt haben. Hierbei fällt auf, daß die unterschiedlichen hochschulgesetzlichen Lösungen keineswegs eine parteipolitisch vorgeprägte Frontlinie zwischen den (von SPD bzw. SPD/FDP regierten) „A“-Ländern und den (von CDU bzw. CDU/FDP geführten) „B“-Ländern markieren.

Baden-Württemberg, Hamburg und das Saarland haben sich bei der für den wissenschaftlichen Mitarbeiter maßgeblichen Funktionsbeschreibung ausschließlich am Dienstleistungskonzept des HRG orientiert (§ 52 II BW UG, § 53 I BW PHG; § 23 I, II HmbHG, wobei gem. § 23 II 3 der Wissenschaftssenator Art und Inhalt der vom wissenschaftlichen Mitarbeiter zu erbringenden Dienstleistungen regelt[34]; § 71 I SUG[35]).

Im Vergleich zu der pauschalen und damit eher restriktiven Umsetzung des § 53 I HRG durch diese drei Länder — was im übrigen einer pragmatischen Handhabung der Vorschriften an den Hochschulen nicht im Wege steht — haben die anderen Bundesländer den wissenschaftlichen Mitarbeitern die Möglichkeit der Weiterqualifikation und der eigenen Forschung, freilich in unterschiedlichem Ausmaß, zugestanden.

Nach Art. 23 II 5 BayHSchLG dient die Tätigkeit der als Zeitbeamten eingestellten Akademischen Räte und Oberräte im Rahmen ihrer Dienst-

[33] Zu dem den wissenschaftlichen Mitarbeitern verbliebenen Freiraum s. *Dellian*, § 53 Rdnr. 9.

[34] Zusätzlich führt das HmbHG (§ 27) die Kategorie der wissenschaftlichen Hilfskräfte ein, die die gleichen Einstellungsvoraussetzungen wie wissenschaftliche Mitarbeiter aufweisen müssen, aber nur mit weniger als der Hälfte der regelmäßigen Arbeitszeit des öffentlichen Dienstes beschäftigt werden, also nicht zum hauptberuflichen wissenschaftlichen Personal gehören. Sie erfüllen unterstützende Aufgaben in Forschung und Lehre unter der fachlichen Verantwortung eines Professors oder Hochschulassistenten. Außerhalb ihrer Dienstaufgaben haben sie Gelegenheit zur wissenschaftlichen Weiterbildung, insbesondere zur Anfertigung einer Dissertation.

[35] Nach § 71 II SUG dürfen wissenschaftliche Mitarbeiter allerdings aufgrund eines Lehrauftrages selbständig Lehrveranstaltungen abhalten; der Lehrauftrag darf jedoch nur erteilt werden, sofern das erforderliche Lehrangebot nicht von Professoren oder von Hochschulassistenten übernommen werden kann.

leistungsfunktionen auch einer Ergänzung ihrer wissenschaftlichen Ausbildung; sie soll überdies in angemessenem Umfang eine weitere wissenschaftliche Qualifikation fördern[36]. Das Gleiche gilt nach Art. 25 III BayHSchLG für die wissenschaftlichen Mitarbeiter, die in einem zeitlich befristeten Angestelltenverhältnis (i. d. R. drei, unter Umständen vier Jahre) als sog. wissenschaftliche Hilfskräfte beschäftigt sind[37]. Da die wissenschaftliche Weiterbildung in diesen Fällen von vornherein auf Dienstleistungsaufgaben bezogen und damit durch sie begrenzt ist, halten die bayerischen Vorschriften den nach § 53 I HRG verbliebenen landesrechtlichen Normierungsspielraum ein.

Die Konkordanz mit dem HRG ist auch den hessischen und niedersächsischen Regelungen nicht zu bestreiten. Danach kann der wissenschaftliche Mitarbeiter, der in einem befristeten Arbeitsverhältnis beschäftigt ist, auch innerhalb der Dienstzeit eigene Forschung, etwa zur Anfertigung einer Dissertation, betreiben, sofern dadurch die Erfüllung seiner Dienstleistungspflichten nicht beeinträchtigt wird (§ 45 I 4 und 5, II 2 HUG, § 65 II 4 NHG)[38]. Aufgrund eines Lehrauftrags kann er auch eigenverantwortlich Lehrveranstaltungen durchführen (§ 45 I 3 HUG, § 65 II NHG).

Das BerlHG und das NW EWissHG bestimmen, daß wissenschaftlichen Mitarbeitern im Einzelfall Forschungsaufgaben zur selbständigen Erledigung übertragen werden können (§ 144 II 2 BerlHG, § 70 I 4 EWissHG); diese Regelung hebt die prinzipielle Weisungsgebundenheit des wissenschaftlichen Mitarbeiters nicht auf und steht deshalb in Einklang mit § 53 I HRG[39]. Bei zeitlich befristet eingestellten wissenschaftlichen Mit-

---

[36] Die Akademischen Räte und Oberräte im Beamtenverhältnis auf Zeit müssen gem. Art. 24 II 1 Nr. 3 BayHSchLG den Doktorgrad erworben haben; mit der „weiteren wissenschaftlichen Qualifikation“ kann daher nur die Habilitation gemeint sein.

[37] Bei ihrer Einstellung kann von der Promotion abgesehen werden (Art. 25 II 1 i. V. m. Art. 24 I 1 Nr. 3 BayHSchLG); als Qualifikationsziel kommt deshalb der Doktorgrad in Betracht.

[38] Gem. § 65 III 2 NHG soll — was an sich selbstverständlich ist — dem wissenschaftlichen Mitarbeiter darüber hinaus Gelegenheit zur selbständigen wissenschaftlichen Tätigkeit außerhalb der Arbeitszeit gegeben werden.

[39] Als problematisch könnte sich in diesem Zusammenhang höchstens die Vorschrift des § 51 I BerlHG erweisen. Danach werden „Forschungsvorhaben unter der verantwortlichen Leitung von Professoren und Hochschulassistenten oder im Rahmen ihrer dienstlichen Aufgaben auch von wissenschaftlichen Mitarbeitern durchgeführt“. Es ist nicht ganz klar, ob das heißt, daß die Forschungsvorhaben „unter der verantwortlichen Leitung von wissenschaftlichen Mitarbeitern“ durchgeführt werden (das widerspräche § 53 I HRG, wonach der wissenschaftliche Mitarbeiter aufgrund seiner Weisungsgebundenheit die von ihm erbrachte Forschung nicht selbst verantworten kann) oder ob sie „von wissenschaftlichen Mitarbeitern“ durchgeführt werden (das ließe sich mit dem Rahmenrecht vereinbaren, da die Weisungsabhängigkeit nicht ausschließt, daß ein wissenschaftlicher Mitarbeiter ein Forschungsvorhaben durchführt). Aufgrund des Wortlauts und systematischen Zusammenhangs

arbeitern, die die Promotion anstreben, soll ein Teilzeitarbeitsverhältnis begründet werden, das den Erwerb dieser Qualifikation außerhalb der Arbeitszeit ermöglicht (§ 144 III BerlHG, § 70 III EWissHG); auch gegen diese Bestimmungen, die den Dienstleistungscharakter des Arbeitsverhältnisses selbst nicht antasten, bestehen aus bundesrechtlicher Sicht keine Bedenken. Im übrigen räumen sowohl § 114 II 4 BerlHG als auch § 70 II 2 EWissHG dem wissenschaftlichen Mitarbeiter die Möglichkeit ein, selbständig Lehrveranstaltungen auf der Grundlage eines Lehrauftrages abzuhalten[40].

In der gesetzlichen Absicherung des dem wissenschaftlichen Mitarbeiter zu gewährenden Freiraums geht Rheinland-Pfalz einen erheblichen Schritt weiter als die zuvor erwähnten Länder. § 53 V HochSchG (und gleichlautend § 42 V VHochSchG) bestimmt, daß wissenschaftliche Mitarbeiter, die die Promotion anstreben[41], in einem auf vier, höchstens auf sechs Jahre befristeten Dienstverhältnis eigener Art beschäftigt werden, in dem ihnen für die Arbeit an der Dissertation ein Drittel der Arbeitszeit zur Verfügung steht. Diese Regelung läßt sich, so erwünscht sie hochschulpolitisch sein mag[42], auch unter Berücksichtigung ihres Ausnahmecharakters[43] mit § 53 I HRG nicht in Einklang bringen. Das Rahmengesetz legt eindeutig fest, daß die Aufgaben des wissenschaftlichen Mitarbeiters in wissenschaftlichen Dienstleistungen beste-

der Vorschrift mit § 144 II 2 BerlHG dürfte die zuletzt genannte Alternative den Bedeutungsgehalt des § 51 I BerlHG richtig erfassen. Im Senatsentwurf zu § 51 I BerlHG hatte es übrigens noch geheißen, daß Forschungsvorhaben „unter der verantwortlichen Leitung von Professoren, Hochschulassistenten oder wissenschaftlichen Mitarbeitern im Rahmen ihrer dienstlichen Aufgaben durchgeführt" werden. Die Tatsache, daß das schließlich verabschiedete Gesetz diese Formulierung nicht aufgenommen hat, bestätigt die Richtigkeit der einschränkenden Interpretation.

[40] In Berlin darf der Lehrauftrag nur erteilt werden, wenn der Lehrbedarf auf andere Weise nicht gedeckt werden kann.

[41] Das Gesetz formuliert: „... die die Einstellungsvoraussetzungen für Hochschulassistenten erwerben wollen". Zu diesen Voraussetzungen zählen nach § 51 IV (entsprechend § 40 IV VHochSchG) neben den allgemeinen dienstrechtlichen Erfordernissen ein abgeschlossenes Studium an einer wissenschaftlichen oder vergleichbaren Hochschule und eine qualifizierte Promotion oder der Nachweis gleichwertiger wissenschaftlicher oder besonders qualifizierter berufspraktischer Leistungen. Damit bleibt für den wissenschaftlichen Mitarbeiter, der in der Regel über ein abgeschlossenes Studium verfügt und sich in der Hochschule nicht berufspraktisch qualifizieren kann, nur die Promotion, allenfalls eine gleichwertige wissenschaftliche Leistung als zu erwerbende Einstellungsvoraussetzung.

[42] Der Regierungsentwurf hatte in der Begründung zu § 53 HochSchG ausgeführt, das Gesetz nehme damit eine bewährte Regelung auf, die bisher nur auf Verwaltungsvorschriften beruht habe.

[43] Daß es sich um einen Ausnahmetatbestand handelt, ergibt sich aus § 53 III Nr. 2 HochSchG (§ 42 III Nr. 2 VHochSchG), wonach zu den Einstellungsvoraussetzungen für wissenschaftliche Mitarbeiter „in der Regel" eine Promotion gehört.

hen. Das schließt im Sinne der hessischen und niedersächsischen Regelungen nicht aus, daß er auch in der Dienstzeit eigene Forschung für seine Dissertation betreiben darf, falls die Dienstleistungspflichten dadurch nicht beeinträchtigt werden. Ebensowenig ist es zu beanstanden, daß die Weiterqualifikation — so die bayerische Variante — im Rahmen und zur besseren Wahrnehmung der Dienstleistungsfunktionen erfolgt. Auch gegen die Anfertigung einer Dissertation, die im Zusammenhang mit einem dem wissenschaftlichen Mitarbeiter „zur Erledigung" zugewiesenen Forschungsvorhaben gewissermaßen als dienstliches Nebenprodukt entsteht (das entspräche den Berliner und nordrhein-westfälischen Regelungen), ist nichts einzuwenden. Hingegen läßt es das HRG nicht zu, daß wissenschaftliche Mitarbeiter durch Landesgesetz von vornherein und generell mit einem quantitativ bestimmten Teil ihrer Arbeitszeit von Dienstleistungen freigestellt werden, um eigene Forschung im Rahmen einer Dissertation zu betreiben.

Vollends im Widerspruch zu § 53 I HRG stehen die Vorschriften des BremHG. Zwar heißt es in § 22 III 1 und 2, durchaus HRG-konform und ähnlich wie im HUG und im NHG, daß den wissenschaftlichen Mitarbeitern im Rahmen der bestehenden Möglichkeiten auch Gelegenheit zur Weiterbildung, insbesondere zur selbständigen Fortbildung und zur Arbeit an einer Dissertation, gegeben werden soll, wobei die Dienstleistungsverpflichtungen dadurch nicht beeinträchtigt werden dürfen. Doch sind im Falle eines befristeten Dienstverhältnisses, das nach seiner besonderen Ausgestaltung auch der Weiterqualifikation als wissenschaftlicher Nachwuchs dient, für diese Tätigkeiten 30 Prozent der Arbeitszeit zur Verfügung zu stellen. Der gegenüber der Ausnahmebestimmung des § 53 V RP HochSchG erhobene Einwand gilt hier insoweit noch verstärkt, als die Bremer Regelung, wenn auch unter dem Vorbehalt der besonderen Ausgestaltung des Dienstverhältnisses, nicht nur die promotionswilligen, sondern sämtliche auf Weiterbildung bedachten wissenschaftlichen Mitarbeiter erfaßt. Darüber hinaus kollidiert bereits die Beschreibung der Funktionen des wissenschaftlichen Mitarbeiters mit der Aufgabenbestimmung in § 53 I HRG: Gem. § 22 I 1 Nr. 4 BremHG obliegen ihm Dienstleistungen unmittelbar in Forschung und Lehre, die auch die „selbständige" Vermittlung von Fachwissen und praktischen Fertigkeiten betreffen[44], obwohl seine Unterrichtstätigkeit im HRG gerade nicht als eigenständig, sondern als weisungsgebunden definiert ist.

Gänzlich unhaltbar ist die Regelung des § 22 I 3 BremHG. Sie besagt, daß wissenschaftliche Mitarbeiter, soweit sie „nach Maßgabe der besonderen Ausgestaltung ihres Dienstverhältnisses selbständig Aufgaben

[44] Wozu noch die Möglichkeit der Erteilung eines Lehrauftrags für weitergehende selbständige Lehrtätigkeit hinzukommt (§ 22 I 4 BremHG).

in Forschung und Lehre wahrnehmen", keiner fachlichen Weisung unterliegen. Es ist unter diesen Umständen nur konsequent, wenn der Gesetzgeber in § 72 I 2 BremHG bestimmt, daß die Durchführung eines Forschungsvorhabens unter der verantwortlichen Leitung eines oder mehrerer Wissenschaftler — dazu zählen auch die wissenschaftlichen Mitarbeiter — steht. Mit diesen Vorschriften wird § 53 I HRG, der dem wissenschaftlichen Mitarbeiter prinzipiell unselbständige, d. h. nach Weisung zu erfüllende Dienstleistungsaufgaben zuweist, in sein Gegenteil verkehrt.

Als einigermaßen unübersichtlich erweist sich die Rechtsstellung des wissenschaftlichen Mitarbeiters in Schleswig-Holstein. Einerseits hält sich § 100 I HSG an das Dienstleistungskonzept des § 53 I HRG; andererseits setzt § 57 II HSG voraus, daß wissenschaftliche Mitarbeiter selbständig forschen können. Sie sind im übrigen verpflichtet, „auf Verlangen Lehrveranstaltungen durchzuführen oder daran mitzuwirken". Auch diese Lehrverpflichtung ist unter mehreren Gesichtspunkten vom Bundesrahmenrecht nicht gedeckt: Während Lehr-, genauer: Unterrichtsfunktionen nach § 53 I HRG nur subsidiär („soweit dies zur Gewährleistung des erforderlichen Lehrangebots notwendig") in Betracht kommen, ist die Verpflichtung nach Landesrecht vorbehaltlos zu erfüllen; während die Unterrichtsaufgaben im Sinne des HRG aufgrund ihrer Zuordnung zu den Dienstleistungen und nach ihrer gesetzlichen Umschreibung („Fachwissen und praktische Fertigkeiten... vermitteln", „unterweisen") keine selbständige Tätigkeit darstellen, schließt § 100 HSG die eigenverantwortliche Durchführung von Lehrveranstaltungen keineswegs aus[45].

[45] Daß die Lehrveranstaltungen nur „auf Verlangen" abzuhalten sind, steht ihrer selbständigen Wahrnehmung nicht entgegen, wie sich z. B. für die Professoren aus §§ 43 II 2, 12 II HRG, § 92 IV HSG ergibt.

VI. Die Organisation der Hochschule

Verliefen die Entscheidungsprozesse der Hochschule früher auf mindestens vier Stufen — Lehrstuhl, Institut, Fakultät, Hochschule —, so sind für die vertikale Gliederung nach dem HRG fortan nur noch zwei Ebenen maßgeblich. § 61 I 1 bestimmt, daß Entscheidungsbefugnisse den zentralen Organen und den Organen der Fachbereiche zustehen. Dieser Grundsatz wird freilich sogleich durchbrochen: Gem. § 61 I 3 werden auch anderen Organisationseinheiten Entscheidungskompetenzen eingeräumt, soweit dies vom HRG zugelassen (hier bedarf es ausführender landesrechtlicher Regelungen) oder bestimmt ist (zu verweisen ist auf die gemeinsamen Kommissionen nach § 65 und vor allem auf die wissenschaftlichen Einrichtungen und Betriebseinheiten nach § 66). Darüber hinaus können, sofern es im Hinblick auf Größe und räumliche Entfernungen der Einrichtungen geboten erscheint, durch Landesrecht besondere örtliche Organe mit Entscheidungsbefugnissen vorgesehen werden (§ 61 I 2).

Auf der zentralen Verwaltungsebene wird zwischen der Leitung der Hochschule (§ 62) und den zentralen Kollegialorganen (§ 63) unterschieden.

1. Die Hochschulleitung

Für die Leitung der Hochschule schreibt das HRG die Präsidialverfassung vor (§ 62 I 1); nur bei kleineren Hochschulen können die Länder die traditionelle Rektoratsverfassung beibehalten (§ 62 V). Der frühere ehrenamtlich tätige Rektor, der aus dem Kreis der Lehrstuhlinhaber für die vergleichsweise kurze Amtszeit von einem Jahr gewählt wurde und nach dem Kollegialitätsprinzip als primus inter pares im Senat fungierte, weicht fortan im Regelfall dem hauptberuflich amtierenden, auf mindestens vier Jahre eingesetzten, nicht abwählbaren Präsidenten, dessen Zugehörigkeit zum Lehrkörper der Hochschule nicht verlangt wird; er leitet die Hochschule in eigener Zuständigkeit.

Im Rahmen der Präsidialverfassung kommt als Alternative zum monokratischen Präsidenten ein gewähltes kollegiales Leitungsgremium (Präsidium) in Betracht, dem mindestens ein hauptberufliches Mitglied angehören muß. Bei beiden Modellen geht das HRG von der Existenz eines leitenden Verwaltungsbeamten (Kanzlers) aus, dessen Rolle, insbesondere in seinem Verhältnis zum Präsidenten bzw. Präsidium, allerdings nicht definiert ist (§ 62 II).

Die Vorzüge und Nachteile der Präsidialverfassung sind in den vergangenen Jahren eingehend erörtert worden[1]; diese Diskussion soll hier nicht fortgeführt werden. Doch ist nicht zu übersehen, daß die Unterschiede zwischen Präsidial- und Rektoratsverfassung an Bedeutung verloren haben, seit in neuerer Zeit auch für den Rektor eine längere Amtszeit und, zumindest mittelbar (durch Freistellung von seinen akademischen Pflichten), eine hauptberufliche Tätigkeit vorgeschrieben waren. Andererseits ist auch die Präsidialverfassung im HRG nicht voll zum Zuge gekommen: Die Leitungskompetenzen des Präsidenten bzw. des Präsidiums finden nach § 62 I 1 2. Hs. dort ihre Grenzen, wo eine andere Zuständigkeit begründet ist[2].

Als fachliche Voraussetzung für die Bestellung zum Präsidenten oder zum hauptberuflichen Mitglied des Präsidiums verlangt das HRG, daß der Bewerber eine abgeschlossene Hochschulausbildung besitzt und aufgrund einer mehrjährigen verantwortlichen beruflichen Tätigkeit, insbesondere in Wissenschaft, Wirtschaft, Verwaltung oder Rechtspflege, erwarten läßt, daß er den Aufgaben des Amtes gewachsen ist (§ 62 IV)[3].

Die Berufung des Präsidenten bzw. der zu wählenden Mitglieder des Präsidiums[4] erfolgt nach § 62 III HRG in einem mehrstufigen Verfahren: Die Hochschule unterbreitet einen Wahlvorschlag; bei der Aufstellung des Wahlvorschlags ist nach näherer landesgesetzlicher Regelung ein Zusammenwirken von Staat und Hochschule vorzusehen (§ 60 Nr. 4 HRG)[5]. Die Wahl selbst fällt in die Zuständigkeit des Konvents (§ 63 I 1 HRG). Der Gewählte bedarf sodann der Bestellung durch die zuständige staatliche Stelle.

---

[1] Kritisch *Bachof*, Festschrift für Jahrreis, S. 23 f., der gegen die Präsidialverfassung insbesondere einwendet, daß ihre zweifellos vorhandenen Vorzüge mit dem Verzicht auf die Leitung und Repräsentanz des akademischen Bereichs durch einen der Forschung und Lehre persönlich verbundenen Hochschullehrer teuer erkauft werde; s. auch *Hesse*, WissR 1970 Beiheft 4, S. 82—94; *Scheven* und *Pelzner*, WissR 1973 S. 48 ff.; eher positiv: *Thieme*, DVBl. 1969 S. 1—4.

[2] Immerhin enthält diese Bestimmung zugleich eine Klarstellung; sie besagt, daß die Leitungsbefugnisse im Zweifel dem Leitungsorgan obliegen, es wird also zu seinen Gunsten eine Zuständigkeitsvermutung begründet (*Dallinger*, in: Dallinger / /Bode / Dellian, § 62 Rdnr. 2; *Reich*, § 62 Rdnr. 2).

[3] Zu diesen insgesamt sehr vage formulierten Qualifikationserfordernissen kritisch: *Thieme*, WissR 1976 S. 217.

[4] Dem der Kanzler ex officio angehören soll (§ 62 II 1 2. Hs.); offen und daher dem Landesrecht zur Regelung überlassen bleibt, ob er stimmberechtigtes oder nur beratend teilnehmendes Mitglied ist.

[5] Dem Landesgesetzgeber steht hierbei ein nicht unerheblicher Gestaltungsspielraum zu: Er kann es mit bloßer Anhörung der staatlichen Seite bewenden lassen, er kann aber auch ein Einvernehmen mit dem Staat verlangen.

Was die *Leitungsstruktur* der Hochschule betrifft, so läßt sich in grober Verallgemeinerung feststellen, daß die Hochschulgesetze der Bundesländer für die größeren Hochschulen die Präsidialverfassung vorschreiben, es im übrigen aber — unter Rückgriff auf die Ausnahmebestimmung des § 62 V HRG — bei der Rektoratsverfassung bewenden lassen.

Baden-Württemberg, Berlin, Bremen, Hessen, Niedersachsen und das Saarland differenzieren nach der Art der Hochschulen: Die Universitäten werden von einem Präsidenten, die übrigen Hochschulen — bei denen vorausgesetzt ist, daß ihre Größe eine hauptberufliche Leitung nicht erfordert — werden von einem Rektor geleitet[6].

In Hamburg und Rheinland-Pfalz ist generell — mit Ausnahme der Hochschule für Wirtschaft und Politik (Hamburg) und der Verwaltungshochschule Speyer (Rheinland-Pfalz) — das Präsidialsystem mit einem monokratischen Präsidenten maßgeblich.

Bayern, Nordrhein-Westfalen und Schleswig-Holstein unterscheiden nach der in Zahlen meßbaren Hochschulgröße: Hochschulen mit weniger als 3000 Studenten (Bayern), mit bis zu 5000 Studenten (Schleswig-Holstein) oder mit weniger als 4000 Mitgliedern (Nordrhein-Westfalen[7]) haben einen Rektor bzw. ein Rektorat[8]; alle anderen Hochschulen unterstehen einem Präsidenten bzw. einem Präsidium (in Nordrhein-Westfalen: einem Rektorat mit hauptamtlichem Rektor)[9].

Unter dem Gesichtspunkt rahmenrechtlicher Konkordanz erscheint es als problematisch, daß drei Bundesländer — Baden-Württemberg,

---

[6] Dabei gibt es vielfache Ausnahmen: Nach § 11 II BW UG können die Universitäten in der Grundordnung anstelle des Präsidenten ein Rektorat (mit hauptamtlichem Rektor, zwei Prorektoren und dem Kanzler) als Leitungsorgan bestimmen.

In Berlin findet die Präsidialverfassung auch auf die Hochschule der Künste Anwendung (§ 70 BerlHG). In Niedersachsen gilt für die Technische Universität Clausthal nicht die Präsidial-, sondern die Rektoratsverfassung (§ 86 I NHG); gem. § 86 V NHG können die Hochschulen, die von Gesetzes wegen durch einen Rektor geleitet werden, in der Grundordnung mit Zustimmung des Landesministeriums für die Präsidialverfassung optieren; den Universitäten Niedersachsens ist es im übrigen freigestellt, sich in der Grundordnung für ein Präsidium statt des Präsidenten zu entscheiden.

[7] Sofern die Grundordnung es vorsieht (§ 12 EWissHG).

[8] Auch bei kleineren Hochschulen wird in Bayern der Leiter als Präsident, in Schleswig-Holstein die kollegiale Leitung als Präsidium bezeichnet (Art. 17 BayHSchG, §§ 45 I, 48 I SH HSG).

[9] In Bayern wahlweise, je nach Grundordnung, entweder ein Präsident oder ein aus einem hauptberuflichen Vorsitzenden, vier weiteren Mitgliedern und dem Kanzler bestehendes Präsidialkollegium (Art. 12, 16 BayHSchG). Das SH HSG sieht ein aus dem Präsidenten, zwei Vizepräsidenten und dem Kanzler gebildetes Präsidium vor (§ 45 I HSG). Die nordrhein-westfälischen Hochschulen haben an der Leitungsspitze zwei Organe: den Rektor und das aus ihm, zwei bis vier Prorektoren und dem Kanzler zusammengesetzte Rektorat (§§ 9, 11 IV EWissHG).

Nordrhein-Westfalen und das Saarland — auch bei denjenigen Hochschulen, die aufgrund ihrer Größenordnung gem. § 62 I, V HRG dem Präsidialsystem unterliegen, die Rektoratsverfassung vorsehen. So bestimmt § 15 II BW UG, daß im Falle der durch die Grundordnung bestimmten Rektoratsverfassung der (hauptamtliche) Rektor aus den der Universität angehörenden Professoren, die in eine Planstelle der Besoldungsgruppe C 4 eingewiesen sind, gewählt wird; die Qualifikationserfordernisse nach § 62 IV HRG werden in dem Gesetz nicht einmal erwähnt. Nach § 9 III NW EWissHG wird der Rektor aus dem Kreis der an der Hochschule tätigen Professoren im Beamtenverhältnis auf Lebenszeit gewählt; der Bewerber muß außerdem über eine den Anforderungen des § 62 IV HRG entsprechende Berufserfahrung verfügen. § 33 I SUG übernimmt in Satz 1 als Eignungsvoraussetzungen für den Universitätspräsidenten zunächst die beruflichen Qualifikationsmerkmale des § 62 IV HRG, legt sodann aber in Satz 2 fest, daß der Präsident Professor auf Lebenszeit der Universität des Saarlandes sein soll.

Diese Regelungen lösen angesichts der rahmenrechtlichen Vorgaben Bedenken aus. Diese beruhen nicht etwa darauf, daß Baden-Württemberg und Nordrhein-Westfalen — nicht anders als Bremen — die herkömmliche Terminologie („Rektor", „Rektorat") weiterführen; das Rahmenrecht verbietet es den Ländern nicht, an solchen Traditionen der Amtsbezeichnung festzuhalten. Entscheidend ist vielmehr folgendes: Das HRG läßt für den Hochschulpräsidenten bzw. das hauptamtliche Mitglied des Hochschulpräsidiums verschiedene berufliche Qualifikationswege (Wissenschaft, Wirtschaft, Verwaltung und Rechtspflege werden beispielhaft aufgezählt) als gleichwertige Alternativen gelten. Dem widerspricht es, wenn der Landesgesetzgeber — und sei es nur mit einer Sollvorschrift wie das Saarland — den Bewerberkreis auf die Professoren der Hochschule beschränkt[10,11].

---

[10] So zutreffend *Dallinger*, § 62 Rdnr. 5. Diese Feststellung besagt nicht, daß die in § 62 IV HRG aufgestellten Qualifikationsvoraussetzungen eine Präzisierung durch Landesgesetz ausschlössen. Dem Landesgesetzgeber ist es unbenommen, die Eignungsmerkmale zu spezifizieren. s. z. B. § 48 II 2 2. Hs. SH HSG, wonach eine berufliche Tätigkeit nur dann als verantwortlich gilt, wenn sie an Selbständigkeit und Bedeutung den Durchschnitt akademischer Berufsbilder überragt und nach Art und Gestaltung Schlüsse auf die Eignung zu leitender Tätigkeit zuläßt. Vgl. auch § 83 II Nr. 2 NHG: eine mindestens fünfjährige Berufstätigkeit, davon wenigstens drei Jahre in einer Stellung in herausgehobener Verantwortung, insbesondere in Wissenschaft, Wirtschaft, Verwaltung und Rechtspflege.

[11] Das Saarländische OVG (Beschluß vom 9. 3. 1979, Az: I W 1. 1399/79) hält dagegen die Sollvorschrift des § 33 I 2 SUG vor allem deshalb für unbeachtlich, weil die Gesamtregelung des Wahlverfahrens keinerlei Bestimmungen enthalte, die an die Nichtbeachtung der Soll-Qualifikation (Professor) irgendwelche Rechtsfolgen knüpfe; § 33 I 2 SUG sei somit nur als eine sanktionsfreie gesetzliche Aufforderung zu verstehen, darauf hinzuwirken, daß ein der

Als besonders fragwürdig erweist sich die Vorschrift des § 15 II BW UG, da sie ausschließlich auf die Zugehörigkeit zu einer bestimmten Besoldungsgruppe abstellt, ohne auch nur ansatzweise auf die nach § 62 I HRG erforderliche Eignungsprognose abzustellen[12].

Die *Wahl* des Präsidenten bzw. der Mitglieder des Präsidiums obliegt nach sämtlichen Länderhochschulgesetzen in Übereinstimmung mit § 62 III HRG dem Hochschulparlament (mit unterschiedlichen Bezeichnungen wie: Großer Senat, Konsistorium, Konvent, Konzil, Versammlung), das zugleich für die Beschlußfassung über die Grundordnung der Hochschule zuständig ist. Was die Wahlfreiheit dieses Gremiums betrifft, so zeigen sich indessen beträchtliche Unterschiede. Dabei spielt die Frage eine Rolle, in welcher Form der Staat an der Aufstellung des Wahlvorschlags zu beteiligen ist und welches Hochschulorgan damit befaßt wird, ferner: ob das Wahlorgan sich zwischen mehreren Bewerbern entscheiden kann oder auf die Annahme oder Zurückweisung einer einzigen Kandidatenbenennung beschränkt bleibt.

Führt man die Vielzahl der ländergesetzlichen Regelungen auf ihre wesentlichen Elemente zurück, so ergibt sich folgendes Bild:

Baden-Württemberg, Rheinland-Pfalz und Schleswig-Holstein räumen dem Staat bereits im Vorfeld der Wahl ein starkes Mitwirkungsrecht ein: Er muß dem von der Hochschule unterbreiteten Wahlvorschlag zustimmen[13]; ihm steht sogar im Falle der Nichteinigung das Letztentscheidungsrecht über den Vorschlag zu[14]. Die übrigen Länder

---

Universität angehörender Professor auf Lebenszeit zum Präsidenten gewählt werde.

Das alles ändert jedoch nichts daran, daß die Landesregierung bei der Ernennung des Gewählten (§ 33 V SUG) die Sollvorschrift beachten muß und nur in Ausnahmefällen davon abweichen darf; für sie stellt der Sollsatz des § 33 I 2 eine echte Ermessensvorschrift dar. Auf diese Problematik brauchte das OVG, das nur zum Wahlverfahren selbst Stellung zu nehmen hatte, allerdings nicht einzugehen.

[12] Eine Verknüpfung der Wählbarkeit mit einer bestimmten Besoldungsgruppe ist nur dann zulässig, wenn die Zugehörigkeit zu der Besoldungsgruppe einen besonderen Befähigungsnachweis für das Amt darstellt. Das ist beim Leiter der Hochschule, wie sich aus § 62 IV HRG ergibt, gerade nicht der Fall (*Dallinger*, § 38 Rdnr. 7.).

[13] Daraus ergibt sich allerdings eine Selbstbindung des Staates für den der Wahl folgenden staatlichen Bestellungsakt. Er kann die Ernennung des Gewählten nicht mehr aus Sachgründen verweigern (*von Mangoldt*, Universität und Staat, S. 40; *Dallinger*, § 60 Rdnr. 8).

[14] § 12 VIII BW UG: wenn das Einvernehmen mit dem Wissenschaftsministerium auch im zweiten Durchgang, nach erneuter Ausschreibung, nicht erzielt worden ist; § 75 II RP HochSchG und § 48 III SH HSG: falls innerhalb von drei Monaten nach Ablauf der Bewerbungsfrist ein einvernehmlicher Vorschlag nicht zustande kommt.

Diese Regelungen sind deshalb bedenklich, weil sie die der Hochschule durch das HRG eingeräumte Formulierungsprärogative mißachten. s. im einzelnen zu der Rechtslage nach dem BW UG: *von Mangoldt*, Universität und Staat, S. 41.

lassen es mit dem Recht des Ministers auf Information (Bayern, Hamburg, Nordrhein-Westfalen), Stellungnahme (Berlin, Bremen und Saarland)[15], gemeinsame Erörterung (Hessen) oder Eignungsprüfung der Bewerber (Niedersachsen) bewenden.

Die meisten Hochschulgesetze trennen zwischen wahlvorbereitendem Organ (i. d. R. der Senat) und wählendem Organ. Nur Bremen und (möglicherweise) Hamburg weisen dem Konvent (Konzil) die Befugnis zu, den Wahlvorschlag selbst aufzustellen[16,17].

Die Mehrzahl der Bundesländer räumt dem wählenden Gremium die Möglichkeit ein, eine Entscheidung zwischen verschiedenen Bewerbern zu treffen. Demgegenüber reduzieren Berlin, Hamburg und Nordrhein-Westfalen den Wahlvorschlag auf einen einzigen Kandidaten[18]; dem Konzil (Konvent) bleibt in diesem Fall nur die Alternative zwischen Zustimmung und Ablehnung.

Die dem Präsidenten bzw. dem Präsidium durch die Gesetze zugewiesenen *Aufgaben* umfassen zunächst die in § 62 I HRG geregelten Funktionen: Leitung der Hochschule in eigener Zuständigkeit, Wahrung der Ordnung, Ausübung des Hausrechts, Vorlage eines jährlichen Rechenschaftsberichts. Hinzu kommen in allen Ländern: die Vertretung der Hochschule, die Pflicht, rechtswidrige Beschlüsse oder Maßnahmen mit aufschiebender Wirkung zu beanstanden und auf Abhilfe zu dringen, sowie die Befugnis, in unaufschiebbaren Fällen vorläufige Maßnahmen zu treffen. Der Präsident hat ein umfassendes Informationsrecht, ihm sind die Beschlüsse der Organe unverzüglich zuzuleiten; er kann an den Sitzungen der Gremien der Hochschule beratend teilnehmen. In den meisten Ländern — mit Ausnahme Berlins und Hessens — ist der Präsident Vorsitzender des Senats[19,20], in Bremen, Niedersachsen und Nordrhein-Westfalen jedoch ohne Stimmrecht.

---

[15] Im Saarland steht das Äußerungsrecht dem aus Mitgliedern des Landtags, der Landesregierung und der Universität gebildeten Universitätsrat zu, der dem Zusammenwirken von Land und Hochschule dient (§ 102 SUG).

[16] § 81 I 2 HmbHG schreibt vor, daß der Wahlvorschlag „im Konzil" aufgestellt wird. Das kann bedeuten, daß das Konzil als solches über den Vorschlag beschließt; möglich ist jedoch auch, daß der Vorschlag aus der Mitte des Konzils, etwa von einem Drittel seiner Mitglieder, unterbreitet wird. Die Grundordnung muß hier Klärung bringen.

[17] Das wiederum widerspricht dem HRG, dessen § 62 III zu entnehmen ist, daß vorschlagsberechtigtes und wählendes Organ eben nicht identisch sein dürfen (*Dallinger*, § 60 Rdnr. 8.).

[18] Unmißverständlich § 10 III 3 NW EWissHG: „Der Senat schlägt dem Konvent einen Bewerber zur Wahl vor." Nicht ganz so eindeutig § 71 I 1 BerlHG („Der Präsident wird vom Konzil ... auf Vorschlag des Akademischen Senats, des Kuratoriums oder eines Drittels der Mitglieder des Konzils ... gewählt") und § 81 I 1 HmbHG („Der Präsident wird vom Konzil aufgrund eines Wahlvorschlags der Hochschule gewählt").

[19] In Bayern auch der Versammlung.

Mehrere Hochschulgesetze (in Baden-Württemberg, Bayern, Bremen, Niedersachsen, Nordrhein-Westfalen, Rheinland-Pfalz und im Saarland) bestimmen, daß der Präsident als Dienstvorgesetzter von Hochschulbediensteten fungiert[21]; er ist insoweit — nach der Begriffsbestimmung in § 3 II 1 des Bundesbeamtengesetzes und in den entsprechenden Vorschriften der Landesbeamtengesetze — „für beamtenrechtliche Entscheidungen über die persönlichen Angelegenheiten" der Bediensteten zuständig, etwa für Nebentätigkeitsgenehmigungen oder die Gewährung von Urlaub.

Am schwächsten ist die Stellung des Präsidenten im BremHG ausgeformt. Bei der Leitung und Vertretung der Hochschule hat der Rektor die Beschlüsse des Konvents und des Akademischen Senats zu beachten (§ 81 I 1). Letzterer wiederum entscheidet in allen Angelegenheiten der Hochschule, soweit nicht ein anderes Gremium zuständig ist (§ 80 I 1). Dadurch wird dem Akademischen Senat die Möglichkeit eröffnet, die Leitungstätigkeit des Rektors bis in die Einzelheiten zu präjudizieren. Die durch § 62 I 1 HRG aufgestellte Zuständigkeitsvermutung zugunsten des Leiters der Hochschule wird damit unterlaufen. Von einer Leitung durch den Rektor „in eigener Zuständigkeit" kann nicht die Rede sein.

So fragwürdig begrenzt die Befugnisse des Hochschulleiters in Bremen, so umfassend sind sie in Hessen und Baden-Württemberg angelegt.

Nach § 10 VI 1 HUG[22] kann er Beschlüsse aller Organe und Gremien mit Entscheidungsbefugnissen mit Ausnahme des Konvents beanstanden, für deren Ausführung durch das dafür zuständige Organ „er die Verantwortung nicht übernehmen kann". Dadurch sind dem Präsidenten auch unter bloßen Zweckmäßigkeitsgesichtspunkten weitreichende Einwirkungsmöglichkeiten eingeräumt. Sofern der Beanstandung, die aufschiebende Wirkung hat, nicht abgeholfen wird, entscheidet der zuständige Ständige Ausschuß bzw., falls Beschlüsse eines Ständigen Ausschusses betroffen sind, die Mitglieder aller Ständigen Ausschüsse in gemeinsamer Sitzung. Eine aufsichtliche Intervention des Kultusministers ist allerdings nicht vorgesehen; Konflikte sind also innerhalb der Hochschule zu regeln.

---

[20] Nach § 12 II 3 HUG ist der Vorsitz im Senat einem aus dem Kreis der Professoren gewählten Vizepräsidenten zu übertragen.

[21] In Bremen ist er für sämtliche Bediensteten zuständig (§ 9 III 1 und 3 BremHG). In den übrigen Ländern erstreckt sich seine Verantwortlichkeit nur auf einzelne Gruppen der Bediensteten; z. B. Bayern: Der Präsident ist Dienstvorgesetzter des wissenschaftlichen und künstlerischen Personals sowie des Kanzlers (Art. 14 VI BayHSchG); Dienstvorgesetzter der übrigen Bediensteten ist der Kanzler (Art. 32 I 3).

[22] Entsprechend § 9 IV 1 Hess.KHG, § 10 VI 1 Hess.FHG.

In diesem Punkt gehen die baden-württembergischen Hochschulgesetze noch einen Schritt weiter. Gem. § 12 II 2 UG[23] muß der Leiter Beschlüsse von Organen, Gremien oder Amtsträgern, die er nach den Grundsätzen der Wirtschaftlichkeit nicht für vertretbar hält, mit aufschiebender Wirkung beanstanden. Kommt eine Einigung nicht zustande, ist das Wissenschaftsministerium zu unterrichten, das sodann im Wege der Aufsicht einschreitet. Die Regierungsbegründung zu § 12 UG[24] stellt unmißverständlich klar, daß diese Wirtschaftlichkeitsprüfung die Grenzen einer Rechtskontrolle überschreitet. „Ein Verstoß gegen die Grundsätze der Wirtschaftlichkeit ist zwar ein Rechtsverstoß, es gibt jedoch auch Bereiche, wo der Präsident über die Rechtskontrolle hinaus eine Sachkontrolle ausüben muß".

Diese gesetzliche Aufgabenzuweisung hätte, würde sie konsequent durchgeführt, zur Folge, daß der Präsident bei jeder Entscheidung über den Einsatz von Personal- oder Sachmitteln ihre wirtschaftliche Zweckmäßigkeit zu prüfen und ggf. den Staat zum Eingreifen zu veranlassen hätte. Das dürfte mit der durch Art. 5 III GG abgesicherten Eigenverantwortung der für Angelegenheiten der Forschung und Lehre berufenen Hochschulorgane, insbesondere der Fachbereiche, kaum vereinbar sein[25].

In sämtlichen Bundesländern stehen dem Präsidenten ein oder mehrere *Vizepräsidenten*, die i. d. R. aus dem Kreis der Professoren gewählt werden[26], beratend und unterstützend zur Seite[27]; sie vertreten den Präsidenten.

Unterschiedlich ist die Stellung des *Kanzlers* geregelt. In zwei Hochschulgesetzen ist er nur beiläufig erwähnt, ohne daß seine Funktionen umrissen wären[28]; hier ergibt sich aus der allgemeinen Leitungskompetenz des Präsidenten, daß der Kanzler ihm nachgeordnet und seinen Weisungen unterworfen ist. Die Hochschulgesetze der übrigen Bundesländer setzen den Kanzler zum Beauftragten für den Haushalt (i. S. des § 9 der jeweiligen — bundeseinheitlich geltenden — Landeshaushaltsordnung) ein. Er ist darüber hinaus für die Erledigung der laufen-

---

[23] Ähnlich § 12 II 2 PHG, § 12 II 4 FHG, § 12 III 2 KHSchG.

[24] LT-Drucksache 7/2041.

[25] Nachdrückliche Kritik bei *von Mangoldt*, S. 41 ff.

[26] In Bremen reicht aus, daß der Bewerber für das Amt des Vizepräsidenten (Konrektors) Bediensteter der Hochschule ist (§ 84 II BremHG). In Hessen werden für die beiden Vizepräsidenten die gleichen Eignungsvoraussetzungen wie beim Präsidenten verlangt; allerdings muß der Vizepräsident, der den Vorsitz im Senat führt, Professor sein (§ 12 II HUG).

[27] Wo kraft Gesetzes (Nordrhein-Westfalen, Schleswig-Holstein) oder Grundordnung (Baden-Württemberg, Bayern, Niedersachsen) ein kollegiales Leitungsorgan besteht, wirken die Vizepräsidenten an dessen Willensbildung gleichberechtigt mit.

[28] § 76 IV 1 BerlHG, § 85 III 1 HmbHG.

den Verwaltungsgeschäfte, insbesondere auf dem Gebiet der Wirtschafts- und Personalverwaltung und im Bereich der Rechtsangelegenheiten, verantwortlich. In Baden-Württemberg, Bremen, Hessen, Niedersachsen, Rheinland-Pfalz und im Saarland wird ausdrücklich seine Weisungsgebundenheit gegenüber dem Leiter der Hochschule statuiert. Anders in Nordrhein-Westfalen und Schleswig-Holstein: Dort muß sich der Kanzler zwar an die vom Präsidium (Rektorat) beschlossenen Richtlinien halten, Einzelweisungen dürfen ihm jedoch nicht erteilt werden (§ 53 I 2 EWissHG, § 49 I i. V. m. § 46 II 3 SH HSG).

Eine besondere Stellung nimmt der Kanzler an den bayerischen Hochschulen ein. Zwar ist er dem Präsidenten als seinem Dienstvorgesetzten dienstrechtlich nachgeordnet (Art. 14 VI BayHSchG); doch ist er als Beauftragter für den Haushalt und als Dienstvorgesetzter für die nichtwissenschaftlichen Bediensteten an Weisungen der Hochschulleitung nicht gebunden (Art. 32 I 4 BayHSchG)[29]. Bedenken gegen diese Regelung könnten sich aus § 58 III HRG ergeben, wonach die Hochschule ihre Aufgaben, auch soweit es sich um staatliche Angelegenheiten handelt, durch eine Einheitsverwaltung erfüllt. Mit diesem Grundsatz ist es zwar nicht vereinbar, daß die Hochschulleitung auf die akademische Selbstverwaltung beschränkt bleibt und unabhängig von ihr ein besonderer Leiter für die Personal- und Wirtschaftsverwaltung vorgesehen wird[30]. Dem steht es indessen nicht entgegen, daß ein Teilbereich — in diesem Fall die Funktionen als Beauftragter für den Haushalt und als Dienstvorgesetzter für die nichtwissenschaftlichen Bediensteten — dem Kanzler zur selbständigen Wahrnehmung gesetzlich zugewiesen wird, zumal § 62 I 1 HRG eine Einschränkung der Zuständigkeiten des Hochschulpräsidenten durchaus zuläßt.

2. Die zentralen Kollegialorgane

§ 63 HRG sieht für den Regelfall zwei zentrale Kollegialorgane vor: Das Hochschulparlament („Konzil", „Konvent" oder wie die traditionelle Bezeichnung auch immer lauten mag) ist für den Erlaß der Grundordnung und die Wahl der Hochschulleitung zuständig; ihm kann darüber hinaus die Beschlußfassung in weiteren Angelegenheiten zugewiesen werden, die Forschung, künstlerische Entwicklungsvorhaben, Lehre und Berufung von Professoren nicht unmittelbar berühren. Für die letztgenannten Bereiche ist ein zweites zentrales Kollegialorgan zu bilden (üblicherweise „Senat" geheißen), dem nach der Aufzählung in § 63 II HRG insbesondere folgende Aufgaben zufallen: Beschlußfassung über

[29] Für die Aufstellung des Haushaltsvoranschlags selbst bleibt es allerdings bei der Zuständigkeit des Senats (Art. 19 I Nr. 8 BayHSchG).

[30] *Dallinger*, § 58 Rdnr. 6.

den Hochschulentwicklungsplan und die Ausstattungspläne; ferner Beschlußfassung im Zusammenhang mit der Aufstellung des Haushaltsvoranschlags, der Festsetzung von Zulassungszahlen, der Errichtung, Änderung und Aufhebung von Fachbereichen, Studienbereichen, wissenschaftlichen Einrichtungen, Betriebseinheiten und gemeinsamen Kommissionen; außerdem Entscheidungen von grundsätzlicher Bedeutung in Fragen der Forschung und der Förderung des wissenschaftlichen und künstlerischen Nachwuchses sowie Beschlußfassung über oder Stellungnahme zu Ordnungen für Hochschulprüfungen und zu Vorschlägen für die Berufung von Professoren.

Gem. § 63 III 2 HRG steht es den Ländern frei, bei kleineren Hochschulen nur ein einziges zentrales Kollegialorgan vorzusehen; von dieser Möglichkeit haben Baden-Württemberg (für die Pädagogischen Hochschulen, Kunsthochschulen und Fachhochschulen) und Rheinland-Pfalz (für die Verwaltungshochschule Speyer)[31] Gebrauch gemacht.

Die Hochschulgesetze der Länder konzentrieren die Zuständigkeiten des *Hochschulparlaments* (Konvents, Konzils) im wesentlichen auf den Erlaß der Grundordnung, die Wahl des Präsidenten und der Vizepräsidenten sowie die Entgegennahme und Erörterung des vom Präsidenten vorzulegenden Jahresberichts.

Erheblich weiter sind die Verantwortlichkeiten des Konvents nach dem BremHG gefaßt: Er beschließt nach § 79 I Nr. 9 über die allgemeine Geschäftsordnung (die das Verfahren in sämtlichen Hochschulgremien regelt) und kann sogar von den zuständigen Organisationseinheiten die Überprüfung einer getroffenen Entscheidung mit aufschiebender Wirkung verlangen (§ 79 II).

Bei den Zuständigkeitsregelungen für den *Senat* beschränken sich einige Länder (Bayern, Berlin und Saarland) auf kasuistisch-enumerative Aufgabenzuweisungen. In den übrigen Hochschulgesetzen werden die Kompetenzen dieses Organs generalklauselartig umschrieben[32] und hernach beispielhaft („insbesondere") in einem oft sehr umfänglichen Katalog spezifiziert.

---

[31] Gem. § 56 VHochSchG besteht dort neben dem Senat ein Verwaltungsrat, in dem die Träger der Hochschule vertreten sind; bei allen wichtigen Beschlüssen des Senats ist sein Einvernehmen erforderlich.

[32] z. B. § 84 I HmbHG: „Der Hochschulrat (= Senat) entscheidet in allen die gesamte Hochschule berührenden Selbstverwaltungsangelegenheiten von grundsätzlicher Bedeutung." Oder § 71 I RP HochSchG: „Der Senat hat, soweit durch dieses Gesetz oder die Grundordnung nichts anderes bestimmt ist, alle Angelegenheiten wahrzunehmen, die die gesamte Hochschule angehen." Ähnlich lautende Bestimmungen enthalten die Hochschulgesetze in Hessen, Niedersachsen, Nordrhein-Westfalen und Schleswig-Holstein; so auch Bremen (§ 80 I BremHG) mit der Besonderheit, daß der Rektor durch Beschlüsse des Akademischen Senats in seinen Leitungsfunktionen an Weisungen gebunden werden kann (§ 81 I).

Als äußerst bedenklich erweist sich die Vorschrift des § 80 I 3 BremHG, wonach der Akademische Senat vom Rektor und sämtlichen Organisationseinheiten Auskunft „über alle (!) Angelegenheiten der Hochschule“ verlangen kann[33]. Diese Bestimmung ist deshalb problematisch, weil sie die durch die beamtenrechtliche Verschwiegenheitspflicht (§ 39 BRRG) gezogenen Grenzen außer acht läßt. Es kommt erschwerend hinzu, daß der Akademische Senat grundsätzlich öffentlich tagt und seine Mitglieder ihrerseits durch Gesetz nicht zur Verschwiegenheit verpflichtet sind.

Ungewöhnlich umfassend sind die Befugnisse des Hochschulrats in § 84 III HmbHG geregelt. Er koordiniert, soweit es erforderlich ist, die Tätigkeit der Fachbereiche und kann zu diesem Zweck Beschlüsse und Maßnahmen der Fachbereiche durch eigene Beschlüsse und Maßnahmen ersetzen. Es mag im Sinne der der Hochschule aufgegebenen Koordinationspflicht in Lehre (§ 12 I 1 HRG) und Forschung (§ 23 I HRG) noch angehen, daß der Senat als das für die akademischen Angelegenheiten der Hochschule zuständige zentrale Kollegialorgan Entscheidungen der Fachbereiche, die sich nicht in den Rahmen der vorgesehenen Arbeitsteilung fügen, aufzuheben berechtigt ist. Daß er deren Beschlüsse aber darüber hinaus — wenngleich nur zum Zweck der notwendigen Koordination — durch eigene Maßnahmen ersetzen, den einzelnen Fachbereichen als den organisatorischen Grundeinheiten der Hochschule also gegen deren Willen vorschreiben kann, welche Forschungsprojekte vorrangig zu betreiben und welche Lehrveranstaltungen durchzuführen sind[34], erscheint höchst problematisch. Eine Grenze für solche Interventionen ergibt sich in jedem Fall aus dem durch Art. 5 III GG geschützten Freiraum.

Auch die Vorschriften des § 80 I 2 BremHG und des § 91 III 2 NHG räumen dem Senat Einfluß auf den Entscheidungsprozeß der Fachbereiche ein, doch verfahren sie behutsamer. Nach diesen Bestimmungen kann der Senat zum Zweck der Koordination Beschlüsse und Maßnahmen der Fachbereiche (in Bremen auch sonstiger Organisationseinheiten) aussetzen und unter Darlegung seines Standpunkts einmal zur erneuten Beratung zurückverweisen. Da das Letztentscheidungsrecht des Fachbereichs somit gewahrt bleibt, ergeben sich gegen diese Regelungen keine Bedenken.

---

[33] Daraus ergibt sich gem. § 97 V BremHG obendrein ein individueller Informationsanspruch jedes einzelnen Senatsmitglieds.

[34] Wobei erschwerend hinzu kommt, daß das HmbHG im Unterschied zu den meisten anderen Länderhochschulgesetzen keine Subsidiaritätsklausel enthält, die der Selbstkoordination der Beteiligten den Vorrang einräumt; Beschlüsse des Hochschulrats, die im Wege der Ersatzvornahme ergehen, können demnach unmittelbar auf Art und Umfang der von den einzelnen Lehrpersonen wahrzunehmenden Lehrverpflichtungen durchschlagen.

Hinsichtlich der dem Senat nach § 63 II Nr. 2, 3 und 4 HRG zugewiesenen Beschlußkompetenz „im Zusammenhang mit“ bestimmten Aufgaben (Aufstellung des Haushaltsvoranschlags, Festsetzung von Zulassungszahlen sowie Errichtung, Änderung und Aufhebung von Fachbereichen und sonstigen Organisationseinheiten) haben die Länderhochschulgesetze die Zuständigkeitsdichte im Verhältnis zum Staat unterschiedlich geregelt[34a].

Soweit es die Aufstellung des Haushaltsvoranschlags angeht, ergibt sich nur für Berlin eine Besonderheit: Dort verfügen die Universitäten und die Hochschule der Künste über einen eigenen Haushalt; der Akademische Senat kann zu dem vom Leiter der Hochschule gefertigten Entwurf des Haushaltsplans nur Stellung nehmen; das aus Vertretern des Staates, der Hochschule und Vertretern der Berufspraxis gebildete Kuratorium billigt den Entwurf und stellt schließlich den Haushaltsplan aufgrund des im Landeshaushalt veranschlagten Zuschusses fest (§ 114 BerlHG). In den übrigen Ländern entscheidet der Senat (bzw. ein zusätzliches zentrales Kollegialorgan)[35] über den Haushaltsvoranschlag.

Bei der Festsetzung von Zulassungszahlen ist die Mitwirkung des Senats unterschiedlich geregelt: Teils beschließt er selbst durch Satzung, die der Genehmigung oder des Einvernehmens des Ministers bedarf (Baden-Württemberg, Bayern, Berlin, Schleswig-Holstein); teils trifft der Kultusminister die Festsetzung durch Rechtsverordnung, der Senat bleibt in diesem Fall auf die Mitteilung der Vorstellungen der Hochschule beschränkt (so die übrigen Länder).

Was die Errichtung, Änderung und Aufhebung von Fachbereichen, wissenschaftlichen Einrichtungen, Betriebseinheiten und gemeinsamen Kommissionen betrifft, so ist für diese Maßnahmen nach den meisten Hochschulgesetzen der Senat zuständig[36]; die von ihm getroffenen Maßnahmen bedürfen allerdings, zur Gewährleistung des rahmenrechtlich gebotenen Zusammenwirkens von Staat und Hochschule (§ 60 Nr. 2 HRG), staatlicher Genehmigung, die auch aus Gründen der Zweck-

[34a] Dazu im einzelnen unten, Abschnitt X.

[35] An den baden-württembergischen Universitäten der Verwaltungsrat, an den hessischen Universitäten der Ständige Ausschuß III (für Haushaltsangelegenheiten und den Hochschulentwicklungsplan).

[36] In Baden-Württemberg (§ 21 III UG) und Rheinland-Pfalz (§ 79 I HochSchG) ist die Bildung von Fachbereichen in der Grundordnung zu regeln. Da nach § 69 I Nr. 1 RP HochSchG die Grundordnung von der Versammlung aufgrund von Vorlagen des Senats zu erlassen und zu ändern ist, wird der in § 63 II Nr. 4 HRG zwingend vorgeschriebenen Beteiligung des Senats an den die Fachbereiche betreffenden Organisationsregelungen noch hinlänglich Rechnung getragen. Demgegenüber sieht das BW UG eine Mitwirkung des Senats an den Beratungen über die Grundordnung nicht vor; er bleibt deshalb, im Widerspruch zum HRG, von jeglicher Einflußnahme auf die Organisation der Fachbereiche ausgeschlossen.

mäßigkeit versagt werden kann (z. B. § 77 I, IV Nr. 1 NHG). In Bayern hingegen nimmt der Minister die Gliederung der Hochschule selbst, „im Benehmen" mit der Hochschule, vor (Art. 11 III BayHSchG); der Senat kann nur Vorschläge unterbreiten (Art. 17 I Nr. 6). Auch nach dem BerlHG braucht der Akademische Senat nur gehört zu werden; die Organisationsentscheidungen als solche trifft das Kuratorium (§§ 88 III, 98 I 4, 108).

Nach nahezu sämtlichen Hochschulgesetzen kann der Senat beratende Ausschüsse einsetzen; einzelne Hochschulgesetze ermöglichen außerdem die Bildung beschließender Kommissionen[37].

An den baden-württembergischen und hessischen Universitäten bestehen zusätzlich zum Senat und zu seiner Entlastung weitere, bereits durch Gesetz gebildete zentrale Kollegialorgane mit eigenen Entscheidungsbefugnissen[38].

Der Verwaltungsrat nach § 20 BW UG ist nicht nur mit der Beratung des Präsidenten „in allen wichtigen Angelegenheiten der Universität" betraut. Er beschließt darüber hinaus über sämtliche wirtschaftlich relevanten Fragen, wie z. B. Aufstellung des Haushaltsvoranschlags, Aufstellung der Ausstattungspläne, Stellen- und Mittelverteilung, Grundstücks- und Raumverteilung, Planung der baulichen Entwicklung und Erlaß von Verwaltungs- und Benutzungsordnungen für die Universitätseinrichtungen.

Das HUG (§ 18) sieht fünf unabhängige Ständige Ausschüsse mit weitreichenden Entscheidungskompetenzen vor[39]: für Lehr- und Studienangelegenheiten; für Organisationsfragen, Angelegenheiten der Forschung und des wissenschaftlichen Nachwuchses; für Haushaltsangelegenheiten und den Hochschulentwicklungsplan; für das Bibliothekswesen sowie für die Datenverarbeitung. Mit Zustimmung des Konvents kann der Präsident den Ständigen Ausschüssen weitere Zuständigkeiten übertragen oder zusätzliche Ständige Ausschüsse errichten[40].

---

[37] Zu den Einzelheiten *Lippert*, DVBl. 1979 S. 334—357.

[38] Diese Regelungen stehen im Einklang mit dem HRG, das in § 63 III 1 die Möglichkeit vorsieht, neben dem Senat weitere zentrale Kollegialorgane mit eigenen Zuständigkeiten zu errichten.

[39] Daß diese Gremien als „Ausschüsse" bezeichnet werden, darf nicht darüber hinwegtäuschen, daß es sich um echte Organe, denen Entscheidungskompetenzen zu selbständiger Wahrnehmung zugewiesen sind, handelt und nicht etwa um Einheiten mit abgeleiteter Zuständigkeit. Im übrigen werden ihre Mitglieder mit Ausnahme des Universitätspräsidenten, der von Amts wegen den Vorsitz führt, nicht vom Senat, sondern von der jeweiligen Mitgliedergruppe im Konvent gewählt.

[40] In eine den Regelungen des HUG ähnliche, wenn auch nicht so konsequent zu Ende geführte Richtung gehen die Bestimmungen des SUG sowie des SH HSG. Die in §§ 29 ff. SUG vorgeschriebenen Kommissionen (für Studienangelegenheiten, Fragen der Forschung, Haushalts- und Planungsaufgaben) sowie der Zentrale Studien- und der Zentrale Planungs- und Haus-

Die Entflechtung der Zuständigkeiten des Senats hat beachtliche Vorteile. Sie wirkt der oft beklagten Handlungsschwäche oder gar -unfähigkeit dieses Gremiums dadurch entgegen, daß sie kleinere, mit begrenzten Kompetenzen ausgestattete Organe bereitstellt[41].

3. Die Fachbereiche

Der Fachbereich ist — so drückt es § 64 HRG aus und dem folgen die Hochschulgesetze der Bundesländer — nunmehr die „organisatorische Grundeinheit der Hochschule". Dies bedeutet unter zwei Gesichtspunkten einen tiefgreifenden Wandel gegenüber dem früheren Zustand.

Zunächst sollen auf diese Weise die alten Fakultäten, die in den meisten Fächern zu umfangreich und zu heterogen geworden waren und ihre Koordinationsfunktion nicht mehr hinreichend wahrzunehmen vermochten, durch handlungsfähige und überschaubare Einheiten abgelöst werden[42].

Allerdings enthält das HRG selbst keine Kriterien für die Größe und den Zuschnitt der neuen Fachbereiche. Auch die Länderhochschulgesetze geben im allgemeinen nur sehr vage Anhaltspunkte, so wenn es heißt, daß die Fachbereiche „nach Größe und Zusammensetzung eine sachgerechte Erfüllung ihrer Aufgaben gewährleisten" sollen (§ 88 II 2 BerlHG), oder wenn zusätzlich bestimmt wird, daß in einem Fachbereich „verwandte oder fachlich benachbarte Fachgebiete zusammengefaßt werden" sollen (§ 51 I 3 SH HSG). Sofern die Gesetze quantitative Festlegungen für die Mindestgröße eines Fachbereichs treffen, ergeben sich auffällige Abweichungen: In Niedersachsen (§ 94 I 4 NHG) sollen ihm mindestens 15 Planstellen für Professoren zugeordnet sein, in Rheinland-Pfalz (§ 79 I 2 HochSchG) genügen bereits fünf Professoren.

Für fachbereichsübergreifende Aufgaben können gem. § 65 HRG durch Landesrecht gemeinsame Kommissionen errichtet werden. Diese in allen Hochschulgesetzen vorgesehene Möglichkeit hat ihre deutlichste Ausprägung im SUG gefunden. Nach § 23 dieses Gesetzes werden an der Universität des Saarlandes vier sog. Fakultäten als Gemeinsame Kommissionen gebildet, die mit umfangreichen Kompetenzen ausgestattet sind: Sie haben nicht nur koordinierende Funktionen

---

haltsausschuß nach §§ 41 ff. HSG haben zumindest teilweise unabhängige Entscheidungskompetenzen.

[41] Dazu bereits *Bachof*, Festschrift für Jahrreis, S. 24 f.

[42] Damit werden Vorstellungen aufgegriffen, die vor allem vom Wissenschaftsrat entwickelt worden waren (Empfehlungen zur Struktur und Verwaltungsorganisation der Universitäten, S. 20); s. auch Begründung des Regierungsentwurfs zum HRG zu § 65 (BT-Drucksache 7/1328).

auf den Gebieten der Lehre und der Forschung, sie beschließen außerdem Prüfungs-, Promotions- und Habilitationsordnungen, führen die Habilitationsverfahren durch und verabschieden Berufungsvorschläge.

Wichtiger als die vornehmlich unter quantitativen Aspekten erfolgte Auflösung der traditionellen Fakultät ist der Umstand, daß der an ihre Stelle getretene Fachbereich als „organisatorische Grundeinheit" mit Rücksicht auf das Zwei-Ebenen-Prinzip des § 61 I HRG eine weitere organisatorische Untergliederung grundsätzlich nicht mehr zuläßt[43].

Waren früher die Lehrstühle und Institute Träger eigener Zuständigkeiten und verfügten insbesondere die Institute über eine von den Fakultäten weithin unabhängige Sonderstellung, so werden sie nunmehr in den Fachbereich eingebunden[44]. Dieser ist fortan, jedenfalls im Prinzip, die kleinste mit eigenen Entscheidungsbefugnissen, Personal- und Sachmitteln ausgestattete Organisationseinheit der Hochschule[45].

Die Zuständigkeiten der Fachbereiche[46] sind in den einzelnen Hochschulgesetzen zunächst übereinstimmend geregelt. Dem Fachbereich ist die Verantwortung für Lehre und Unterricht, die Forschung, die Durchführung von Prüfungen (bei den wissenschaftlichen Hochschulen auch Promotionen und Habilitationen) und die Verleihung akademischer Grade zugewiesen[47]. Er sorgt für die Heranbildung des wissenschaftlichen Nachwuchses sowie für die Studienberatung, beschließt über

---

[43] *Reich*, § 64 Rdnr. 2.

[44] Zur Realität und zur Rechtslage der früheren Institute: *Thieme*, Deutsches Hochschulrecht, S. 197 ff., und ders., DVBl. 1969 S. 2. Nach *Thieme* waren die Hochschullehrer als Direktoren der monokratisch verwalteten Institute allein dem Staat, nicht aber der akademischen Selbstverwaltung verantwortlich; sie konnten nicht einmal durch Beschlüsse der Fakultät gebunden werden. Andererseits war auch der Staat als „Herr der Institute" nicht verpflichtet, den Vorstellungen der akademischen Selbstverwaltung zu folgen. Immerhin zeichnete sich schon in den 60er Jahren eine gegenläufige Tendenz ab. Die vordem übliche Praxis, daß Institute und einzelne Lehrstühle über Berufungsvereinbarungen durch unmittelbare staatliche Entscheidungen unter Umgehung der Selbstverwaltung der Hochschule mit Personal- und Sachmitteln ausgestattet wurden, trat z. B. in Nordrhein-Westfalen zugunsten einvernehmlicher Regelungen zwischen Hochschule und Kultusminister zurück (dazu: *Graf Stenbock-Fermor*, WissR 1970 S. 71).

[45] *Dallinger*, § 64 Rdnr. 1. Zur Durchbrechung dieses Prinzips durch die Bildung von wissenschaftlichen Einrichtungen und Betriebseinheiten: s. u., 4.

[46] Unter Einbeziehung der sog. Fakultäten nach § 23 SUG.

[47] Die Vorschriften des BayHSchG und des NW EWissHG lassen allerdings offen, ob der Fachbereich auch für das Prüfungswesen und die Verleihung der Hochschulgrade zuständig ist; das zu klären, bleibt den vom Senat zu verabschiedenden Prüfungsordnungen vorbehalten (Art. 70 III Nr. 3, I i. V. m. Art. 19 I Nr. 1 BayHSchG und § 121 II Nr. 3, I i. V. m. § 13 I Nr. 8 EWissHG). Jedenfalls führt an den wissenschaftlichen Hochschulen beider Länder der Fachbereich das Habilitationsverfahren durch (Art. 74 II 1 BayHSchG, § 128 IV EWissHG).

Berufungsvorschläge und verteilt die ihm zugewiesenen Stellen und Mittel.

Trotz dieser vielfältigen Übereinstimmungen der allgemeinen Zuständigkeitsregelungen läßt sich jedoch nicht übersehen, daß die Hochschulgesetze auf einigen Gebieten die Kompetenzen des Fachbereichs im Verhältnis zu den Aufgaben des Senats durchaus unterschiedlich gewichten.

Prüfungs- und Studienordnungen werden in Berlin, Hamburg, Hessen, Niedersachsen, Rheinland-Pfalz, im Saarland und in Schleswig-Holstein von den Fachbereichen[48] erlassen[49]; Abweichungen ergeben sich hinsichtlich der nach § 60 Nr. 1 HRG erforderlichen Mitwirkung des Senats (bzw. in Hessen des Ständigen Ausschusses I): Teils bleibt er auf eine bloße Stellungnahme beschränkt (Berlin, Hamburg, Niedersachsen, Rheinland-Pfalz, Schleswig-Holstein)[50], teils ist seine Zustimmung erforderlich (Hessen, Saarland)[51]. Demgegenüber steht den Fachbereichen nach den baden-württembergischen, bayerischen, bremischen und nordrhein-westfälischen Regelungen nur ein Vorschlagsrecht zu; dort ist es der Senat, der die Studien- und Prüfungsordnungen erläßt.

Für die Verabschiedung von *Berufungsvorschlägen* ist in Berlin, Hamburg, Hessen, Niedersachsen, Rheinland-Pfalz, Saarland und Schleswig-Holstein der Fachbereich zuständig; der Senat nimmt dazu Stellung[52]. In Baden-Württemberg, Bayern, Bremen und Nordrhein-Westfalen faßt der Senat einen eigenen Beschluß über die vom Fachbereich verabschiedeten Berufungsvorschläge[53]; er ist dabei an die Vorlage des Fachbereichs nicht gebunden[54].

Über die Errichtung der ihm zugeordneten *wissenschaftlichen Einrichtungen und Betriebseinheiten* entscheidet in Hessen (§§ 20 II, 18 II

---

48 Im Saarland: von den Gemeinsamen Kommissionen (Fakultäten).

49 Für die Beschlußfassung über die Habilitationsordnung ist in Niedersachsen allerdings der Senat zuständig.

50 In Hamburg (§ 92 II 2 HmbHG) mit der Möglichkeit der einmaligen Zurückverweisung zu erneuter Beratung und ggf. dem Recht der Ersatzvornahme nach § 84 III HmbHG.

51 In Berlin, Hessen und Schleswig-Holstein beschließt der Senat darüber hinaus Grundsätze bzw. Rahmenbestimmungen für die Prüfungsordnungen.

52 Nach dem NHG kann der Senat den Berufungsvorschlag einmal zur erneuten Beschlußfassung an den Fachbereich zurückverweisen (§ 57 IV).

53 Nach § 19 I Nr. 6 BW UG kann er es mit einer Stellungnahme bewenden lassen.

54 § 19 I Nr. 5 BW UG: Der Senat ist „zuständig für die Beschlußfassung aufgrund der Vorschläge der Fakultäten ... für die Berufung von Professoren". Art. 19 I Nr. 14 BayHSchG: „Der Senat beschließt auf der Grundlage des Beschlusses des Fachbereichsrates Vorschläge der Hochschule für die Berufung von Professoren." § 13 I 2 Nr. 9 NW EWissHG: „Der Senat hat insbesondere folgende Aufgaben: ... Beschlußfassung über die Vorschläge der Fachbereiche für die Berufung von Professoren." Diese Gesetzesformulie-

Nr. 2 Buchst. c HUG) und in Schleswig-Holstein (§ 58 I HSG) der Fachbereich selbst; an den hessischen Universitäten ist der Ständige Ausschuß II auf eine Stellungnahme zu dieser Maßnahme beschränkt, in Schleswig-Holstein bedarf der Errichtungsakt der Zustimmung des Senats[55]. In den übrigen Bundesländern fallen diese Organisationsakte in die Zuständigkeit des Senats, soweit der Hochschule die Organisationshoheit eingeräumt ist[56].

Organe des Fachbereichs sind nach § 64 II HRG und den entsprechenden Vorschriften der Ländergesetze der Fachbereichsrat und der Fachbereichssprecher (= Dekan). Gem. § 64 III HRG ist der Fachbereichsrat in allen Forschung und Lehre betreffenden Angelegenheiten zuständig, für die nicht die Verantwortlichkeit des Dekans landesrechtlich bestimmt ist. Dessen Aufgabenbereich ist teilweise bereits durch § 64 IV HRG vorgegeben: Er ist Vorsitzender des Fachbereichsrates, vollzieht dessen Beschlüsse und führt die Geschäfte des Fachbereichs in eigener Zuständigkeit; darüber hinaus entscheidet er nach Maßgabe der Ausstattungspläne über die Verwendung der Mitarbeiter des Fachbereichs, soweit sie nicht einer seiner wissenschaftlichen Einrichtungen oder Betriebseinheiten zugewiesen sind.

Bei der Kompetenzverteilung zwischen Fachbereichsrat und Dekan ist zu beachten, daß ersterer sich gem. § 61 II HRG auf Angelegenheiten von grundsätzlicher Bedeutung beschränken soll, — eine Regelung, die bedauerlicherweise nicht in allen Hochschulgesetzen aufgegriffen worden ist[57].

Die Zuständigkeitsvermutung zugunsten des Fachbereichsrats erstreckt sich nach § 64 III HRG nur auf Angelegenheiten, die Forschung

rungen machen deutlich, daß der Senat nicht auf bloße Zustimmung oder Zurückweisung der Fachbereichsvorlagen verwiesen ist, sondern einen abweichenden Beschluß treffen kann.

In Bremen ist es Sache der vom Fachbereich gebildeten Berufungskommission, eine Berufungsliste aufzustellen; der Fachbereich selbst kann nur Stellung nehmen (§ 87 II Nr. 9 BremHG). Will der Senat bei seiner Beschlußfassung von der Stellungnahme des Fachbereichsrates abweichen, muß er diesem zuvor erneut Gelegenheit zur Stellungnahme geben (§ 19 IV 2).

[55] Die Notwendigkeit der Beteiligung des Senats bzw. eines gesonderten zentralen Kollegialorgans an dem Entscheidungsprozeß folgt aus § 63 II Nr. 4 HRG.

[56] In all diesen Fällen ist mit Rücksicht auf das Kooperationsgebot des § 60 Nr. 2 HRG die Mitwirkung des Staates erforderlich. In Bayern bildet das Staatsministerium für Unterricht und Kultus „im Benehmen" mit dem Senat die dem Fachbereich zugeordneten wissenschaftlichen Einrichtungen und Betriebseinheiten (Art. 11 III 1, 29 I, 19 I Nr. 6 BayHSchG); in Berlin bewendet es bei der Zuständigkeit des Kuratoriums (§ 98 I 4 BerlHG).

[57] Sie fehlt in den Gesetzen Baden-Württembergs, Hessens, des Saarlandes und Schleswig-Holsteins. In Bayern (Art. 28 I 2 BayHSchG), Berlin (§ 92 I 1 BerlHG), Hamburg (§ 99 I HmbHG), Nordrhein-Westfalen (§ 22 I 3 EWissHG)

und Lehre betreffen. Demgegenüber bestimmen § 92 I BerlHG, § 89 I HmbHG, § 24 I HUG, § 96 I 1 NHG, § 22 I 1 NW EwissHG, § 81 I RP HochSchG und § 54 I SH HSG, daß der Fachbereichsrat in (allen) Angelegenheiten des Fachbereichs, also auch über Forschung und Lehre hinaus, verantwortlich ist. Diese landesrechtliche Kompetenzerweiterung steht jedoch nicht im Widerspruch zum HRG. Letzteres verbietet es nicht, die Zuständigkeit des Fachbereichsrats auf andere Aufgaben auszuweiten, vorausgesetzt — diese Einschränkung ist in allen Fällen beachtet —, daß die dem Dekan rahmenrechtlich zugewiesenen Kompetenzen nicht verkürzt werden[58].

Insoweit begegnen die Vorschriften des § 89 I 3 und II BremHG nachhaltigen Bedenken. Sie weisen den Dekan in die Schranken des Fachbereichsrats und folgen damit einer Linie, die bereits das Verhältnis zwischen Rektor und Akademischem Senat bestimmt (§ 81 I 1). Der Fachbereichssprecher führt zwar die Geschäfte des Fachbereichs in eigener Zuständigkeit, aber nur „im Rahmen der Beschlüsse des Fachbereichsrats"; er entscheidet zwar über die Verwendung der Mitarbeiter des Fachbereichs, aber nur „unter Beachtung der Beschlüsse des Fachbereichsrats". Damit wird der Dekan zum bloßen Vollzugsinstrument des Fachbereichsrats, — dies um so mehr, als er gem. § 89 III 2 BremHG dem Fachbereichsrat auf Verlangen über „alle Angelegenheiten des Fachbereichs" Auskunft erteilen muß. Abgesehen davon, daß diese umfassende Informationspflicht sehr leicht mit dem beamtenrechtlichen Verschwiegenheitsgebot kollidieren kann (man denke etwa an Vorgänge, die in Personalakten festgehalten sind)[59], dürften diese Regelungen zur Folge haben, daß sich ein Dekan in seiner Amtsführung schon aus Furcht vor kollektiver Maßregelung ausschließlich an den tatsächlichen oder vermuteten Mehrheitsverhältnissen im Fachbereichsrat orientiert.

Bei der Aufteilung der Kompetenzen zwischen Dekan und Fachbereichsrat beschreitet das SUG einen Sonderweg. Es legt die Zuständigkeiten des Fachbereichsrates bzw. des Kleinen und Großen Fakultätsrates kasuistisch-enumerativ fest (§ 45 I und II, § 48 I und II) und weist dem Fachbereichsvorsitzenden bzw. dem Dekan eine Residualkompetenz zu: Er ist für die Angelegenheiten des Fachbereichs/der Fakultät verantwortlich, soweit nichts anderes geregelt ist (§§ 46 I, 49 I). Im Unterschied zum HRG stellt das SUG somit eine Zuständigkeitsvermutung nicht zugunsten des Fachbereichsrates, sondern zugun-

---

und Rheinland-Pfalz (§ 81 I HochSchG) wird die Pflicht zur Konzentration auf das Wesentliche ausdrücklich auf den Fachbereichsrat bezogen.

[58] Ähnlich *Dallinger*, § 64 Rdnr. 6.

[59] Gleiche Bedenken bestehen gegenüber der Vorschrift des § 22 I 4 NW EWissHG, wonach der Fachbereichsrat über alle Angelegenheiten des Fachbereichs Auskunft verlangen kann.

sten des Dekans auf. Berücksichtigt man jedoch, daß sich der Fachbereichsrat auch nach dem HRG (§ 61 II) auf Angelegenheiten von grundsätzlicher Bedeutung beschränken soll, so bleibt es dem Landesrecht unbenommen, diese grundsätzlichen Belange im einzelnen zu benennen und im übrigen auf die Verantwortlichkeit des Dekans abzuheben.

Mehrere Hochschulgesetze (Baden-Württemberg, Bayern, Bremen, Hamburg, Nordrhein-Westfalen, Saarland, Schleswig-Holstein) stärken die Stellung des Dekans dadurch, daß sie ihn verpflichten, rechtswidrige Beschlüsse des Fachbereichsrates mit aufschiebender Wirkung zu beanstanden; bei erfolglosem Bemühen um Abhilfe muß er den Präsidenten unterrichten[60]. Im übrigen kann der Dekan stets in unaufschiebbaren Angelegenheiten vorläufige Maßnahmen treffen. Sieht man von den Regelungen Baden-Württembergs, Nordrhein-Westfalens und des Saarlandes ab, bleibt jedoch das Letztentscheidungsrecht des Fachbereichsrates gewahrt[61].

Nach den meisten Hochschulgesetzen ist der Dekan dafür verantwortlich, daß die Mitglieder des dem Fachbereich angehörenden Lehrkörpers ihre Lehr- und Prüfungspflichten erfüllen; aber auch dort, wo eine ausdrückliche Regelung fehlt, ergibt sich eine entsprechende Verpflichtung des Dekans bereits daraus, daß er die Geschäfte des Fachbereichs, der für die Einhaltung des Lehrangebots verantwortlich ist, in eigener Zuständigkeit führt.

Der Dekan muß nach § 64 V HRG und den darauf beruhenden ländergesetzlichen Vorschriften aus dem Kreis der dem Fachbereich angehörenden Professoren gewählt werden. Soweit nach den landesrechtlichen Regelungen ein oder mehrere Stellvertreter des Dekans zu wählen sind, wird auch bei ihnen vorausgesetzt, daß sie Professoren sind. Eine Ausnahme macht nur das BremHG: Gem. § 89 IV 1 dieses Gesetzes wird zum Stellvertreter des Fachbereichssprechers ein dem Fachbereichsrat angehörender Vertreter der Gruppe der wissenschaftlichen und künstlerischen Mitarbeiter gewählt.

---

[60] Allerdings braucht der Dekan auch nach den übrigen Hochschulgesetzen rechtswidrigen Beschlüssen nicht untätig zuzusehen. Er muß aufgrund der allen Amtsträgern obliegenden generellen Auskunftspflicht in jedem Fall den Präsidenten informieren, der dann seinerseits zur Beanstandung verpflichtet ist.

[61] Nach § 117 S. 2 BW UG, § 45 NW EWissHG und § 56 II 2 SUG genügt es, wenn der Dekan den Fachbereichsrat unverzüglich über die Gründe für die von ihm getroffene Entscheidung unterrichtet. Diese Bestimmungen sind deshalb problematisch, weil sie ohne zwingenden Anlaß die Zuständigkeiten des Fachbereichsrates verkürzen. Es hätte eine Klausel genügt, wonach der Fachbereichsrat zwar die vom Dekan getroffenen vorläufigen Maßnahmen aufheben kann, bereits entstandene Rechte Dritter jedoch unberührt bleiben (so z. B. Art. 27 I 5 BayHSchG).

4. Wissenschaftliche Einrichtungen und Betriebseinheiten

Nach § 66 I HRG können wissenschaftliche Einrichtungen (Institute, Seminare) und Betriebseinheiten (Laboratorien, Werkstätten, Bibliotheken) unter der Verantwortung eines oder auch mehrerer Fachbereiche gebildet werden, sofern für die Durchführung einer Aufgabe in größerem Umfang Personal und Sachmittel des Fachbereichs ständig bereitgestellt werden müssen. Sie können — so § 66 I HRG — als zentrale Einrichtungen auch außerhalb eines Fachbereichs bestehen, soweit dies mit Rücksicht auf Aufgabe, Größe oder Ausstattung zweckmäßig ist; in diesem Fall stehen sie unter der Verantwortung der Hochschulleitung oder eines zentralen Kollegialorgans.

Die wissenschaftlichen Einrichtungen und Betriebseinheiten haben eigene Verwaltungszuständigkeiten: Sie entscheiden über die Verwendung der ihnen zugewiesenen Mitarbeiter und Sachmittel (§ 66 I 2 HRG); ihnen können landesrechtlich weitere Entscheidungsbefugnisse übertragen werden (§ 66 I 3)[62].

Mit diesen Regelungen wird das Zwei-Ebenen-Prinzip des § 61 I 1 HRG, demzufolge nur die zentralen Organe und die Organe der Fachbereiche über Entscheidungsbefugnisse verfügen, durchbrochen; daher bleibt — ganz im Sinne der Arbeitsfähigkeit der Hochschulen vor allem auf dem Gebiet der Forschung — die Eigenständigkeit jedenfalls der größeren Institute gesichert[63]. Wie weit diese Eigenständigkeit reicht: das zu regeln ist Sache des Landesgesetzgebers. Sein Gestaltungsspielraum ist nur insoweit begrenzt, als die „Verantwortung" des Fachbereichs bzw. des zentralen Hochschulorgans gewahrt sein muß[64].

Die Länderhochschulgesetze haben aus den Vorgaben des HRG unterschiedliche Konsequenzen gezogen[65]. Das soll an den Fachbereichsinstituten verdeutlicht werden.

[62] Rechtlich gesehen, handelt es sich um anstaltlich organisierte, nicht rechtsfähige Einheiten der Hochschule (*Wolff-Bachof*, Verwaltungsrecht II, § 93 V c 5).

[63] *Dallinger*, § 66 Rdnr. 4, weist zwar zutreffend darauf hin, daß nach dem HRG auch kleinere Institute innerhalb eines Fachbereichs betrieben werden können, selbst wenn sie des in § 66 I HRG vorausgesetzten Umfangs an personellen und sächlichen Mitteln ermangeln. Sie verfügen dann aber nicht über eigene Verwaltungszuständigkeiten, sind also voll und ganz von den Entscheidungen des Fachbereichs abhängig. Die Bezeichnung „Institut" o. ä. benennt in solchen Fällen nur einen bestimmten Funktionszusammenhang, ohne daß dem eine administrativ verselbständigte Organisationseinheit entspräche. Zur Kritik an der Auflösung der kleinen Institute, *Thieme*, WissR 1976 S. 218.

[64] Was mit dieser Verantwortung gemeint ist, läßt sich kaum präzise umreißen. Nach *Thieme*, WissR 1976 S. 216, bedeutet sie notwendig Sacheinfluß. Eine bloße Rechtskontrolle genügt demnach nicht (*Dallinger*, § 66 Rdnr. 5).

Einige Länder fassen die *Voraussetzungen für die Bildung* von wissenschaftlichen Einrichtungen großzügiger als das HRG.

So definiert § 28 I 1, II 1 BW UG wissenschaftliche Einrichtungen als rechtlich unselbständige Anstalten der Universität, denen für die Durchführung von Forschung, Lehre und Studium Personal, Sachmittel und Räume ständig oder auch nur vorübergehend zur Verfügung gestellt werden. Im Unterschied zu § 66 I 1 HRG kommt es demzufolge weder auf den notwendigen größeren Umfang an Personal und Sachmitteln noch auf die ständige Bereitstellung dieser Ressourcen an. Andererseits heißt es in § 28 V 2 BW UG, daß der Verwaltungsrat der Universität in den von ihm für die Institute zu erlassenden Verwaltungs- und Benutzungsordnungen bestimmt, ob und in welchem Umfang Verwaltungsaufgaben der wissenschaftlichen Einrichtungen vom Fachbereich oder von der zentralen Universitätsverwaltung erledigt werden. Das könnte im Extremfall auf zwei Varianten hinauslaufen, die beide nicht mit dem HRG vereinbar sind: Einerseits wäre denkbar, daß ein Ein-Mann-Institut über die ihm zugewiesenen Mittel selbständig verfügen darf; andererseits könnten einem etablierten Institut mit einer Vielzahl von Mitarbeitern und umfangreichen Sachmitteln eigene Verwaltungszuständigkeiten vorenthalten bleiben.

Nach § 98 I 1 BerlHG „gliedern sich" die Fachbereiche der Universitäten in wissenschaftliche Einrichtungen, — eine Formulierung, die dem anstaltlichen Charakter der Institute nicht gerecht wird. Die Errichtung von Instituten wird damit zugleich zum Regelfall erhoben; nur dann, wenn die Bildung wissenschaftlicher Einrichtungen nach der Größe, der Zusammensetzung und den Aufgaben eines Fachbereichs (!) nicht zweckmäßig ist, kann (!) das Kuratorium von der Gliederung in wissenschaftliche Einrichtungen absehen. Diese Regelung widerspricht dem Rahmenrecht. Nach § 66 I 1 HRG ist das ausschlaggebende Kriterium für die Bildung von Instituten nicht Größe und Struktur des Fachbereichs, sondern die sich aus der wahrzunehmenden Funktion ergebende Notwendigkeit (nicht Zweckmäßigkeit), Personal und Sachmittel in größerem Umfang zu einer Organisationseinheit zu verselbständigen; die Errichtung eines Instituts muß (nicht kann) unterbleiben, wenn diese Voraussetzungen fehlen.

Gem. § 58 I SH HSG ist der Fachbereich bei der Bildung von wissenschaftlichen Einrichtungen keinen Einschränkungen unterworfen. Die rahmenrechtliche Konkordanz wird aber annähernd dadurch hergestellt, daß bei kleineren Instituten, für die nach Größe, Aufgabe und Ausstat-

---

[65] Die folgenden Ausführungen beschränken sich auf wissenschaftliche Einrichtungen, soweit die Gesetze für Betriebseinheiten abweichende Regelungen treffen.

tung eine eigene Leitung nicht erforderlich ist, der Dekan die Verwaltungsgeschäfte führt.

Demgegenüber setzt § 93 I 1 BremHG der Bildung von Instituten engere Grenzen als das Rahmengesetz. Wissenschaftliche Einrichtungen des Fachbereichs können danach nur ausnahmsweise auf Dauer gebildet werden, obwohl § 66 I 1 HRG von ihrer ständigen, d. h. unbefristeten Existenz ausgeht.

Die übrigen Bundesländer machen sich bei der Definition der Voraussetzungen für die Bildung wissenschaftlicher Einrichtungen die rahmenrechtliche Normierung mehr oder weniger wörtlich zu eigen.

Was die *Verantwortung des Fachbereichs* für die ihm zugeordneten Institute anbetrifft, so greifen die Hochschulgesetze zwar mehrheitlich die rahmenrechtliche Wendung „unter der Verantwortung eines oder mehrerer Fachbereiche" auf, sie bestimmen die Reichweite dieser Verantwortung jedoch keineswegs einheitlich. Gemeinsam ist den Regelungen nur die dem Fachbereich für seine Einrichtungen aufgegebene Fürsorgepflicht: Er trägt dafür Sorge, daß sie die ihnen obliegenden Aufgaben erfüllen können. Ansonsten lassen sich deutliche Differenzierungen beobachten.

Gem. §§ 21 I 2, 28 I 4 BW UG beschränkt sich der Einfluß der Fakultät auf die vom Dekan zu führende Dienstaufsicht. Nach dem BayHSchG sind die Einwirkungsmöglichkeiten des Fachbereichs im wesentlichen auf die Vorlage von Vorschlägen zur Bestellung der Institutsleitung durch das Ministerium reduziert (Art. 29 II 1). Sofern die erforderlichen Stellen und Mittel der wissenschaftlichen Einrichtung nicht durch den Fachbereich, sondern separat zu ihrer ausschließlichen Verwendung zugewiesen werden — beide Alternativen sieht das Gesetz in Art. 29 III vor —, entfällt sogar die Fürsorgepflicht des Fachbereichs; diese wahrzunehmen, ist dann Angelegenheit des Instituts selbst (Art. 24 III 2).

Nach § 98 III BerlHG sind die Institute, deren Leitung und Verwaltung sich an der Fachbereichsordnung orientieren müssen, dem Fachbereich für die Verwendung der ihnen zugewiesenen Mittel verantwortlich. An den hessischen Universitäten nimmt der Fachbereich dadurch auf seine wissenschaftlichen Einrichtungen Einfluß, daß er deren Tätigkeiten koordiniert (§ 22 II HUG) und über die Zuteilung der personellen und sächlichen Mittel entscheidet (§ 20 IV 5). In Niedersachsen stimmt der Fachbereich die Lehr- und Forschungsvorhaben der Institute aufeinander ab (§ 95 VI 1 NHG) und erläßt für sie Verwaltungs- und Benutzungsordnungen (§ 101 VIII).

Nach §§ 25 IV 2, III 2 NW EWissHG erläßt der Fachbereich auf der Grundlage der vom Senat beschlossenen Rahmenordnungen mit Zustimmung des Rektorats Verwaltungs- und Benutzungsordnungen für die wissenschaftlichen Einrichtungen; er kann den Instituten im übrigen Kompetenzen einräumen, die über die eigenständige Verwendung der ihnen zugewiesenen Stellen und Mittel hinausgehen. Gem. §§ 80 II Nr. 5 und 85 I 1 RP HochSchG erstreckt sich die Verantwortung des Fachbereichs darauf, die Benutzungsordnungen für seine Einrichtungen zu erlassen und ihre Leitung im Einvernehmen mit dem Kultusminister zu bestellen.

An der Universität des Saarlandes wirkt der Fachbereich auf die Gestaltung der Verwaltungs- und Benutzungsordnungen der Institute ein: Er unterbreitet dazu zunächst dem Senat seine Vorschläge und erteilt den von diesem Organ beschlossenen Ordnungen sodann die Zustimmung (§ 20 V 1 und 2 SUG). In Schleswig-Holstein sind die wissenschaftlichen Einrichtungen — sofern es sich nicht um kleinere Institute handelt, die vom Dekan des Fachbereichs verwaltet werden (§ 58 VII 1 HSG) — nahezu völlig verselbständigt. Der Fachbereich kann allerdings durch die von ihm mit Zustimmung des Senats zu erlassende Gründungssatzung auf die innere Ordnung seiner Institute Einfluß nehmen (§ 58 I 2 HSG).

So unterschiedlich diese Regelungen über das Verhältnis von Fachbereich und Instituten im einzelnen auch ausfallen: gemeinsam ist ihnen, daß sie den wissenschaftlichen Einrichtungen ein beträchtliches Maß an Eigenständigkeit und Selbstverantwortung gewähren.

Anders die bremischen und hamburgischen Hochschulgesetze: Sie eröffnen dem Fachbereich einen erheblich weiterreichenden Einfluß.

Nach § 97 VI 3 HmbHG und § 93 II i. V. m. § 92 VII 2 BremHG kann der Fachbereichsrat Beschlüsse und Maßnahmen der ihm zugeordneten Institute aufheben und durch eigene Beschlüsse und Maßnahmen ersetzen[66]. Zu solchen Octrois ist der Fachbereich in Hamburg allerdings nur befugt, soweit sie zum Zweck der Forschungskoordination erforderlich sind; in Bremen genügt für derartige Maßnahmen, daß sie sich ganz allgemein im Hinblick auf die Abstimmung der Aufgabenverteilung innerhalb des Fachbereichs als notwendig erweisen. Es ist fraglich, ob die Koordinationsfunktion des Fachbereichs und die ihm auferlegte Verantwortung für die ihm zugeordneten Institute derartige Eingriffe in die rahmengesetzlich vorgesehene Eigenständigkeit der wissenschaftlichen Einrichtungen rechtfertigen. Jedenfalls dürfen solche Interventionen den durch Art. 5 III GG gewährten Freiraum des einzelnen Wissenschaftlers nicht einschränken.

---

[66] Das HmbHG greift damit eine Regelung auf, die schon das Verhältnis zwischen dem Hochschulrat und den Fachbereichen bestimmt (§ 84 III 2); dazu oben, Abschn. VI. 2.

Für die innere Organisation einer wissenschaftlichen Einrichtung hängt vieles von ihrer *Leitungsstruktur* ab. Waren die Institute früher monokratisch verfaßt, so werden sie nunmehr auf eine breitere Verantwortungsbasis gestellt: Nach § 66 III HRG sollen die Einrichtungen in der Regel entweder durch eine kollegiale oder durch eine zwar monokratische, dann aber befristete Leitung verwaltet werden.

Die rahmenrechtliche Sollvorschrift, die ihrerseits noch durch einen Regelvorbehalt abgeschwächt ist, läßt den Ländern naturgemäß einen breiten Normierungsspielraum. So nimmt es nicht wunder, daß die einzelnen Hochschulgesetze sich an unterschiedlichen Organisationsmodellen orientieren. Dabei wird eine klare Trennungslinie zwischen A- und B-Ländern sichtbar.

Die von SPD bzw. SPD/FDP regierten Länder sehen ausnahmslos einen aus Vertretern sämtlicher Mitgliedergruppen gebildeten Institutsrat als Leitungsorgan vor, der einen Professor mit der Führung der laufenden Geschäfte betraut[67].

In den CDU- bzw. CDU/FDP-regierten Ländern bleibt die Leitung der wissenschaftlichen Einrichtungen im allgemeinen den Professoren vorbehalten[68].

Baden-Württemberg, Bayern, Rheinland-Pfalz und das Saarland übernehmen dabei nahezu wörtlich die Strukturprinzipien des § 66 III HRG als Sollvorschrift[69]. Niedersachsen hat sich für einen dreigliedrigen, aus-

[67] Was die Zusammensetzung des Institutsrates, insbesondere das Zahlenverhältnis zwischen den Professoren und den Vertretern der übrigen Mitgliedergruppen betrifft, so sind freilich erhebliche Abweichungen zu erkennen. Zu diesem Aspekt s. u., Abschnitt VII.

[68] In Bayern folgt das mittelbar aus Art. 29 II 3 BayHSchG: Werden sämtliche an einer Einrichtung tätigen Professoren als Mitglieder der kollegialen Leitung bestellt, soll ein Geschäftsführer bestimmt werden. Das Gesetz geht also offensichtlich davon aus, daß nur Professoren für Leitungsfunktionen in Betracht kommen. Im übrigen ist zu beachten, daß das Staatsministerium für Unterricht und Kultus die Leitungen der Einrichtungen, bei Fachbereichsinstituten auf Vorschlag des Fachbereichs, bestellt (Art. 11 III 2, Art. 29 II 1 BayHSchG). Auch das SUG enthält keine völlig eindeutige Regelung in dieser Richtung, doch legt § 20 V 5 entsprechende Schlußfolgerungen nahe: Danach sollen wissenschaftliche Einrichtungen, an denen mehrere Professoren tätig sind, durch eine kollegiale oder befristet monokratische Leitung verwaltet werden. Wenn das Gesetz die Leitungsstruktur von der Anzahl der vorhandenen Professoren abhängig macht, muß man wohl davon ausgehen, daß es die Leitungsfunktionen allein den Professoren zuweisen will.

§ 85 II RP HochSchG eröffnet die Möglichkeit, auch wissenschaftliche Mitarbeiter und Hochschulassistenten an einer kollegialen Institutsleitung zu beteiligen. Daraus ergibt sich wiederum, daß der Gesetzgeber die Leitung wissenschaftlicher Einrichtungen üblicherweise als Sache der Professoren ansieht.

[69] In Baden-Württemberg nach Maßgabe der vom Verwaltungsrat zu erlassenden Verwaltungs- und Benutzungsordnungen. — Ein ständiger Leiter ist nach § 28 VI 5 BW UG dann zu bestellen, wenn im Staatshaushaltsplan eine entsprechende Planstelle ausgewiesen ist; es ist fraglich, ob die Berufung auf

schließlich aus Professoren gebildeten Institutsvorstand entschieden (§ 101 III NHG). Schleswig-Holstein gibt einem auf die Dauer von drei Jahren vom Kultusminister bestellten monokratischen Leiter den Vorzug. Er wird von den am Institut tätigen Professoren, die sämtlich vom Kultusminister zu Direktoren bestellt werden, gewählt (§ 48 II, III HSG)[70].

5. Exkurs: Die Sonderforschungsbereiche

Die Sonderforschungsbereiche (SFB) sollen angesichts der fortschreitenden Spezialisierung der Wissenschaft eine Konzentration von Personal und Finanzmitteln an den Hochschulen ermöglichen und dadurch verhindern, daß die Forschung in wachsendem Maße aus den Hochschulen in hochschulfreie Forschungsstätten abwandert. Sie bezwecken eine Arbeitsteilung, bei der sich jede Hochschule auf bestimmte Forschungsgebiete konzentriert. Wird einerseits Konzentration und Spezialisierung angestrebt, so ist andererseits die Kooperation zwischen den Spezialisten, die interdisziplinäre Zusammenarbeit mehrerer an einem SFB beteiligten Forscher, das Ziel. Die SFB sind zwar als Einrichtungen innerhalb der Hochschulen angelegt; sie sollen aber als Verbundsystem der Forschung auch Forschungsinstitutionen und Forscher außerhalb der Hochschulen einbeziehen.

Nach den Vorstellungen von Wissenschaftsrat und Deutscher Forschungsgemeinschaft (DFG) müssen die SFB als langfristige, wenn auch nicht auf Dauer gebildete Forschungsschwerpunkte institutionell geprägt und deshalb der Hochschule als organisatorische Handlungseinheiten eingegliedert sein. Sie sind als eigenständige und eigenverantwortliche Gebilde kooperativer Forschung innerhalb der Hochschule konzipiert.

Die Mitglieder eines SFB — unabhängig von ihrem akademischen Status mit gleichen Rechten und Pflichten ausgestattet — geben sich folglich selbst eine (von der DFG als „Geschäftsordnung" bezeichnete) Verfassung und bestimmen die Ausrichtung der Forschungsaktivitäten; sie entscheiden über die Verteilung der von der DFG bereitgestellten Sondermittel. Die SFB sollen deshalb keine Substrukturen der Fachbereiche oder gar der Institute sein[71]. Damit stellt sich das Problem

---

haushaltsrechtliche Gegebenheiten eine Ausnahme von der Sollvorschrift des § 66 III HRG rechtfertigt. Demgegenüber ist es im Sinne einer angemessenen Übergangsregelung nicht zu beanstanden, daß Institutsdirektoren, deren Leitungsposition auf einer früheren Berufungsvereinbarung beruht, der Besitzstand erhalten bleibt (§ 28 VI 3 UG).

[70] Mit Zustimmung aller Direktoren kann das Institut auch für eine kollegiale Leitung mit höchstens drei Mitgliedern optieren. Die Option ist auf drei Jahre begrenzt, kann aber erneuert werden (§ 58 IV HSG).

[71] s. im einzelnen: *Wissenschaftsrat*, Empfehlungen zum Ausbau der wis-

der organisationsrechtlichen Einbindung der SFB in die Hochschule.

Das HRG hat davon abgesehen, für die SFB spezifische institutionelle Vorkehrungen zu treffen; sie müssen sich daher in die vorhandenen Organisationsformen einfügen.

Als institutioneller Rahmen bieten sich die unter der Verantwortung eines zentralen Hochschulorgans stehenden wissenschaftlichen Einrichtungen an. Gegen die Fachbereichszuordnung sprechen nicht nur die von der DFG geltend gemachten Vorbehalte, sondern auch der rechtliche Gesichtspunkt, daß wissenschaftliche Einrichtungen nach § 66 I 1 HRG ständige Organisationseinheiten darstellen, die SFB hingegen zwar langfristig, aber nicht auf Dauer angelegt sind. Aber auch dann, wenn man die SFB als zentrale Einrichtungen institutionalisiert, ergeben sich Schwierigkeiten.

Die Mitglieder eines SFB sollen nach der zugrundeliegenden Konzeption ungeachtet ihres akademischen Status gleichberechtigt zusammenarbeiten; hier erweisen sich die auf dem Prinzip der Gruppenrepräsentation abgestuften Mitbestimmungsregelungen des § 38 HRG als Hemmnis. In den SFB sollen auch Wissenschaftler außerhalb der Hochschule mitwirken; dem stehen korporationsrechtliche Schwierigkeiten (§ 36 HRG) entgegen[72]. Die rechtliche Zulässigkeit der SFB als wissenschaftlicher Einrichtungen der Hochschule erweist sich daher nach den Regelungen des HRG zumindest als zweifelhaft[73].

Von den Bundesländern haben nur vier — Baden-Württemberg, Bremen, Hamburg und Niedersachsen — die SFB ausdrücklich in ihren

senschaftlichen Hochschule bis 1970, S. 126—142; *DFG*, Bericht über die Konferenz mit den leitenden Verwaltungsbeamten der wissenschaftlichen Hochschulen vom 19. September 1969; *DFG*, Tätigkeitsbericht 1978 — Jahresbericht Bd. I, S. 185—200.

1978 wurden insgesamt 105 SFB auf den Gebieten Geisteswissenschaften (16), Biowissenschaften (41), Naturwissenschaften (24) und Ingenieurwissenschaften (24) mit einer Summe von 226 Mio. DM gefördert; seit Beginn des Förderungsverfahrens im Jahre 1968 wurden 1,6 Mrd. DM zur Verfügung gestellt (*DFG*, Tätigkeitsbericht 1978, Bd. I, S. 189 und 198 f.).

[72] Zu den rechtlichen Problemen der SFB: *Schuster*, WissR 1970, Beiheft 4, S. 175—201; *Avenarius*, WissR 1971 S. 252—258; *Dallinger*, WissR 1977 S. 106—118.

[73] *Thieme*, WissR 1976 S. 271 f., bezeichnet sie als unzulässig. So auch *Avenarius*, WissR 1971 S. 255, im Blick auf den ersten Gesetzentwurf der Bundesregierung zum Hochschulrahmengesetz. A. A. *Dallinger*, ebd.. Das alles ändert, wie *Thieme*, ebd., zutreffend feststellt, nichts daran, daß sich die Praxis über die rechtlichen Bedenken großzügig hinwegsetzen wird.

[74] § 32 BW UG, § 76 BremHG, § 75 HmbHG, § 33 NHG. — Die Hochschulgesetze der übrigen Länder erwähnen die SFB nur beiläufig im Rahmen der Zuständigkeiten des Senats oder eines anderen zentralen Kollegialorgans. Im SUG werden die SFB nicht einmal namentlich genannt; dort ist nur ganz allgemein von Schwerpunkten der Forschung (§ 13 I) und von der Aufgabe des Senats, solche Schwerpunkte festzulegen (§ 27 I Nr. 4), die Rede.

Hochschulgesetzen geregelt[74]. Sie definieren sie übereinstimmend als langfristige, aber nicht auf Dauer angelegte Forschungsschwerpunkte, in denen Wissenschaftler verschiedener Disziplinen zusammenarbeiten. Sie eröffnen sämtlich auch anderen Hochschulen und außeruniversitären wissenschaftlichen Einrichtungen die Möglichkeit der Beteiligung. Sie verweisen in ähnlichen Formulierungen auf Bund-Länder-Vereinbarungen als Finanzierungsgrundlage. Damit aber enden die Gemeinsamkeiten.

Baden-Württemberg wendet in der Konsequenz des Hochschulurteils des Bundesverfassungsgerichts und der Mitbestimmungsregelungen des § 38 HRG den Grundsatz der Professorenmehrheit auch auf die SFB an, was hochschulrechtlich folgerichtig ist, jedoch dem den SFB zugrundeliegenden Konzept gleichberechtigter Beteiligung aller Wissenschaftler zuwiderläuft.

Bremen und Niedersachsen sehen von solchen Restriktionen ab und überlassen die Organisationsregelungen einer Geschäftsordnung, die von sämtlichen im SFB tätigen Wissenschaftlern beschlossen und vom Senat bestätigt wird. Das wiederum trägt zwar dem von Wissenschaftsrat und DFG betonten Prinzip egalitärer Kooperation der Forscher Rechnung, steht aber nicht in Einklang mit der verfassungsrechtlich verbürgten Sonderstellung der Professoren, die in Hochschulgremien mit Entscheidungsbefugnissen in Forschungsangelegenheiten über die absolute Stimmenmehrheit verfügen und sich bei Beschlüssen in Forschungsfragen letztlich mit ihrer Mehrheit auch gegen die Majorität des Gremiums durchsetzen können müssen (§ 38 III 2, V HRG).

Hamburg räumt die Möglichkeit ein, SFB als wissenschaftliche Einrichtungen *an* einer Hochschule zu betreiben. Sie sind also der Hochschule nicht ein-, sondern nur angegliedert. Dieses Lösungsmodell überzeugt noch am ehesten. Es entzieht einerseits die SFB dem Formenzwang der hochschulrechtlichen Organisationsbestimmungen und den unelastischen Regelungen über Gruppenparitäten und Korporationsrechte. Andererseits bindet es die SFB durch klare Vorschriften über die Zuordnung[75] und über die administrative Verantwortung der Universität[76] in die Hochschule ein[77].

---

[75] An denen freilich nicht überzeugt, daß die SFB anstelle des Hochschulrats auch einem Fachbereichsrat zugeordnet werden können (§ 75 III Nr. 3 HmbHG).

[76] Die Drittmittel sind von der Hochschule zu verwalten; die hauptberuflichen Mitarbeiter im SFB sind als Personal der Hochschule einzustellen (§ 75 III Nr. 4 i. V. m. § 78 III HmbHG).

[77] Die von den Mitgliedern des SFB zu beschließende Ordnung bedarf im übrigen der Genehmigung des Wissenschaftssenators; die Hochschule, also der Hochschulrat, muß zuvor dazu Stellung nehmen (§ 75 IV HmbHG).

VII. Die Hochschulgremien: Zusammensetzung und Stimmrecht

Bei der Strukturierung der Hochschulgremien läßt sich das HRG von zwei Maximen leiten: dem Grundsatz der Repräsentanz sämtlicher Mitgliedergruppen, für den sich das Schlagwort von der Gruppenuniversität eingebürgert hat, und dem Prinzip der abgestuften Mitwirkung der Hochschulmitglieder. Einerseits gilt, daß die Professoren, die Studenten die wissenschaftlichen Mitarbeiter (einschließlich der Hochschulassistenten) und die sonstigen Mitarbeiter (also die Mitarbeiter im technischen und Verwaltungsdienst) für die Vertretung in den Gremien je eine Gruppe bilden (§ 38 II) und daß in den zentralen Kollegialorganen und im Fachbereichsrat alle Gruppen vertreten sein müssen (§ 38 III 1)[1]. Andererseits richten sich Sitzverteilung und Mitwirkungsrechte der Gruppenvertreter nicht nach pauschalem Proporz, sondern nach einem ausgeklügelten Kriterienkatalog, in dem die Aufgaben des Gremiums ebenso zu Buche schlagen wie die Qualifikation, Funktion, Verantwortung und Betroffenheit der Hochschulmitglieder (§ 38 I 1).

Diese Grundsätze werden in einem komplizierten Regelungsgeflecht konkretisiert: In sämtlichen Gremien mit Entscheidungsbefugnissen in Angelegenheiten, die die Forschung (bzw. künstlerische Entwicklungsvorhaben), die Lehre oder die Berufung von Professoren berühren, müssen die Professoren über die absolute Stimmenmehrheit verfügen (§ 38 III 2). Bei Beschlüssen, die Forschung (künstlerische Entwick-

[1] Die Vertreter der Mitgliedergruppen in den zentralen Kollegialorganen und im Fachbereichsrat können nur von ihrer jeweiligen Mitgliedergruppe in freier, gleicher und geheimer Wahl gewählt werden (§ 39 HRG); eine integrierte Wahl ist somit ausgeschlossen. Unmittelbare Wahl ist dagegen bundesrechtlich nicht vorgeschrieben. Damit bieten sich vor allem für die Wahl der Senatsmitglieder unterschiedliche Modalitäten an. Mehrere Länder (Baden-Württemberg, Bayern, Niedersachsen, Nordrhein-Westfalen, das Saarland und Schleswig-Holstein) haben sich für die direkte Wahl entschieden. Bremen, Hamburg und Hessen geben der mittelbaren Wahl der Senatsmitglieder (in Hessen auch der Mitglieder der Ständigen Ausschüsse) durch die im Konvent vertretenen, Berlin und Rheinland-Pfalz durch die (Gesamtheit der) in den Fachbereichsräten vertretenen Mitgliedergruppen den Vorzug. Dem Wahlverfahren kommt im Blick auf die Weisungsfreiheit der Gremienmitglieder (§ 37 II 1 2. Hs. HRG) eine nicht zu unterschätzende Bedeutung zu. Sie ist am ehesten bei direkter Wahl gewährleistet. Die Möglichkeit, durch ein imperatives Mandat auf die Gewählten einzuwirken, scheitert hier gemeinhin an der praktischen Schwierigkeit, die aktiven Wahlbürger zu organisieren.

lungsvorhaben), Lehre und Berufungsangelegenheiten unmittelbar betreffen, wirken alle Gremienmitglieder bis auf die sonstigen Mitarbeiter stimmberechtigt mit (§ 38 IV 1). Letzteren steht in Forschungs- und Lehrangelegenheiten — also nicht bei Berufungen — Stimmrecht zu, soweit sie entsprechende Funktionen wahrnehmen und über besonders relevante Erfahrungen verfügen; andernfalls wirken sie nur beratend mit (§ 38 IV 2). Für Entscheidungen unmittelbar über Forschungs- und Berufungsfragen genügt nicht allein die Gremienmehrheit, es bedarf zu ihrer Wirksamkeit darüber hinaus der Majorität der dem Gremium angehörenden Professoren, die sich bei erfolglosem zweiten Abstimmungsgang gegen die Mehrheit des Gremiums durchsetzt; die in Berufungsangelegenheiten unterlegene Gremienmehrheit ist berechtigt, ihr Votum als weiteren Berufungsvorschlag vorzulegen (§ 38 V)[2].

Mit dieser den Professoren zugewiesenen Sonderstellung hat der Rahmengesetzgeber die Konsequenzen aus dem Hochschulurteil des Bundesverfassungsgerichts[3] gezogen, ist dabei aber über die im Urteil festgelegten (Mindest-)Anforderungen teilweise hinausgegangen. So bezieht das Bundesverfassungsgericht die herausgehobene Rolle der Professoren nur auf Beschlüsse, die Forschung, Lehre und Berufungsangelegenheiten „unmittelbar betreffen"[4]; nach dem HRG verfügen die Professoren in sämtlichen Gremien mit Entscheidungsbefugnissen in Angelegenheiten, die wissenschaftsrelevante Themen auch nur „berühren", von vornherein über die absolute Stimmenmehrheit. Für den vom Bundesverfassungsgericht geforderten „ausschlaggebenden Einfluß" der Hochschullehrer in unmittelbaren Forschungs- und Berufungsfragen[5] hätte die absolute Mehrheit der Professoren (in Angelegenheiten der Lehre sogar ein nur hälftiger Stimmenanteil[6]) ausgereicht; das HRG verlangt weitergehend, daß Entscheidungen auf diesen Gebieten von der Majorität der Professoren durchgesetzt werden können.

Schwierigkeiten wirft die Frage auf, ob das Gesetz auch dem vom Bundesverfassungsgericht aufgestellten Homogenitätsgebot hinlänglich Rechnung trägt. Nach Auffassung des Gerichts muß die Hochschullehrergruppe so zusammengesetzt sein, daß ihre Mitglieder die für den Begriff des Hochschullehrers maßgeblichen Merkmale aufweisen[7]: Sie

---

[2] Problematisch an dieser Regelung ist, daß damit Nichtprofessoren praktisch den gleichen Einfluß auf Berufungsentscheidungen erhalten wie Professoren. So bedenklich dieses Verfahren auch ist: Da sich die Professoren — jedenfalls dann, wenn sie geschlossen abstimmen — mit ihren Vorstellungen durchsetzen können, bleibt ihnen der nach dem Hochschulurteil des Bundesverfassungsgerichts zustehende ausschlaggebende Einfluß (BVerfGE 35, 79 [80, 143]) gewahrt.

[3] BVerfGE 35, 79 (142 ff.).

[4] BVerfG ebd., S. 80.

[5] BVerfG ebd., S. 143, 80.

[6] Ebd., S. 80.

müssen akademische Forscher und Lehrer sein, die aufgrund der Habilitation oder eines sonstigen — gleichwertigen — Qualifikationsnachweises mit der selbständigen Vertretung eines wissenschaftlichen Fachs in Forschung und Lehre betraut sind[8].

Der Professorenbegriff des HRG ist umfassender als der des so definierten Hochschullehrers. Er setzt nicht zwingend die Habilitation oder ein Habilitationsäquivalent voraus, sondern läßt eine berufspraktische Qualifikation genügen (§ 44 I Nr. 4 Buchst. b). Als Professor im Sinne des HRG kommt gem. § 43 I 1 auch ein Fachhochschullehrer in Betracht, der nach der Ausgestaltung seines Dienstverhältnisses nahezu ausschließlich mit der selbständigen Wahrnehmung von *Lehr*aufgaben in seinem Fach, nicht aber mit der selbständigen Vertretung eines wissenschaftlichen Fachs in *Forschung und Lehre* betraut ist.

Mit Rücksicht auf das Homogenitätsgebot ist daher eine differenzierende Auslegung und Anwendung der §§ 43 I 1 und 44 I HRG erforderlich: Für Professoren an wissenschaftlichen Hochschulen, also für Hochschullehrer i. e. S., gilt, daß sie zur eigenverantwortlichen Tätigkeit in Forschung und Lehre verpflichtet sind und wenigstens über eine der Habilitation vergleichbare Qualifikation verfügen[9], — was nicht ausschließt, daß in Sonderfällen, z. B. im Fach Architektur, Ausnahmen zulässig sind. Demgegenüber genügt für die an Fachhochschulen tätigen Professoren, daß sie vorrangig mit Lehraufgaben betraut sind und ihre Eignung durch den berufspraktischen Qualifikationsweg nachgewiesen haben[10].

Nur so — mittels einer Differenzierung, die sich an den hochschulartspezifischen Stellenanforderungen orientiert — ist die vom Bundesverfassungsgericht geforderte gleichartige Zusammensetzung der Professorengruppe gewährleistet[11].

---

[7] BVerfGE 35, 79 (139).

[8] BVerfG ebd., S. 126 f.

[9] An diesem Minimum hat das Bundesverfassungsgericht bei allen Zugeständnissen an neuere Entwicklungen auch in E 47, 327 (392) festgehalten: „Die Qualifikation muß aber doch in etwa dem Niveau einer Habilitation entsprechen."

[10] Zu Funktion und Qualifikation der Professoren nach den Regelungen des HRG s. o., Abschnitt V. 1.
Bei den Professoren der aufgelösten und nunmehr in die Universitäten übergeführten Pädagogischen Hochschulen Niedersachsens und des Saarlandes hat das Bundesverfassungsgericht die Hochschullehrereigenschaft bejaht, da sie sowohl hinsichtlich der Aufgabenstellung (Forschung und Lehre) als auch hinsichtlich der Qualifikation (Habilitationsniveau) den Universitätsprofessoren entsprächen (BVerfGE 38, 247 [256 f.]; Beschluß vom 26. 6. 1979, Az.: 1 BvR 290/79, S. 14 f. des Urteilsabdrucks). Diese Merkmale des materiellen Hochschullehrerbegriffs weisen die Fachhochschulprofessoren i. d. R. nicht auf.

[11] Diese auf dem Homogenitätsgebot beruhende Differenzierung führt hinsichtlich der Gremien einer integrierten Gesamthochschule, in denen

Die Zusammensetzung der Hochschulgremien bildete eines der Schlüsselthemen in den Auseinandersetzungen um die Hochschulreform. Auf kaum einem anderen Gebiet waren die gegensätzlichen Auffassungen über die künftige Struktur der Hochschule heftiger aufeinandergeprallt. Das Hochschulurteil des Bundesverfassungsgerichts und das darauf aufbauende HRG haben der Demokratisierung der Universität Grenzen gezogen und die herausgehobene Rolle der Professoren durch bestimmte Mindestanforderungen gesichert. Diese sich aus Art. 5 III GG und aus § 38 HRG für den Erlaß von Organisationsnormen ergebenden Schranken engen zwar den dem Landesgesetzgeber verbliebenen Spielraum nach unten ein, belassen ihm aber die Freiheit, der Sonderstellung der Professoren mehr oder weniger großzügig Rechnung zu tragen: sie entweder nur im Maße des unbedingt Erforderlichen zu respektieren oder sie durch dominierende Mehrheiten noch zu verstärken.

So überrascht es nicht, daß die Hochschulgesetze bei der rechtlichen Strukturierung der Gremien ein weites Spektrum aufweisen[12].

Baden-Württemberg, Bayern, Rheinland-Pfalz, das Saarland und Schleswig-Holstein räumen den Professoren in sämtlichen Kollegialorganen, also auch im Konzil[13], das Übergewicht ein.

Schleswig-Holstein legt bei der Zusammensetzung von Konsistorium, Senat und Fachbereichskonvent einen einheitlichen Verteilungsschlüssel von 7 : 2 : 2 : 1 im Verhältnis Professoren, wissenschaftliche Mitarbeiter, Studenten und sonstige Mitarbeiter zugrunde; im Senat treten die Mitglieder des Präsidiums kraft Amtes hinzu[14] (§§ 37 I, 39 I, 54 II HSG).

Hochschullehrer und Fachhochschulprofessoren zusammenwirken, zu erheblichen verfassungsrechtlichen Problemen.

So erscheint es sehr fraglich, ob § 158 NW EWissHG, der die Zusammensetzung von Senat und Fachbereichsrat an Gesamthochschulen regelt, mit diesem Prinzip vereinbar ist. Nach § 158 I des Entwurfs entfallen die den Professoren zustehenden Sitze „in einem ausgeglichenen Verhältnis" auf die Professoren mit wissenschaftlicher und berufspraktischer Zusatzqualifikation, wobei der letztgenannten Gruppe noch die gem. § 175 II (= § 75 IV HRG) als Professoren übernommene Fachhochschullehrer, die nicht einmal den berufspraktischen Fähigkeitsnachweis erbracht haben, zugerechnet werden. Aufgrund des § 158 II sind die Stimmen der Professoren mit der Qualifikation nach § 44 I Nr. 4 Buchst. a und b HRG in wissenschaftsrelevanten Angelegenheiten so zu gewichten, daß sich für sie die absolute Mehrheit ergibt. Nur bei Berufungsangelegenheiten wird dem Homogenitätsgebot insoweit Rechnung getragen, als je nach der für die zu besetzende Stelle geforderten Qualifikation die Professoren des wissenschaftlichen bzw. des berufspraktischen Qualifikationsweges mit ihrer Mehrheit letztlich den Ausschlag geben.

[12] Im folgenden wird, soweit die gesetzlichen Regelungen nach Hochschularten differenzieren, nur auf die für Universitäten und wissenschaftliche Hochschulen geltenden Vorschriften abgestellt.

[13] Was nicht nur wegen dessen Zuständigkeit für den Erlaß der Grundordnung, sondern auch unter personalpolitischen Gesichtspunkten (Wahl des Präsidenten und der Vizepräsidenten) von Bedeutung ist.

Damit besitzen die Professoren in sämtlichen Kollegialorganen eine eindeutige Mehrheit.

Rheinland-Pfalz differenziert nach Gremien: In der Versammlung haben die Professoren eine Stimme mehr als die Hälfte (§ 70 I Hoch SchG). Im Senat — dessen Größe sich nach der Anzahl der Fachbereiche bestimmt — haben sie in jedem Fall die absolute Mehrheit, ohne daß der Hochschulpräsident[15], selbst wenn er Professor ist, ihrer Gruppe zugerechnet würde (§ 72)[16]. Im Fachbereichsrat haben sie zwei Stimmen mehr als die übrigen Gruppenvertreter zusammen (§ 81 II)[17].

Bayern räumt den Professoren in Versammlung und Senat die Majorität im Verhältnis 6 (Professoren): 2 (wissenschaftliche Mitarbeiter): 1 (sonstige Mitarbeiter): 2 (Studenten) ein. Die Stellung der Professoren dürfte in der Regel dadurch zusätzliches Gewicht erhalten, daß Präsident, Vizepräsidenten (bzw. die Mitglieder des Präsidialkollegiums)[18] sowie der Kanzler beiden Organen mit Stimmrecht angehören[19] (Art. 18 II, 19 II BayHSchG). Im Fachbereichsrat nehmen die Professoren sieben, die wissenschaftlichen Mitarbeiter zwei, die sonstigen Mitarbeiter einen und die Studenten zwei Sitze ein (Art. 28 II BayHSchG); die Professoren besitzen damit eine Stimme mehr als zur absoluten Mehrheit erforderlich. Die Sitzverteilung in den verschiedenen Gremien kann sich — nach aller Erfahrung zu Lasten der Studenten — dadurch ändern, daß die Wahlbeteiligung in einer Mitgliedergruppe weniger als 50 Prozent beträgt; wird diese Quote unterschritten, so verkürzt sich entsprechend die Anzahl der Mandate (Art. 33 III)[20].

---

[14] Bei Hochschulen mit mehr als 5000 Studenten: der Präsident, zwei Vizepräsidenten (beide Professoren) und der Kanzler.

[15] Der nach den Einstellungsvoraussetzungen zwar Professor sein *kann*, aber nicht sein *muß*.

[16] Nicht nur die Zahl der Senatssitze, sondern auch deren Verteilung auf die Gruppen schwankt je nach Anzahl der Fachbereiche: Bei einer Universität mit 16 Fachbereichen, darunter einem medizinischen Fachbereich, ergibt sich folgende Sitzverteilung: Präsident: 1, Professoren: 17, Studenten: 6, wissenschaftliche Mitarbeiter: 6, sonstige Mitarbeiter: 2; die Professoren verfügen über zwei Stimmen mehr als die übrigen Senatsmitglieder zusammen. Bei einer Hochschule mit elf Fachbereichen (ohne Medizin) ändert sich das Bild: Präsident: 1, Professoren: 11, Studenten: 4, wissenschaftliche Mitarbeiter: 4, sonstige Mitarbeiter: 1; die Professoren haben in diesem Fall nur eine Stimme mehr als die Gesamtheit der Vertreter der übrigen Gruppen.

[17] Im Normalfall: 9 Professoren, 3 Studenten, 3 wissenschaftliche Mitarbeiter, 1 sonstiger Mitarbeiter.

[18] Die Vizepräsidenten und die nicht hauptberuflichen Mitglieder des Präsidialkollegiums müssen Professoren sein (Art. 15 II 1, 16 II 3 BayHSchG).

[19] Ggf. ist die Anzahl der Professorensitze im Senat um einen zu erhöhen, z. B. wenn die Hochschule von einem Präsidenten mit nur einem Vizepräsidenten geleitet wird (Art. 19 II 2 BayHSchG).

[20] Eine entsprechende Bestimmung enthielt früher auch das HHG a.F. in § 21 II, III. s. auch § 25 II des geltenden nordrhein-westfälischen Hochschul-

Stärker noch als in Schleswig-Holstein, Rheinland-Pfalz und Bayern ist die Professorenmehrheit im saarländischen und baden-württembergischen Hochschulrecht ausgebaut.

An der Universität des Saarlandes verfügen die Professoren im Konzil über 60 von 110 Sitzen; auf die wissenschaftlichen Mitarbeiter und Studenten entfallen je 20, auf die sonstigen Mitarbeiter zehn Sitze (§ 26 II SUG)[21]. Dem Senat gehören außer dem Präsidenten, der nach § 33 I 2 SUG Professor sein soll[22], 16 Professoren sowie je vier wissenschaftliche Mitarbeiter, Studenten und sonstige Mitarbeiter an (§ 27 II); auch ohne Einbeziehung des Präsidenten in ihre Gruppe ergibt sich für die Professoren damit eine eindeutige Majorität. Im Fachbereichsrat und im Kleinen Fakultätsrat haben die Professoren sieben, die wissenschaftlichen Mitarbeiter und die Studenten je zwei Sitze, der sonstige Mitarbeiter einen Sitz (§§ 45 II, 48 I); damit steht den Professoren eine Stimme mehr als zur absoluten Mehrheit notwendig zu. Noch weit günstiger ist die Stellung der Professoren in dem besonders wichtigen Großen Fakultätsrat — der Promotions- und Habilitationsordnungen erläßt, Promotionen und Habilitationsverfahren durchführt sowie Berufungsvorschläge verabschiedet (§ 48 II i. V. m. § 23 II) —: Ihm gehören ausschließlich Professoren an; nur beim Erlaß von Promotionsordnungen und bei der Entscheidung über Berufungsvorschläge kommen sonstige Gruppenvertreter hinzu (§ 48 II)[23].

An den baden-württembergischen Universitäten setzen sich der Große Senat und der Senat aus Mitgliedern kraft Amtes und aus gewählten Mitgliedern zusammen. Ex officio zählen zu diesen Kollegialorganen die Mitglieder der Hochschulleitung[24] und die Dekane der Fakultäten. Die Wahlmitglieder verteilen sich auf Professoren, wissenschaftliche Mitarbeiter, Studenten und sonstige Mitarbeiter im Verhältnis 3 : 1 : 1 : 1 (§§ 18 II, 19 II UG). Die Professoren verfügen damit im Großen und im Kleinen Senat über die eindeutige Mehrheit. Für den Fakultätsrat gilt im Normalfall folgende Sitzverteilung (§ 25 II): kraft Amtes bis zu fünf Leiter oder Leitungsmitglieder der der Fakultät zugeordneten wissenschaftlichen Einrichtungen, also Professoren; aufgrund

gesetzes. Kritisch zu diesen Regelungen wegen der damit verbundenen Gefahr „partizipatorischer Disziplinierung“: *Denninger*, Das Hochschulrahmengesetz, S. 55.

[21] Die Zahl der einer Mitgliedergruppe im Konzil zustehenden Sitze vermindert sich um ein Drittel, wenn sich die Wahlbeteiligung auf weniger als 50 Prozent beläuft (§ 55 II SUG).

[22] Zur Problematik dieser Regelung: s. o., Abschnitt VI. 1.

[23] Im einen Fall je ein wissenschaftlicher Mitarbeiter aus jedem Fachbereichsrat, im anderen Fall: zwei wissenschaftliche Mitarbeiter und ein Student aus dem Fachbereichsrat des betroffenen Fachbereichs.

[24] Bei Präsidialverfassung auch die Vizepräsidenten, nicht aber der Kanzler; er nimmt mit beratender Stimme an den Sitzungen des Großen Senats und des Senats teil.

von Wahlen sechs Professoren, drei wissenschaftliche Mitarbeiter, ein sonstiger Mitarbeiter und drei Studenten. Die Majorität der Professoren gegenüber der Gesamtheit der übrigen Gruppenvertreter beträgt danach üblicherweise 11 : 7. Wird der erweiterte Fakultätsrat einberufen — er ist u. a. für die Bildung der Berufungskommissionen und die Verabschiedung der Berufungsvorschläge, den Erlaß von Prüfungsordnungen, einschließlich Promotions- und Habilitationsordnungen, die Beschlußfassung über Studienpläne und die Festlegung des Lehrangebots zuständig —, treten alle der Fakultät hauptberuflich angehörenden Professoren stimmberechtigt hinzu (§ 25 III).

Im Unterschied zu diesen fünf Ländern, die hochschulpolitisch der CDU-Linie folgen, haben die von SPD bzw. SPD/FDP regierten Länder, aber auch das CDU-geführte Niedersachsen den Professoren nur in den Kollegialorganen, für die es zwingend geboten ist, die Majorität eingeräumt und diese Mehrheit überdies knapp bemessen.

Im *Konzil*, das als Hochschulparlament die Hochschulleitung wählt und die Grundordnung erläßt, aber keine Entscheidungen in Forschungs-, Lehr- und Berufungsangelegenheiten trifft (so daß § 38 III 2 HRG nicht zur Anwendung gelangt), sind die Professoren jeweils mit weniger als der Hälfte der Sitze vertreten.

Berlin (§ 81 I BerlHG) und Hamburg (§ 94 I HmbHG) sehen eine viertelparitätische Vertretung von Professoren, Studenten, wissenschaftlichen Mitarbeitern und sonstigen Mitarbeitern vor. Bremen hält an seinem drittelparitätischen Modell fest, wobei das den wissenschaftlichen und den sonstigen Mitarbeitern gemeinsam zufallende Drittel auf die beiden Gruppen hälftig zu verteilen ist (§ 79 III BremHG). Niedersachsen (§ 90 IV NHG) gewichtet im Verhältnis 3 (Professoren): 3 (Studenten): 2 (wissenschaftliche Mitarbeiter): 2 (sonstige Mitarbeiter).

Hessen und Nordrhein-Westfalen gestehen den Professoren demgegenüber die relative Mehrheit zu: Hessen mit 35 : 25 : 20 : 10 (§ 14 II HUG), Nordrhein-Westfalen mit 2 : 1 : 1 : 1 (§ 16 II EWissHG).

Was die Zusammensetzung des *Senats* und des *Fachbereichsrates* betrifft — in beiden Organen müssen die Professoren gem. § 38 III 2 HRG über die absolute Mehrheit der Stimmen verfügen —, so ist die Rechtslage in Berlin, Niedersachsen und Nordrhein-Westfalen eindeutig. Dort besitzen die Professoren die rechtlich ausreichende, wenn auch knappe Mehrheit von einer Stimme gegenüber der Gesamtheit der sonstigen Gruppenvertreter[25].

[25] §§ 76 II, 91 II BerlHG: *Senat:* 12 Professoren, 5 wissenschaftliche Mitarbeiter, 4 Studenten, 2 sonstige Mitarbeiter; *Fachbereichsrat:* 6 : 2 : 2 : 1.

Gleiches gilt nach dem HmbHG für die Zusammensetzung des Fachbereichsrates: Die Professoren haben eine Stimme mehr als die Vertreter der übrigen Gruppen gemeinsam[26]. Anders als beim Fachbereichsrat, für den das Gesetz eine schmale, aber immerhin eindeutige Majorität der Professoren vorsieht, ergeben sich jedoch bei der Sitzverteilung im Hochschulrat unter dem Aspekt der rahmenrechtlich vorgeschriebenen Professorenmehrheit Bedenken.

Gem. § 85 I HmbHG gehören diesem Kollegialorgan kraft Amtes der Präsident als Vorsitzender und die Vizepräsidenten als stellvertretende Vorsitzende an; als weitere Mitglieder werden gewählt: zehn Professoren, vier wissenschaftliche Mitarbeiter, vier Studenten und zwei sonstige Mitarbeiter. Geht man davon aus, daß die Vizepräsidenten — bei denen es sich, anders als beim Präsidenten, um Professoren handeln muß — stets, also nicht nur für den Vertretungsfall, Vollmitglieder des Hochschulrates sind, so haben die Professoren nur dann ein Stimmenübergewicht von 12 : 11, wenn das Konzil von der in § 82 IV 2 HmbHG eröffneten Möglichkeit, *zwei* Vizepräsidenten zu wählen, tatsächlich Gebrauch macht[27]. Eine Majorität, die von solchen Imponderabilien abhängt, genügt nicht der klaren Maßgabe des § 38 III 2 HRG, nach der die Professoren in diesem Gremium unter allen Umständen über die Mehrheit verfügen müssen[28].

Im Senat der hessischen Universitäten fällt die Sitzverteilung erheblich günstiger aus. Dem Organ gehören kraft Amtes ein Vizepräsident (Professor), die Dekane der Fachbereiche und die zwei Prodekande des Fachbereichs Humanmedizin sowie aufgrund von Wahlen drei Professoren, sechs Studenten, vier wissenschaftliche Mitarbeiter und zwei sonstige Mitarbeiter an (§ 17 I HUG)[29].

---

§§ 92 I, 96 II i. V. m. § 79 I NHG: *Senat:* 7 Professoren, 2 Studenten, 2 wissenschaftliche Mitarbeiter, 2 sonstige Mitarbeiter; *Fachbereichsrat:* 7 : 2 : 2 : 2.

§§ 13 III, 22 II NW EWissHG: *Senat:* Professoren, wissenschaftliche Mitarbeiter, Studenten und sonstige Mitarbeiter im Verhältnis 6 : 2 : 2 : 1; *Fachbereichsrat:* 8 : 3 : 3 : 1.

[26] § 29 II HmbHG: bei kleineren Fachbereichen (mit weniger als 16 Professoren): 4 Professoren, 1 wissenschaftlicher Mitarbeiter, 1 Student, 1 sonstiger Mitarbeiter; bei großen Fachbereichen: 8 : 3 : 3 : 1.

[27] Der Ärztliche Direktor des Universitätskrankenhauses Eppendorf (ein Professor) nimmt gem. § 82 IV 3 HmbHG zwar die Aufgaben eines Vizepräsidenten für den Fachbereich Medizin und das Universitätskrankenhaus Eppendorf wahr; er *ist* aber nicht Vizepräsident, gehört also dem Hochschulrat in dieser Eigenschaft nicht an.

[28] *Thieme* hält deshalb in einem Kurzgutachten zu diesem Problem (abgedruckt in Mitteilungen des Hochschulverbands 1978 S. 299—302) zumindest eine Novellierung des § 82 IV 2 HmbHG für erforderlich. Er weist im übrigen darauf hin, daß die Vizepräsidenten ihrerseits keine Stellvertreter haben, ihre Stimme deshalb im Verhinderungsfall ausscheidet. *Thieme* schlägt vor, das Gesetz so zu fassen, daß von dem Stimmrecht der Vizepräsidenten, falls sie den Präsidenten nicht vertreten, abgesehen wird und statt dessen die Zahl der gewählten Professoren auf zwölf erhöht wird.

Ein weniger professorenfreundliches Bild zeichnet sich bei der Zusammensetzung der Ständigen Ausschüsse ab, denen kraft Gesetzes wichtige Entscheidungsbefugnisse zugewiesen sind. Von Bedeutung sind in diesem Zusammenhang vor allem der Ständige Ausschuß I, der für Lehr- und Studienangelegenheiten zuständig ist, und der Ständige Ausschuß II, der über Organisationsfragen, Angelegenheiten der Forschung und des wissenschaftlichen Nachwuchses befindet. Mitglieder des Ständigen Ausschusses II sind der Präsident als Vorsitzender — dessen Stimme bei Stimmenpatt gem. § 19 VI 3 HUG den Ausschlag gibt —, sieben Professoren, zwei Studenten, zwei wissenschaftliche Mitarbeiter und ein sonstiger Mitarbeiter (§ 19 II Nr. 2 HUG). Die Professoren verfügen demnach in diesem 13er Gremium mit sieben Stimmen über die erforderliche absolute Mehrheit. An den Beratungen des Ständigen Ausschusses I wirken außer dem Präsidenten als Vorsitzendem sieben Professoren, drei Studenten, zwei wissenschaftliche Mitarbeiter und ein sonstiger Mitarbeiter stimmberechtigt mit (§ 19 II Nr. 1 HUG). Damit scheint auf die Professoren nur die Hälfte der insgesamt vierzehn Stimmen zu entfallen[30]. Das widerspräche der Maßgabe des § 38 III 2 HRG, der auch für Gremien mit Entscheidungsbefugnissen in Lehrangelegenheiten eine absolute Mehrheit der Professoren verlangt. Tatsächlich ist der Gruppe der Professoren aber auch in diesem Gremium die Majorität gesichert: entweder dadurch, daß das Stimmrecht des sonstigen Mitarbeiters gem. § 14 II HHG entfällt (das Stimmenverhältnis betrüge dann 7 : 6 zugunsten der Professoren), oder — falls kein Stimmrechtsausschluß erfolgt — dadurch, daß die Zahl der Professorensitze nach § 19 IV HUG bis zur absoluten Mehrheit erhöht wird (die Relation lautete danach 8 : 7)[31].

Auch im Fachbereichsrat ist die erforderliche Majorität der Hochschullehrer an den hessischen Universitäten gewährleistet. In kleineren Fachbereichen (bis zu 15 Professorenstellen) stehen ihnen sieben Sitze gegenüber drei der Studenten, zwei der wissenschaftlichen Mitarbeiter und einem der sonstigen Mitarbeiter zu; bei größeren Fachbereichen ist die Mandatsverteilung 13 : 5 : 4 : 2 (§ 24 II HUG).

---

[29] Das bedeutet, daß z. B. an der Universität Frankfurt mit ihren 21 Fachbereichen den Professoren 27 von insgesamt 39 Sitzen im Senat zustehen.

[30] Was nach den Anforderungen des Hochschulurteils (BVerfGE 35, 79 [80]), das bei Entscheidungen in Lehrangelegenheiten einen hälftigen Stimmenanteil der Professoren genügen läßt, ausreichte. So auch BVerfGE 47, 327 (398 f.), das die Verfassungsmäßigkeit des § 19 II Nr. 1 HUG ausdrücklich bejaht hat. Damals galt allerdings noch der frühere § 9 a HUG, der die sonstigen Mitarbeiter in wissenschaftsrelevanten Fragen stets auf beratende Mitwirkung beschränkte, so daß sich in diesen Fällen die Professorenmehrheit mit 7 : 6 einstellte.

[31] Die Klausel des § 19 IV HUG bewirkt, daß die Professoren auch in den übrigen drei Ständigen Ausschüssen — für Haushaltsangelegenheiten und Hochschulentwicklungsplanung, für Bibliothekswesen sowie für Datenverarbeitung — stets über die absolute Mehrheit der Stimmen verfügen.

Am schwächsten und in der arithmetischen Konstruktion höchst fragwürdig ist die Sonderstellung der Professoren an den bremischen Hochschulen geregelt. Die Sitzverteilung im Akademischen Senat sieht — ganz im Sinne des drittelparitätischen Bremer Modells — fünf Professoren, fünf (zwei wissenschaftliche, drei sonstige) Mitarbeiter und fünf Studenten vor. Die rahmenrechtlich gebotene Professorenmehrheit wird dadurch hergestellt, daß die Stimmen der Vertreter dieser Gruppe mit dem Faktor $2^1/_5$ gewichtet werden, so daß sie gemeinsam über elf von insgesamt 21 Stimmen verfügen (§ 80 IV BremHG). Entsprechend wird beim Fachbereichsrat verfahren: Die Sitzverteilung selbst ist drittelparitätisch mit drei Professoren, drei Mitarbeitern (davon ein wissenschaftlicher Mitarbeiter und zwei sonstige Mitarbeiter) sowie drei Studenten; die Stimmen der Professoren werden jeweils mit dem Faktor $2^1/_3$ bemessen, so daß ihnen sieben von 13 Stimmen zustehen (§ 88 I 1 i. V. m. § 80 IV)[32].

Mit diesen Bestimmungen ist der Vorschrift des § 38 III 2 HRG insoweit Genüge geleistet, als die Professoren unbestritten über die erforderliche absolute Mehrheit der Stimmen verfügen. Ob damit aber der Zweck der rahmenrechtlichen Regelung erfüllt wird, ist äußerst zweifelhaft. § 38 III 2 HRG will den Professoren nach dem Grundsatz der qualitativen Repräsentation[33] eine erhöhte Durchsetzungschance einräumen. Diese ist in Bremen bereits dann vertan, wenn nur einer ihrer Vertreter abweichendes Stimmverhalten an den Tag legt: Die übrigen Professoren müßten sodann, um die Mehrheit zurückzugewinnen, zwei Mitglieder der übrigen Gruppen auf ihre Seite ziehen.

Der Bremer Gesetzgeber hat auch im übrigen alles unternommen, um die verfassungs- und rahmenrechtlich gebotene Sonderstellung der Professoren auf ein Mindestmaß zu beschränken, wenn nicht gar zu unterlaufen.

Nach der Forschungs- und Berufungsklausel des § 38 V HRG, derzufolge bei Dissens zwischen Gremien- und Professorenmehrheit auch im zweiten Abstimmungsgang letztere den Ausschlag gibt, wäre ein dritter Abstimmungsgang nicht mehr erforderlich. Gem. § 101 IV BremHG hingegen ist eine erneute Sitzung einzuberufen, und erst bei dieser

[32] Soweit ein sonstiger Mitarbeiter gem. § 98 II BremHG (= § 38 IV HRG) nicht stimmberechtigt ist, vermindert sich das Gewicht der Stimme eines jeden Professors im Akademischen Senat und im Fachbereichsrat um ein Fünftel für jedes nicht stimmberechtigte Mitglied (§ 98 VI BremHG). Der Gesetzgeber hat also nichts unversucht gelassen, die Stimmenmehrheit der Professoren tunlichst knapp zu bemessen. Nicht unähnlich verfahren das BerlHG und das HmbHG. Sie lassen die Stimmen der im Senat oder Fachbereichsrat nicht stimmberechtigten sonstigen Mitarbeiter auf die Gruppe der wissenschaftlichen Mitarbeiter und/oder der Studenten entfallen (§§ 76 VI, 91 IV BerlHG, §§ 85 II, 99 II 2 i. V. m. § 123 II HmbHG).

[33] *Dallinger*, § 38 Rdnr. 16.

vermag sich die Professorenmajorität durchzusetzen[34]. Gegen den so gefaßten Beschluß kann wiederum eine Gremienminderheit, die über ein Drittel der Stimmen verfügt, Einspruch mit aufschiebender Wirkung einlegen. In diesem Fall bedarf es einer weiteren, also einer vierten Sitzung, auf der die angefochtene Entscheidung, ggf. allein mit der Mehrheit der Professoren, bestätigt wird (§ 101 V BremHG). Diese auf dilatorische Prozeduren angelegte Regelung ist mit § 38 V 2 HRG — der die Professorenmehrheit bereits ausschlaggebend sein läßt, sofern der zweite Abstimmungsgang erfolglos verlaufen ist — kaum zu vereinbaren.

Auffällig ist auch der Umstand, daß in Bremen die dem Fachbereichsrat nicht angehörenden Professoren bei Entscheidungen, die ihr Fachgebiet betreffen, nicht gehört zu werden brauchen. Während die Hochschulgesetze der übrigen Länder in diesem Fall eine beratende Mitwirkung oder doch eine Anhörung des betroffenen Hochschullehrers verlangen, läßt es § 102 III BremHG genügen, daß ein wissenschaftlicher Mitarbeiter aus dem fraglichen Fachgebiet dem Gremium als Mitglied angehört[35].

Die Differenzen zwischen A- und B-Ländern werden noch deutlicher, wenn man auf die *Leitungsstruktur der wissenschaftlichen Einrichtungen* abhebt. Während die gesetzlichen Regelungen über die Zusammensetzung der zentralen Kollegialorgane und des Fachbereichsrates immerhin parteipolitische Grenzüberschreitungen — mit Niedersachsen in der Gruppe der SPD- bzw. SPD/FDP-regierten Länder — erkennen lassen, zeigt sich bei den Vorschriften über die Leitung der Institute ein klarer Gegensatz zwischen den beiden Fronten: Die einen — Baden-Württemberg, Bayern, Niedersachsen, Rheinland-Pfalz, das Saarland und Schleswig-Holstein — behalten die administrative Verantwortung für die wissenschaftlichen Einrichtungen den Professoren vor[36], die anderen — Berlin, Bremen, Hamburg, Hessen und Nordrhein-Westfalen — geben einem aus Vertretern sämtlicher Mitgliedergruppen gebildeten Institutsrat den Vorzug[37]. Hinsichtlich der Zusammensetzung des Institutsrats zeigen sich jedoch innerhalb der Gruppe der A-Länder nicht unerhebliche Unterschiede.

[34] Bei Berufungsvorschlägen ist die unterlegene Gremienmehrheit nicht nur — wie nach § 38 V 3 HRG und den darauf beruhenden gesetzlichen Regelungen aller übrigen Bundesländer — zur Vorlage eines Sondervotums berechtigt; ihr Vorschlag *muß* in jedem Fall als weiterer Berufungsvorschlag eingereicht werden.

[35] Demgegenüber ist es verfassungsrechtlich geboten, daß die Hochschullehrer bei Beratungen über wesentliche Angelegenheiten ihres Fachgebiets selbst in geeigneter Weise zu Gehör kommen (BVerfGE 35, 79 [129, 137]).

[36] Dazu oben, Abschnitt VI. 4. § 85 II RP HochSchG räumt die Möglichkeit der Beteiligung von wissenschaftlichen Mitarbeitern und Hochschulassistenten ein.

[37] s. o., Abschnitt VI. 4.

Das BerlHG und das HmbHG räumen den Professoren eine Stimme mehr als der Gesamtheit der Vertreter der übrigen Mitgliedergruppen ein[38]. In Bremen verfügt die Gruppe der Professoren über die Zahl von Stimmen, die für die absolute Mehrheit „erforderlich und ausreichend ist"; das Nähere regelt die Grundordnung (§ 92 VI 2, VII, § 93 II BremHG)[39].

Demgegenüber ist die Sonderstellung der Professoren im Institutsrat an den wissenschaftlichen Hochschulen Nordrhein-Westfalens und an den hessischen Universitäten stärker betont. § 26 II 1 NW EWissHG bestimmt klar und eindeutig, daß im Vorstand der wissenschaftlichen Einrichtung die Professoren doppelt soviel Stimmen haben wie die Gesamtheit der Vertreter der übrigen Mitgliedergruppen.

§ 27 I HUG regelt die Zusammensetzung des Direktoriums einer wissenschaftlichen Einrichtung nicht abschließend, sondern überläßt die Festlegung der Einzelheiten der Institutssatzung[40]. Immerhin ergeben sich aus dem Gesetz Mindestanforderungen, die bei Erlaß der Satzung zu beachten sind: Danach gehören sämtliche Professoren dem Direktorium an. Die übrigen Gruppen sind grundsätzlich nur durch je einen Vertreter repräsentiert. Die Satzung kann eine Erhöhung der Anzahl der nichtprofessoralen Mitglieder im Direktorium bis auf je fünf vorsehen, aber nur dann, wenn es im Hinblick auf die besonderen Aufgaben des Instituts in Lehre und Forschung oder nach dem Umfang ihrer Beteiligung an den wissenschaftlichen Aktivitäten des Instituts angemessen erscheint. Zusätzlich wird bestimmt, daß die dem Direktorium angehörenden Studenten dem Institut als Diplomanden, Doktoranden oder aus anderen Gründen auf längere Zeit verbunden sein sollen. In all diesen Fällen müssen die Professoren über die Mehrheit im Direktorium verfügen.

§ 38 HRG beschränkt seine Regelungen über die Sonderstellung der Professoren auf Gremien mit Entscheidungsbefugnissen in Forschungs-, Lehr- und Berufungsangelegenheiten. Demgemäß enthält das Gesetz

---

[38] In Berlin (§ 98 V BerlHG): vier Professoren, ein wissenschaftlicher Mitarbeiter, ein Student und ein sonstiger Mitarbeiter; in Hamburg (§ 107 IV HmbHG): die der wissenschaftlichen Einrichtung angehörenden Professoren (jedoch nicht mehr als acht) sowie mindestens je ein Vertreter der Hochschulassistenten, der wissenschaftlichen Mitarbeiter, der Studenten und der sonstigen Mitarbeiter mit einer Gesamtzahl, die um eines geringer ist als die der Professoren.

[39] Demnach kommt auch für den Institutsrat eine drittelparitätische Besetzung mit entsprechend höherer Gewichtung der Professorenstimmen in Betracht.

[40] Die Satzung wird vom Direktorium des Instituts in Ergänzung der vom Ständigen Ausschuß II zu erlassenden allgemeinen Bestimmungen für die Organisation, Verwaltung und Benutzung der wissenschaftlichen Einrichtungen beschlossen und bedarf zu ihrer Wirksamkeit dessen Zustimmung (§ 27 III i. V. m. § 18 II Nr. 2 Buchst. b und d HUG).

keine Vorgaben für die Sitz- und Stimmrechtsverteilung in Gremien mit nur beratenden Funktionen. Der Landesgesetzgeber ist insoweit rahmenrechtlich nicht gebunden. Er braucht daher bei der Festlegung der Zusammensetzung und des Abstimmungsverfahrens dieser Organisationseinheiten der herausgehobenen Stellung der Professoren grundsätzlich nicht Rechnung zu tragen.

Etwas anderes gilt jedoch für die *Berufungsausschüsse*. Sie geben zwar nur Empfehlungen; ihren Vorschlägen kommt aber erfahrungsgemäß erhebliches Gewicht zu. Der Gesetzgeber muß daher nach Ansicht des Bundesverfassungsgerichts der Gruppe der Hochschullehrer auch in der Berufungskommission die Möglichkeit einräumen, ihre Auffassung in den Empfehlungen des Ausschusses selbst durchzusetzen, und darf sie nicht auf ein Minderheitsvotum verweisen[41].

Die ländergesetzlichen Regelungen über die Berufungsausschüsse lassen keine klare parteipolitische Frontlinie erkennen. Man könnte allenfalls von unterschiedlichen Tendenzen sprechen, etwa in dem Sinne, daß die A-Länder (Ausnahme: Hessen) die Professorenmehrheit knapp, die B-Länder (Ausnahme: Niedersachsen) sie dagegen großzügig bemessen.

Zunächst fällt auf, daß die Hochschulgesetze Hamburgs, Rheinland-Pfalz' und des Saarlands ausdrückliche Bestimmungen über die Sitzverteilung und den Willensbildungsprozeß in den Berufungskommissionen vermissen lassen.

Nach § 48 II i. V. m. § 23 II Nr. 8 SUG ist der Große Fakultätsrat für die Verabschiedung von Berufungsvorschlägen zuständig. Über Berufungsausschüsse, die die Beschlußfassung dieses Organs vorbereiten, sagt das Gesetz nichts. § 67 I RP HochSchG ermächtigt zwar den Fachbereichsrat, einzelne Aufgaben auf von ihm gebildete Ausschüsse zur Beratung oder Entscheidung zu übertragen, und erwähnt in diesem Zusammenhang auch Berufungskommissionen. Vorschriften über die Struktur dieser Gremien sind dem Gesetz indes nicht zu entnehmen. Auch § 101 I HmbHG eröffnet dem Fachbereichsrat nur ganz allgemein die Möglichkeit, für bestimmte Angelegenheiten Ausschüsse einzusetzen; eine Mehrheit der Professoren ist nur dann geboten, wenn einem Ausschuß Entscheidungsbefugnisse übertragen sind (§§ 101 II 2, 123 I), wäre demnach für Berufungskommissionen nicht einmal erforderlich.

Mangels ausdrücklicher gesetzlicher Regelungen gilt aber für die Sitzverteilung und die Stimmberechtigung in den Berufungskommissionen der hamburgischen, rheinland-pfälzischen und saarländischen Hochschulen jedenfalls das verfassungsrechtlich gebotene Minimum:

---

[41] BVerfGE 35, 79 (145).

Die Professoren müssen über die absolute Stimmenmehrheit verfügen; die sonstigen Mitarbeiter dürfen nur beratend mitwirken[42].

In Bremen, Niedersachsen und Nordrhein-Westfalen hat der Gesetzgeber den Professoren im Berufungsausschuß jeweils eine Stimme mehr, in Berlin mindestens eine Stimme mehr als der Gesamtheit der übrigen Gremienmitglieder eingeräumt[43].

Gegenüber diesen eher restriktiven Regelungen haben Hessen, Bayern und Schleswig-Holstein, vor allem aber Baden-Württemberg den Professoren ein deutliches Übergewicht in den Berufungsausschüssen zugestanden.

Nach § 22 IV HUG gehören der Berufungskommission des Fachbereichsrates Vertreter der Professoren, der Studenten sowie der wissenschaftlichen Mitarbeiter im Verhältnis 5 : 2 : 1 an. Gem. Art. 46 III BayHSchG und § 96 II 3 SH HSG müssen zwei Drittel der Mitglieder des vom Fachbereichsrat gebildeten Berufungsausschusses Professoren sein.

Baden-Württemberg geht über dieses Quorum noch hinaus: In der Berufungskommission wirken nach § 66 IV UG der Dekan (oder ein von ihm bestellter Professor), mindestens drei Professoren der Fakultät, mindestens zwei weitere Professoren aus anderen Fakultäten, ein wissenschaftlicher Mitarbeiter und ein Student mit. So ergibt sich für die Professoren eine Mehrheit von wenigstens drei Vierteln der Gremienmitglieder[44].

Die detaillierten Mitbestimmungsregelungen in den Länderhochschulgesetzen haben gewiß den Vorteil, daß sie klare und eindeutige Verhältnisse schaffen und auf diese Weise universitätsinterne Auseinander-

---

[42] Die Grundordnung bzw. die Einzelsatzungen der Hochschule müssen diesen Mindeststandards Rechnung tragen.

[43] § 95 II BerlHG: In den vom Fachbereichsrat eingesetzten Berufungskommissionen müssen die Professoren mindestens eine Stimme mehr als die anderen Gruppen zusammen haben; sonstige Mitarbeiter können nur beratend mitwirken.

§ 19 I BremHG: Der Fachbereichsrat bildet eine Berufungskommission, der fünf Professoren, ein Vertreter der wissenschaftlichen Mitarbeiter und drei Studenten angehören.

§ 57 III NHG: Die vom Fachbereichsrat gebildete Berufungskommission besteht aus drei Professoren, einem Studenten sowie einem wissenschaftlichen Mitarbeiter.

§ 61 IV NW EWissHG: Der Fachbereichsrat setzt eine Berufungskommission ein, der Professoren, wissenschaftliche Mitarbeiter und Studenten im Verhältnis 4 : 2 : 1 angehören.

[44] § 66 IV UG bestimmt im übrigen, daß mindestens zur Hälfte Professoren mit der Besoldungsgruppe C IV in den Berufungsausschuß gewählt werden. Da die Zugehörigkeit zu dieser Besoldungsgruppe einen Eignungsnachweis für besondere Fähigkeiten in Forschung und Lehre bedeutet, stellt sie einen zulässigen Anknüpfungspunkt für die Wählbarkeit in eine Berufungskommission dar (vgl. *Dallinger*, § 38 Rdnr. 7).

setzungen über die „richtige" Gremienbesetzung von vornherein durch staatliche Anordnung unterbinden. Bedauern muß man jedoch den Schematismus und die Starrheit der Vorschriften. Auch noch so erhebliche Zweifel an der Fähigkeit der Hochschulen zur Selbstorganisation zwangen die Gesetzgeber nicht dazu, Sitzverteilung und Stimmrechtsrelation in den Hochschulgremien bis in die Einzelheiten vorzuschreiben. Es hätte vollauf genügt, wenn sich die Parlamente auf die Festlegung von Mindestanforderungen nach den Standards des § 38 HRG beschränkt und alles Weitere den Hochschulen zur Regelung in Form von Satzungen überlassen hätten[45].

Diese Flexibilität zeichnet noch das geltende nordrhein-westfälische Hochschulgesetz[46] aus. Dessen § 24 bestimmt, daß die Hochschulangehörigen „nach Maßgabe dieses Gesetzes und der Hochschulsatzung" an der Selbstverwaltung der Hochschule mitwirken (Abs. 1), daß Kollegialorgane aus Hochschullehrern, wissenschaftlichen Mitarbeitern und Studenten zu bilden sind, wobei die Beteiligung der nichtwissenschaftlichen Mitarbeiter nur für das Konzil geboten, im übrigen aber ins Ermessen der Hochschule gestellt ist (Abs. 2), und daß bei der zahlenmäßigen Zusammensetzung der Organe sowie der Art der Mitwirkung ihrer Mitglieder sachgerecht zu differenzieren ist (Abs. 3). Infolgedessen bleibt es der einzelnen Hochschule freigestellt, wie sie im vorgegebenen Rahmen die Sitz- und Stimmrechtsverteilung in den Gremien regelt[47].

---

[45] Wie es z. B. hinsichtlich der Institutsleitung in Hessen (§ 27 I HUG) und Rheinland-Pfalz (§ 85 II HochSchG), im Blick auf die Berufungskommissionen in Berlin (§ 95 II BerlHG) geschehen ist.

[46] Gesetz über die wissenschaftlichen Hochschulen des Landes Nordrhein-Westfalen vom 7. 4. 1970 (GV. S. 254), zuletzt geändert durch Gesetz vom 25. 4. 1978 (GV. S. 180).

[47] Die wissenschaftlichen Hochschulen Nordrhein-Westfalens haben den vom Gesetzgeber belassenen Spielraum sehr unterschiedlich ausgefüllt. So gibt z. B. die Verfassung der Universität Bonn vom 27. 6. 1960 (zuletzt geändert am 26. 10. 1968), die noch dem alten Organisationsmuster der Gliederung in Fakultäten verhaftet ist, den Professoren in allen Organen ein klares Übergewicht. Die Engere Fakultät bilden sämtliche aktiven und emeritierten Lehrstuhlinhaber, die habilitierten Mitglieder der Fakultät zu zwei Fünfteln der Zahl der Lehrstühle sowie wissenschaftliche Mitarbeiter und Studenten zu je einem Zehntel der Anzahl der Lehrstühle (§ 36). Im Senat haben die Hochschullehrer eine Mehrheit von 15 : 3 (wissenschaftliche Mitarbeiter): 3 (Studenten) (§§ 65, 66). Da dem Großen Senat die Mitglieder der Engeren Fakultäten und des Senats sowie deren Stellvertreter angehören, ist auch in diesem Organ eine deutliche Professorenmehrheit gewährleistet.

Demgegenüber hat etwa die Verfassung der Universität Münster vom 11. 2. 1970 die Stellung der Professoren sehr schwach ausgebildet. Sie räumt ihnen im Fachbereichsrat nur eine Stimme mehr als der Gesamtheit der Vertreter der wissenschaftlichen Mitarbeiter und Studenten ein (Art. 55); in der Fachbereichskonferenz, die u. a. für den Erlaß der Fachbereichssatzung und die Wahl des Dekans zuständig ist, besteht Parität zwischen Professoren einerseits, wissenschaftlichen Mitarbeitern und Studenten andererseits

Daß der nordrhein-westfälische Regierungsentwurf eines neuen, dem HRG angepaßten Hochschulgesetzes soviel Unwillen an den Universitäten ausgelöst hat[48], ist nicht zuletzt der Tatsache zuzuschreiben, daß er, gerade im Bereich der Mitbestimmung, auf ein Ende der Hochschulvielfalt und der praktizierten Hochschulautonomie hinausläuft.

(Art. 51). Im Senat haben die Hochschullehrer nur in unmittelbar wissenschaftsrelevanten Fragen die Stimmenmehrheit (Art. 22 I). Im Konvent steht den Professoren weniger als die Hälfte der Sitze zu (Art. 16 II).

Sowohl § 24 des geltenden nordrhein-westfälischen Hochschulgesetzes als auch die erwähnten Universitätsverfassungen sind im Blick auf § 38 HRG novellierungsbedürftig. Doch ist schwer einzusehen, daß nunmehr die Gremienstruktur aller wissenschaftlichen Hochschulen in Nordrhein-Westfalen über einen einheitlichen gesetzlichen Leisten geschlagen werden soll.

[48] s. etwa *Peter Graf Kielmansegg* in der FAZ vom 15. 6. 1979.

VIII. Das Ordnungsrecht der Hochschule

Die Einführung eines bundeseinheitlich geregelten Ordnungsrechts war zwischen den Parteien, zwischen Bundestag und Bundesrat heftig umstritten. Der Regierungsentwurf zum HRG sah weder ordnungsrechtliche Tatbestände noch ordnungsrechtliche Maßnahmen vor. Demgegenüber traten Opposition und Bundesrat für ein abgestuftes Ordnungsrecht mit detaillierten Bestimmungen über Ordnungsverstöße und Sanktionen ein.

Das schließlich verabschiedete HRG stellt einen Kompromiß zwischen den gegensätzlichen Positionen dar. Es beschränkt sich im wesentlichen auf einen Gewaltschutzparagraphen und die Begründung einer allgemeinen Verhaltenspflicht, läßt aber den Ländern Raum für zusätzliche Regelungen.

Grundnorm des Ordnungsrechts ist § 36 IV HRG. Danach müssen sich alle Hochschulangehörigen so verhalten, daß die Hochschule und ihre Organe ihre Aufgaben erfüllen können und niemand gehindert wird, seine Rechte und Pflichten an den Hochschulen wahrzunehmen. § 36 IV ist eine „offene" Vorschrift: Sie begründet nur eine allgemeine Verhaltenspflicht und sieht davon ab, Rechtsfolgen einer Pflichtverletzung zu regeln; vielmehr „richten sich die zu treffenden Maßnahmen nach Landesrecht"[1].

Das HRG hat es jedoch mit der Generalklausel des § 36 IV nicht bewenden lassen. In § 28 enthält es eine Spezialregelung, die für bestimmte Störungstatbestände eine bestimmte Sanktion vorsieht. Nach Abs. 1 S. 1 der Vorschrift kann die Immatrikulation eines Studenten widerrufen werden, wenn er durch Anwendung von, Aufforderung zu oder Bedrohung mit Gewalt den bestimmungsgemäßen Betrieb einer Hochschuleinrichtung, die Tätigkeit eines Hochschulorgans oder die Durchführung einer Hochschulveranstaltung behindert (Nr. 1) oder ein Hochschulmitglied von der Ausübung seiner Rechte und Pflichten abhält oder abzuhalten versucht (Nr. 2). Gleiches gilt gem. Abs. 1 S. 2 bei Teilnahme an derartigen Handlungen oder bei wiederholtem Verstoß

[1] Nach *Dallinger*, § 36 Rdnr. 10, wird mit dieser Formulierung kein Regelungsauftrag an den Landesgesetzgeber erteilt, sondern nur ein rahmenrechtlicher Regelungsverzicht erklärt. Das Landesrecht ist daher nicht nur hinsichtlich des „Wie", sondern auch hinsichtlich des „Ob" der bei einem Pflichtverstoß zu verhängenden Sanktionen frei.

gegen Anordnungen, die die Hochschule wegen Verletzung der allgemeinen Verhaltenspflicht nach § 36 IV gegen den Studenten getroffen hat.

Mit der Relegation ist eine Frist bis zur Dauer von zwei Jahren festzusetzen, während der eine erneute Einschreibung an der Hochschule ausgeschlossen ist (Abs. 2). Solange die Sperrfrist läuft, ist die Einschreibung auch an einer anderen Hochschule im Bundesgebiet zu versagen, es sei denn, daß dort die Gefahr einer Störung im Sinne des Abs. 1 nicht zu besorgen ist (Abs. 4). Die Entscheidung über die Relegation und das befristete Immatrikulationsverbot, die schriftlich zu begründen und mit einer Rechtsmittelbelehrung zu versehen ist, ergeht in einem förmlichen Verfahren, das durch Landesgesetz zu regeln ist (Abs. 3).

§ 28 HRG dient in erster Linie der vorbeugenden Gefahrenabwehr. Die Vorschrift verfolgt den Zweck — das ergibt sich auch aus ihrem Zusammenhang mit § 36 IV HRG —, die Funktionsfähigkeit der Hochschule und die Rechtsausübung ihrer Mitglieder zu sichern[2]. Zwar erfassen die sanktionsauslösenden Tatbestände nur vergangenes Verhalten des Studenten; insoweit hat die Bestimmung repressiven Charakter[3]. Das ändert jedoch nichts daran, daß die Relegation nur dann verfügt werden darf, wenn Wiederholungsgefahr besteht: falls also der Störer durch sein Verhalten die begründete Annahme rechtfertigt, seine weitere Zugehörigkeit zur Hochschule werde den freien Wissenschaftsbetrieb schwer beeinträchtigen oder seine eigene künftige Ausbildung unmöglich machen[4]. Das folgt einerseits aus dem Grundrecht der freien Wahl der Ausbildungsstätte (Art. 12 I 1 GG) in der normativen Eingrenzung durch Art. 5 III GG[5]; zum andern ergibt es sich aus dem Übermaßverbot[6]: § 28 I HRG stellt als Kann-Vorschrift die Zwangsexmatrikulation in das Ermessen der Ordnungsbehörde; diese muß daher prüfen, ob die Relegation geeignet und erforderlich ist, den Schutzzweck des § 28 I i. V. m. § 36 IV HRG zu erreichen, und ob sie dem Verhältnismäßigkeitsgrundsatz entspricht.

1. Ordnungsrechtliche Tatbestände und Maßnahmen

Sämtliche Bundesländer haben die Grundnorm des § 36 IV HRG gesetzlich transformiert und damit alle Hochschulangehörigen verpflichtet,

---

[2] *Dallinger*, § 28 Rdnr. 3.

[3] *Reich*, § 28 Rdnr. 1.

[4] *Pieroth*, Störung, Streik und Aussperrung an der Hochschule, S. 242—247.

[5] Dazu *Pieroth*, ebd., S. 246.

[6] Zur Bedeutung des Übermaßverbots für das Verwaltungshandeln: *Wolff-Bachof*, Verwaltungsrecht I, § 30 II b 1.

die Funktionsfähigkeit der Hochschule und die Rechtsausübung ihrer Mitglieder nicht zu beeinträchtigen[7]. Einige Länder — Baden-Württemberg, Bayern und Schleswig-Holstein — haben sich mit der Übernahme der Generalklausel nicht begnügt, sondern unterschiedliche Störungstatbestände, die unterschiedliche Sanktionen zur Folge haben, festgelegt.

Nach § 98 I, II BW UG[8] können gegen Mitglieder der Universität ordnungsrechtliche Maßnahmen getroffen werden, wenn sie vorsätzlich oder grob fahrlässig die Wahrnehmung der Aufgaben der Universität oder einer anderen deutschen Hochschule beeinträchtigen oder gegen die Ordnung verstoßen. Als Störungstatbestände werden „insbesondere" genannt: die Störung oder Behinderung von Lehrveranstaltungen, des Forschungsbetriebs, der Tätigkeit der Organe oder der Verwaltung; das widerrechtliche Eindringen oder Verweilen in Hochschulräumen, die Zerstörung oder Beschädigung von Gebäuden oder Räumen der Hochschule oder deren Zwecken dienender Gegenstände; die Behinderung oder der Versuch der Behinderung eines Hochschulmitglieds an der Ausübung seiner Rechte und Pflichten und die öffentliche Aufforderung anderer, eine der vorbezeichneten Handlungen zu begehen.

Eine ähnliche Regelung trifft Art. 76 I und II BayHSchG. Allerdings enthält die bayerische Vorschrift keinen generellen (Auffang-)Tatbestand, sondern nur einzelne, abschließend aufgezählte Ordnungsverstöße; andererseits reicht nach dieser Bestimmung bereits leicht fahrlässiges („schuldhaft") Fehlverhalten aus.

Als Sanktionen sieht § 98 III BW UG bei Studenten die Versagung der weiteren Teilnahme an einzelnen Lehrveranstaltungen oder der Benutzung von Universitätseinrichtungen sowie die Aberkennung der Fähigkeit zur Bekleidung von Ämtern in der Universitätsselbstverwaltung bis zur Dauer von zwei Semestern vor; bei sonstigen Mitgliedern droht die Vorschrift den Verweis, den Widerruf der Mitgliedschaft und, wie bei Studenten, die Aberkennung des Rechts auf Wahrnehmung von Ämtern an.

Nach Art. 76 II BayHSchG kommen als Ordnungsmaßnahmen Anordnungen zur Verhinderung weiterer Pflichtverletzungen, insbesondere die Versagung der weiteren Teilnahme an Lehrveranstaltungen oder der Benutzung einzelner Hochschuleinrichtungen für ein oder meh-

---

[7] Wobei Bremen diese allgemeine Verhaltenspflicht durch § 5 V 2 BremHG in unzulässiger Weise relativiert hat; dazu oben, III. 2. a.

[8] Die ordnungsrechtlichen Regelungen für die Universitäten gem. §§ 98 ff. UG gelten aufgrund Verweisung in den anderen Hochschulgesetzen auch für die übrigen Hochschulen Baden-Württembergs.

rere (!) Semester, sowie, allerdings nicht bei Studenten[9], der Ausschluß als Mitglied der Hochschule in Betracht.

Sowohl das BW UG (§ 98 I) als auch das BayHSchG (Art. 76 I) enthalten eine Subsidiaritätsklausel: Ordnungsmaßnahmen der Hochschule sind gegen Mitglieder nur zu verhängen, „soweit auf sie keine beamten- oder arbeitsrechtlichen Vorschriften anzuwenden sind". Wer also in einem Beamten- oder Arbeitsverhältnis steht, unterliegt nicht der Ordnungsgewalt der Hochschule, sondern den einschlägigen dienst- oder arbeitsrechtlichen Regelungen seines Dienstherren[10].

Im übrigen greifen beide Hochschulgesetze (§ 99 BW UG und Art. 76 II Nr. 2 i. V. m. III BayHSchG) den Gewaltschutzparagraphen des HRG mit der rahmenrechtlich dafür vorgesehenen Rechtsfolge, der Exmatrikulation mit befristetem Wiedereinschreibungsverbot, auf.

Schleswig-Holstein stuft in § 32 HSG gleichfalls Ordnungstatbestände und -maßnahmen ab. Ordnungsverstöße begeht, wer schuldhaft Gewalt als Mittel der Auseinandersetzung anwendet und dabei die Durchführung der Lehrveranstaltungen, den Forschungsbetrieb, die Tätigkeit der Organe oder die Verwaltung widerrechtlich erheblich behindert, widerrechtlich in Räume der Hochschule eindringt oder darin verweilt, Gebäude oder Räume der Hochschule oder deren Zwekken dienende Gegenstände zerstört oder beschädigt. Ein Störungstatbestand liegt auch dann vor, wenn jemand eine Straftat begeht, die sich gegen Mitglieder der Hochschule oder gegen die zur Sicherung der Ordnung der Hochschule eingesetzten Personen richtet, oder wenn ‚ein Mitglied der Hochschule andere öffentlich zu Ordnungsverstößen im Sinne der oben aufgeführten Tatbestände auffordert[11]. Als Ordnungsmaßnahmen sieht § 32 II schriftlichen Verweis, Versagen der weiteren Teilnahme an einzelnen Unterrichtsveranstaltungen oder der Benutzung von Hochschuleinrichtungen bis zu zwei Semestern sowie Androhung des Ausschlusses und Ausschluß vom Studium an allen Hochschulen Schleswig-Holsteins vor. Diese Maßnahmen (außer dem Verweis) können mit der Anordnung verbunden werden, daß die Mitwirkungsrechte in Organen der Hochschule nicht ausgeübt werden dürfen oder verwirkt worden sind.

---

[9] Für die die Exmatrikulation nur unter den erschwerten Voraussetzungen des § 28 I HRG zulässig ist (dazu im folgenden).

[10] Woraus sich ergibt, daß das Ordnungsrecht in erster Linie auf die Abwehr studentischer Störungen gerichtet ist.

[11] Nicht dem Ordnungsrecht der Hochschule unterliegen Hochschulmitglieder, die im Dienst des Landes stehen (§ 32 I), also sämtliche an der Hochschule tätigen Beamten, Angestellten und Arbeiter (§ 9 IV). Das Ordnungsrecht richtet sich somit auch in Schleswig-Holstein vorrangig gegen Studenten.

Die ordnungsrechtlichen Regelungen des SH HSG sind teilweise problematisch. So kann z. B. die Zwangsexmatrikulation auch dann verfügt werden, wenn die Voraussetzungen des § 28 I 1 HRG sowohl hinsichtlich des durch diese Norm abgedeckten Schutzbereichs als auch hinsichtlich der Begehungsart nicht erfüllt sind. Das HRG limitiert den institutionellen Schutz auf „den bestimmungsgemäßen Betrieb einer Hochschuleinrichtung"; nach dem HSG reicht dagegen eine Beschädigung von Räumen oder Sachen auch dann aus, wenn die Funktionsfähigkeit der Einrichtung nicht betroffen ist. Nach der rahmenrechtlichen Vorschrift muß die Störung auf Gewalt beruhen; das Landesrecht läßt indes bereits eine gegen Hochschulmitglieder oder eingesetzte Ordnungskräfte gerichtete gewaltfreie Straftat genügen.

Bedenklich ist § 32 HSG auch insoweit, als die Relegation nicht nur für die Hochschule, in die der Student eingeschrieben ist, sondern für alle Hochschulen des Landes gilt. Diese Regelung widerspricht § 28 HRG, der den Widerruf der Immatrikulation auf die betroffene Hochschule beschränkt (Abs. 1). Das Einschreibungsverbot für andere Hochschulen ist nicht Inhalt, sondern Folge der Relegation (Abs. 4). Die bundesrechtliche Vorschrift räumt dem relegierten Studenten im übrigen anders als das HSG die Möglichkeit ein, den Nachweis zu erbringen, daß er Ordnungsverstöße an einer anderen Hochschule nicht begehen wird; in diesem Fall darf ihm dort die Einschreibung nicht versagt werden.

Im Unterschied zu Baden-Württemberg, Bayern und Schleswig-Holstein sehen die übrigen Bundesländer ein sanktionsbewehrtes Ordnungsrecht nur für die in § 28 I HRG geregelten Tatbestände vor und drohen bei entsprechenden Störungshandlungen die befristete Exmatrikulation als Rechtsfolge an[12]. Das bedeutet allerdings nicht, daß die Hochschulorgane bei weniger schwerwiegenden Ordnungsverstößen tatenlos zusehen müßten. So kann z. B. der Leiter der Hochschule — oder der von ihm Beauftragte — aufgrund der ihm zustehenden Ordnungsgewalt und des Hausrechts (§ 62 I HRG) die zur Abwehr von Störungen erforderlichen und geeigneten Maßnahmen treffen[13,14].

[12] § 67 BerlHG; § 38 II, III, § 39 II—VII BremHG; § 42 HmbHG; § 38 HHG; §§ 41 und 42 NHG; § 134 NW EWissHG und § 9 VII 2 NW EFHG i. V. m. § 134 EWissHG; § 65 III—VIII RP HochSchG und § 51 III—VIII RP Fach HSchG; § 88 III—IX SUG, § 63 III—IX SL FHG und § 61 III—IX SL MHG.

[13] Dazu *Pieroth*, Störung, Streik und Aussperrung an der Hochschule, S. 247—264. Als Sanktionen kommen etwa in Betracht: Hausverbot, Verweisung eines Störers aus dem Hörsaal, u. U. auch Untersagen der Teilnahme an einzelnen Lehrveranstaltungen oder der Benutzung von Hochschuleinrichtungen. Vgl. § 42 VIII HmbHG, der den Präsidenten unter Verweis auf seine ihm in § 80 VII des Gesetzes eingeräumten Befugnisse in der Ausübung des Hausrechts und der Ordnungsgewalt ermächtigt, Studenten von der Teilnahme an Lehrveranstaltungen und der Inanspruchnahme von Hochschuleinrichtungen auszuschließen.

Unter dem Gesichtspunkt rahmenrechtlicher Konkordanz ergeben sich im Blick auf das bremische Ordnungsrecht Bedenken. Nach § 38 II 2 Nr. 2 BremHG setzt die Exmatrikulation voraus, daß der Student mindestens dreimal schuldhaft Anordnungen des Rektors zuwiderhandelt, die gegen ihn „wegen besonders schwerwiegender Verletzungen" seiner allgemeinen Verhaltenspflicht im Sinne des § 36 IV HRG getroffen worden sind. Das steht mit der abschließenden rahmenrechtlichen Regelung des § 28 I 2 HRG insoweit nicht im Einklang, als diese eine Anordnung auch gegen einfache Pflichtverstöße genügen läßt. Fragwürdig ist ferner die Bestimmung des § 38 III BremHG, der verlangt, daß die Feststellung der besonders schwerwiegenden Pflichtverletzung in jedem Einzelfall von der zuständigen Ordnungskommission getroffen wird. Die Relegation des Dauerstörers wird damit formal an engere Voraussetzungen geknüpft, als sie das Rahmenrecht festlegt.

2. Ordnungsrechtliches Verfahren

Die ordnungsrechtlichen Maßnahmen ergehen in einem förmlichen Verfahren, das in seinen Einzelheiten durch Landesgesetz geregelt wird (§ 28 III 1 2 HRG). Folglich gelten für das Ordnungsverfahren, soweit nichts Gegenteiliges bestimmt ist, die Vorschriften über das förmliche Verwaltungsverfahren nach dem — bundeseinheitlich geregelten — Verwaltungsverfahrensgesetz des jeweiligen Landes; das trifft auch dann zu, wenn die Hochschulgesetze, wie in Baden-Württemberg und in Bayern, keine klarstellende Verweisung enthalten[15].

---

[14] Im übrigen zwingen nicht sämtliche Hochschulgesetze bei Vorliegen der dem § 28 I HRG nachgebildeten Tatbestände zu einer Automatik, die allein die schärfste Ordnungsmaßnahme der Relegation zur Anwendung gelangen ließe.

So enthalten § 67 II BerlHG, § 41 III NHG, § 134 NW WissHG, § 65 IV RP HochSchG und § 80 IV SUG einen gestuften Sanktionsapparat. Nach niedersächsischem, rheinland-pfälzischem und saarländischem Recht ist die Exmatrikulation in weniger schweren Fällen nur zulässig, wenn sie zuvor angedroht worden ist. Nach den Berliner und nordrhein-westfälischen Regelungen kommen zunächst die Androhung der Relegation und die Versagung der Teilnahme an Lehrveranstaltungen und der Benutzung von Hochschuleinrichtungen (nach EWissHG auch ein Hausverbot) in Betracht. Diese Differenzierung der Ordnungsmaßnahmen unterläuft nur scheinbar den ausschließlich auf die Zwangsexmatrikulation abstellenden Sanktionsmechanismus des HRG. Sie beruht auf den Grundsätzen des Übermaßverbots, das in den Hochschulgesetzen einiger Bundesländer ausdrücklich normiert ist (vgl. z. B. § 38 II HHG) und es damit der zuständigen Ordnungsbehörde ermöglicht, auch mangels expliziter Bestimmungen weniger einschneidende Maßnahmen zu treffen.

[15] Die meisten Hochschulgesetze lassen es nicht mit der Verweisung auf das Verwaltungsverfahrensgesetz bewenden, sondern machen sich die dort normierten wichtigsten Verfahrensgrundsätze ausdrücklich zu eigen.

Das Ordnungsverfahren muß daher in der Regel mündlich in nichtöffentlicher Verhandlung durchgeführt werden (§§ 67, 68 I VwVfG)[16]; den Beteiligten, insbesondere dem betroffenen Studenten, muß Gelegenheit zur Äußerung und die Möglichkeit der Akteneinsicht gewährt werden, sie können sich eines Beistands bedienen (§ 63 I i. V. m. § 14 IV VwVfG); die Ordnungsbehörde hat alle für den Einzelfall bedeutsamen, auch die für den Betroffenen günstigen Umstände zu ermitteln (§ 63 I i. V. m. § 24 II VwVfG); Zeugen sind zur Aussage und Sachverständige zur Erstattung von Gutachten verpflichtet, sie können nach den Vorschriften der Zivilprozeßordnung die Aussage bzw. die Erstattung des Gutachtens verweigern (§ 65 VwVfG); die Ordnungsmaßnahme ist schriftlich zu erlassen und zu begründen (§ 69 II VwVfG, § 28 III 3 HRG); sie muß im übrigen nach übereinstimmender Regelung aller Hochschulgesetze — im Anschluß an § 28 III 3 HRG — mit einer Rechtsmittelbelehrung versehen sein.

Die Zuständigkeiten für die Durchführung des Ermittlungsverfahrens und für die Entscheidung über die Ordnungsmaßnahme sind in den Bundesländern unterschiedlich verteilt. In Bayern fallen beide Aufgaben dem Leiter der Hochschule, in Berlin und Nordrhein-Westfalen einem Ordnungsausschuß zu[17]. In Bremen, Hamburg, Niedersachsen, Rheinland-Pfalz und im Saarland ist die Ermittlung des Sachverhalts Angelegenheit des Leiters der Hochschule, in Schleswig-Holstein des Kanzlers; die Entscheidung selbst trifft ein Ordnungsausschuß, der ggf. zusätzliche Ermittlungen anstellen kann. In Hessen und Baden-Württemberg ermittelt der Ordnungsausschuß bzw. die Einleitungsbehörde, der Präsident erläßt die Ordnungsmaßnahme.

Soweit an den Hochschulen ein Ordnungsausschuß besteht[18], ist dessen Zusammensetzung und das Verfahren der Berufung seiner Mitglieder keineswegs einheitlich geregelt.

---

[16] Eine Ausnahme macht Bremen. § 39 IV 1 BremHG erklärt die Vorschrift des VwVfG über die Nichtöffentlichkeit (§ 68 I) ausdrücklich für nicht anwendbar. Sehr bedenklich ist, daß auch die Bestimmung des § 61 II VwVfG, demzufolge nur Ausschußmitglieder bei der Beratung und Abstimmung über die zu verhängende Maßnahme anwesend sein dürfen, gem. § 39 IV 1 BremHG nicht zur Anwendung gelangt; damit ist nicht mehr gewährleistet, daß die Mitglieder der Ordnungskommission mit der erforderlichen Unabhängigkeit entscheiden.

[17] Diese Verfahrensstruktur erscheint bedenklich. Zwar gilt das Verbot der Inquisitionsmaxime, der Identität von „Richter" und „Kläger", unmittelbar nur für den Strafprozeß. Es sollte jedoch auch im ordnungsrechtlichen Verfahren, in dem mit der Relegation eine schwere Sanktion droht, Beachtung finden.

[18] Also nicht in Bayern, wo das Ordnungsverfahren von der Ermittlung bis zur Entscheidung dem Präsidenten übertragen ist, und nicht in Baden-Württemberg, wo eine staatliche Einleitungsbehörde, deren Vorsitzender vom Wissenschaftsministerium im Benehmen mit dem Hochschulpräsidenten bestellt wird, den Sachverhalt ermittelt.

Nach § 39 II BremHG gehören der zuständigen Kommission ein Professor, ein wissenschaftlicher Mitarbeiter, ein sonstiger Mitarbeiter und drei Studenten an, die von ihren Gruppenvertretern im Konvent gewählt werden; ein vom Konvent zu wählendes hauptberufliches Mitglied der Hochschule oder einer anderen Hochschule, das die Befähigung zum Richteramt hat, tritt mit beratender Stimme hinzu. Nach § 67 V BerlHG werden die drei Mitglieder des Ordnungsausschusses, über deren Zugehörigkeit zur Hochschule oder gar zu einer Mitgliedergruppe das Gesetz nichts bestimmt, vom Akademischen Senat im Benehmen mit dem Leiter der Hochschule bestellt, der Vorsitzende muß die Befähigung zum Richteramt haben.

Die übrigen Länder übertragen den Vorsitz im Ordnungsausschuß einem vom Staat bestellten Berufsrichter (Hamburg, Schleswig-Holstein) oder einem Juristen mit der Befähigung zum Richteramt, der — mit Ausnahme Hessens — der Hochschule nicht angehören darf; er wird von der Leitung der Hochschule (Hessen, Nordrhein-Westfalen, Rheinland-Pfalz, Saarland) oder vom Senat (Niedersachsen) berufen. Als weitere Mitglieder gehören dem Ausschuß in Hamburg, Hessen, Niedersachsen, Nordrhein-Westfalen und Schleswig-Holstein ausschließlich Mitglieder der Hochschule[19], in Rheinland-Pfalz und im Saarland weitere, an die Hochschule nicht gebundene Mitglieder an[20].

Die Amtszeit der Mitglieder des Ordnungsausschusses ist nur in einigen Hochschulgesetzen geregelt; sie beträgt dort im allgemeinen zwei Jahre. Als sehr fragwürdig erweist sich in diesem Zusammenhang die Bestimmung des § 42 V 2 HmbHG, wonach die dem Ordnungsausschuß angehörenden Hochschulmitglieder „für ein Ordnungsverfahren" gewählt werden. Diese ad-hoc-Berufung kann die Unabhängigkeit der Mitglieder des Ordnungsausschusses beeinträchtigen und läßt sich mit den Grundsätzen eines fairen Verfahrens schwerlich vereinbaren. Die

[19] In Hessen und Niedersachsen je ein Professor, Student, wissenschaftlicher Mitarbeiter und sonstiger Mitarbeiter, die von ihren Gruppenvertretern im Konvent (Hessen) bzw. im Senat (Niedersachsen) gewählt werden; in Hamburg zwei Professoren oder Hochschulassistenten und zwei Studenten, sie werden vom Konzil gewählt; in Nordrhein-Westfalen ein Professor und ein Vertreter der Gesamtheit der übrigen Mitgliedergruppen im Senat; in Schleswig-Holstein ein Professor und ein Student, die vom Senat — der Student auf Vorschlag der studentischen Vertreter — bestellt werden.

[20] Die rheinland-pfälzischen und saarländischen Regelungen stimmen fast wörtlich überein: Mitglieder des Ordnungsausschusses sind neben dem Vorsitzenden ein Professor und ein Student, die auf Vorschlag des Senats, sowie zwei weitere Personen außerhalb der Hochschule, die auf Vorschlag des Kuratoriums (Rheinland-Pfalz) bzw. Universitätsrates (Saarland) vom Präsidenten berufen werden. Die Zusammensetzung des Ordnungsausschusses in diesen beiden Ländern verbindet zwei Vorzüge miteinander: Die dem Ausschuß angehörenden Hochschulmitglieder verfügen über die auf Erfahrung und Anschauung beruhende Vertrautheit mit den Realitäten der Hochschule; die hochschulexternen Mitglieder besitzen die gleichfalls wünschenswerte Distanz zur Hochschule und damit ein höheres Maß an Unabhängigkeit.

Regelung verhindert außerdem wegen des damit verbundenen erheblichen Zeitaufwands eine zügige Abwicklung des Ordnungsverfahrens, die gerade im Interesse der Betroffenen geboten ist.

IX. Die Studentenschaft

Nach § 41 HRG kann das Landesrecht vorsehen, daß an den Hochschulen zur Wahrnehmung hochschulpolitischer, sozialer und kultureller Belange der Studenten sowie zur Pflege der überregionalen und internationalen Studentenbeziehungen Studentenschaften gebildet werden. Sofern eine Studentenschaft errichtet wird, verfügt sie im Rahmen ihrer Aufgabenstellung über das Recht der Selbstverwaltung und über Beitragshoheit. Ihre Haushalts- und Wirtschaftsführung wird vom Landesrechnungshof geprüft. Sie untersteht der doppelten Rechtsaufsicht durch die Leitung der Hochschule und durch den Hochschulminister. Im übrigen gelten für die Studentenschaften die Vorschriften des HRG über die Wahlen (§ 39) und die Rechtsstellung von Gremienmitgliedern (§ 37 II) entsprechend.

Die Regelung des HRG stellt einen Kompromiß dar zwischen den gegensätzlichen Auffassungen von Koalition und Opposition, zwischen dem Standpunkt der Bundesregierung, die in ihrem Gesetzentwurf die verfaßte Studentenschaft mit Zwangsmitgliedschaft als Teilkörperschaft der Hochschule vorsah[1], und der ursprünglichen Ansicht des Bundesrates, der für einen völligen Regelungsverzicht mit der Begründung eintrat, es gebe keine Notwendigkeit für eine derartige bundeseinheitliche Vorschrift[2].

Für die Erhaltung der verfaßten Studentenschaft wird vorgebracht, die Studenten befänden sich in einer besonderen, sich von anderen Gruppen strukturell unterscheidenden Situation. Sie stellten weitaus die größte Gruppe dar, hätten aber andererseits eine verhältnismäßig kurzfristige Bindung an die Hochschule. Hieraus ergäben sich spezifische Probleme, die eine Wahrnehmung der Interessen der Studenten durch eine alle Studenten repräsentierende Vertretung notwendig machten[3].

Von den Gegnern einer verfaßten Studentenschaft mit Zwangsmitgliedschaft wird geltend gemacht, die Interessenvertretung der Studenten innerhalb der Hochschule habe durch deren Mitwirkung in den Hochschulorganen an Bedeutung verloren; die Erfüllung der übrigen

---

[1] § 44 des Regierungsentwurfs (BT-Drucksache 7/1328).

[2] Nr. 34 der Stellungnahme des Bundesrates zum Regierungsentwurf.

[3] So die Bundesregierung in der Begründung zu § 44 des Gesetzentwurfs.

traditionellen Aufgaben (z. B. Wahrnehmung der wirtschaftlichen, sozialen, musischen, kulturellen und sportlichen Belange der Studenten, Beratung der Studienanfänger, Pflege der überregionalen und internationalen Studentenbeziehungen) scheitere daran, daß sonstige Organisationen — Hochschule, Studentenwerk, private Verbände — sich dieser Bereiche annähmen; infolgedessen sei die Studentenschaft praktisch funktionslos geworden, ihre Existenz als öffentlich-rechtliche Zwangskörperschaft nicht mehr gerechtfertigt[4].

§ 41 HRG ist aufgrund seines Kompromißcharakters eine weithin offene rahmengesetzliche Regelung, die den Ländern breiten rechtlichen Gestaltungsraum belassen hat: Sie können von der Bildung einer wie auch immer formierten Studentenschaft völlig absehen. Es steht ihnen aber auch frei, diese als öffentlich-rechtliche Körperschaft[5] mit oder ohne Zwangsmitgliedschaft, mit oder ohne Rechtsfähigkeit zu organisieren.

In Baden-Württemberg und in Bayern sind die verfaßten Studentenschaften abgeschafft[6]. Es gibt in diesen Ländern nur noch eine mittelbare Vertretung der Studenten, die aus den gewählten studentischen Mitgliedern im Konvent gebildet wird (§ 18 III BW UG[7]; Art. 58 BayHSchG). Aufgaben der Studentenvertretung sind die Wahrnehmung der fachlichen, wirtschaftlichen und sozialen Belange der Studenten, ferner fachbereichsübergreifende Fragen, die sich aus der Mitarbeit der studentischen Vertreter in den Kollegialorganen ergeben, sowie die Förderung der geistigen, musischen und sportlichen Interessen der Studenten und die Pflege der Beziehungen zu deutschen und ausländischen Studierenden[8].

Sämtliche übrigen Länder haben an der verfaßten Studentenschaft festgehalten. In Schleswig-Holstein wird sie jedoch nicht unmittelbar kraft Gesetzes, sondern durch einen Verwaltungsakt des Kultusministers errichtet, falls sich mehr als die Hälfte der Studenten der Hochschule in einer Urabstimmung dafür aussprechen (§ 28 I HSG)[9].

---

[4] So z. B. *Zimmermann*, DUZ / HD 1974 S. 502—505, 1977 S. 646—649.

[5] Daß die Studentenschaft nur als öffentlich-rechtlich organisierter Verband in Betracht kommt, ergibt sich aus der ihr gewährten Selbstverwaltung und daraus, daß sie staatlicher Rechtsaufsicht unterliegt (*Dallinger*, § 41 Rdnr. 2).

[6] In Bayern bereits durch das Hochschulgesetz vom 21. 12. 1973 (GVBl. S. 679).

[7] Entsprechend § 14 IV PHG, 14 IV FHG, 14 X KHG.

[8] Art. 58 IV BayHSchG; noch enger § 18 III i. V. m. § 3 III BW UG, der die Funktionen der Studentenvertretung auf die Mitwirkung an der sozialen Förderung der Studenten und die Förderung der geistigen, musischen und sportlichen Interessen der Studierenden beschränkt.

[9] Eine ähnliche Regelung sah auch der Senatsentwurf zum BerlHG vor (amtliche Veröffentlichung des Senators für Wissenschaft und Forschung vom Februar 1978). Dessen § 21 I bestimmte, daß eine Studentenschaft

Nach den Hochschulgesetzen dieser Länder hat die aus den immatrikulierten Studenten der Hochschule gebildete Studentenschaft die Rechtsstellung einer rechtsfähigen öffentlich-rechtlichen Gliedkörperschaft der Hochschule. Ihre Organe sind das Studentenparlament und der Allgemeine Studentenausschuß (AStA). Sie gliedert sich in Fachschaften[10].

Ob alle Bundesländer, die die Existenz der verfaßten Studentenschaft gewährleisten oder doch ermöglichen, bei der Aufgabenbestimmung die Grenzen des verfassungs- und rahmenrechtlich Zulässigen eingehalten haben, ist nicht völlig zweifelsfrei.

Nach § 41 I HRG gehört zu den Aufgaben der Studentenschaft auch die Wahrnehmung hochschulpolitischer Belange der Studenten[11]. Im Unterschied zu den sonstigen Ländern, die sich den rahmengesetzlichen Wortlaut mehr oder weniger zu eigen gemacht haben, erkennt Bremen der Studentenschaft ganz allgemein das Recht zu, die Belange der Studenten in Hochschule und Gesellschaft wahrzunehmen und die Verwirklichung der Ziele und Aufgaben der Hochschule zu fördern (§ 45 II 1 BremHG); in diesem einschränkenden Sinne räumt das Gesetz der Studentenschaft ein politisches Mandat ein (§ 45 II 2). Problematisch an dieser Vorschrift ist, daß die Studentenschaft die Interessen der Studenten auch in der Gesellschaft zu vertreten berechtigt ist. Damit stellt sich die Frage, ob die Regelung des BremHG die verfassungs- und rahmenrechtlich gezogenen Grenzen des hochschulpolitischen Mandats noch einhält[12].

---

durch Verwaltungsakt des Senators errichtet wird, wenn sich die Studenten der Hochschule in einer Urabstimmung, an der sich mindestens die Hälfte der eingeschriebenen Studenten beteiligt, mit Zwei-Drittel-Mehrheit dafür aussprechen. Das schließlich verabschiedete Gesetz hat diese Bestimmung nicht übernommen.

[10] So ausdrücklich § 21 II BerlHG, § 131 IV HmbHG, § 64 HHG, § 50 IV NHG, § 88 III NW EWissHG, § 28 V SH HSG.

[11] Die Rechtsprechung hält das sog. hochschulpolitische Mandat im Unterschied zum allgemein-politischen Mandat ganz überwiegend für zulässig (BVerwGE 34, 69 [74 f.]; OVG Hamburg, DVBl. 1972 S. 339; VGH Baden-Württemberg, NJW 1976 S. 590; DVBl. 1977 S. 211; OVG Münster, DVBl. 1977 S. 994; OVG Lüneburg DVBl. 1978 S. 271). Das allgemein-politische Mandat wird mit dem Argument abgelehnt, es gehe nicht an, daß ein staatlicherseits durch Zwangsmitgliedschaft und Beitragshoheit ausgehaltener öffentlich-rechtlicher Standes- oder Berufsverband die Vorformung der allgemeinen politischen Willensbildung im vorparlamentarisch-gesellschaftlichen Raum beeinflusse; er greife damit in unzulässiger Weise in den individuellen Freiheitsbereich seiner Mitglieder ein (so insbesondere OVG Münster, DVBl. 1977 S. 994; s. auch BVerwGE 34, 69). Kritisch mit dieser Rechtsprechung setzt sich *Damkowski*, DVBl. 1978 S. 230—238, auseinander.

[12] § 41 I HRG, der der Studentenschaft nur ein hochschulpolitisches Mandat einräumt, hat abschließenden Charakter. Die gegenteilige Auffassung, wonach die Vorschrift die Aufgaben der Studentenschaften nur beispielhaft aufzähle (so *Zimmermann*, DUZ / HD 1977 S. 467; *Dallinger*, § 41 Rdnr. 6), läßt sich weder auf den Wortlaut noch auf den Zweck der Vorschrift stützen.

Nach der Rechtsprechung zählen zu den hochschulpolitischen Belangen, die von der Studentenschaft wahrgenommen werden dürfen, diejenigen Angelegenheiten, die die Studenten in ihrer spezifischen Situation als Hochschulmitglieder und als Auszubildende unmittelbar betreffen[13]. Nur soweit die Interessen der Studenten grundsätzlich gleichgerichtet, soweit sie gruppenspezifisch sind, nicht jedoch in ihren darüber hinausgehenden allgemeinen staatsbürgerlichen Interessen kann die Studentenschaft politisch tätig werden[14].

Die Regelung des BremHG rechtfertigt deshalb nur solche Äußerungen der Studentenschaft, die sich in dem von der Rechtsprechung vorgezeichneten Rahmen halten. Auch in Bremen gilt daher — trotz des scheinbar weitergehenden Gesetzwortlauts —, daß die Studentenschaft nur zu solchen Äußerungen berechtigt ist, die die Grenzen des hochschulpolitischen Mandats respektieren.

Nach § 21 III Nr. 2 BerlHG, § 131 II Nr. 2 HmbHG, § 63 II Nr. 5 HHG und § 89 II 1 NW EWissHG fördert die Studentenschaft die politische Bildung und das staatsbürgerliche Verantwortungsbewußtsein der Studenten[15]. Zweifel an der Legitimation der Studentenschaft für diese Aufgabe ergeben sich weniger aus verfassungsrechtlichen Erwägungen[16] als unter rahmengesetzlichen Aspekten.

Aufgrund der abschließenden Regelung des § 41 HRG darf die Studentenschaft neben der Pflege der überregionalen und internationalen Studentenbeziehungen nur hochschulpolitische, soziale und kulturelle Belange der Studenten wahrnehmen. Nach dem HRG rechnet aber die staatsbürgerliche Bildung mit zu den Aufgaben der Hochschule: Gem. § 7 sollen Lehre und Studium den Studenten zu verantwortlichem Handeln in einem freiheitlichen, demokratischen und sozialen Rechtsstaat befähigen. Wenn sich die Studentenschaft auf diesem Gebiet betätigt, nimmt sie also eine Funktion wahr, die unmittelbar hochschulpolitischen Bezug hat. Die Berliner, Hamburger, hessischen und nordrhein-westfälischen Regelungen überschreiten daher nicht die durch die Aufgabenzuweisung in § 41 I HRG gezogenen Grenzen.

Hätte der Gesetzgeber nur eine exemplarische Verdeutlichung beabsichtigt, so hätte er sich der auch sonst üblichen Wendung „insbesondere" bedient. Die Nennung der von den Studentenschaften wahrzunehmenden Angelegenheiten sollte ländergesetzliche Beliebigkeiten verhindern; wäre es anders, hätte das HRG von einer Auflistung der Funktionen gänzlich absehen können. Im Ergebnis wie hier: OVG Münster, DVBl. 1977 S. 994 (996); OVG Lüneburg, DVBl. 1978 S. 271 (273).

[13] OVG Hamburg, DVBl. 1972 S. 339; OVG Münster, DVBl. 1977 S. 994.

[14] OVG Münster, ebd..

[15] Letztere Aufgabe ist im BerlHG nicht ausdrücklich genannt; sie dürfte aber von der politischen Bildungsarbeit mitumfaßt sein.

[16] Obwohl auch hier von den Obergerichten gelegentlich Vorbehalte geäußert werden, z. B. OVG Münster, DVBl. 1977 S. 463.

Aus diesem Grunde ist auch gegen die Vorschrift des § 106 IV 2 Nr. 3 RP HochSchG, die der Studentenschaft aufgibt, die Studenten bei der Durchführung des Studiums zu beraten, nichts einzuwenden. Diese Tätigkeit gehört gleichfalls zur Wahrnehmung hochschulpolitischer Belange; es handelt sich um spezifische Interessen der Studenten innerhalb der Hochschule[17].

Ebensowenig sind aus rahmenrechtlicher Sicht Einwände dagegen zu erheben, daß einige Gesetze die Studentenschaft damit betrauen, sich auch mit den wirtschaftlichen Belangen der Studenten zu befassen[18]. Die wirtschaftlichen Angelegenheiten der Studenten stehen in einem engen sachlichen Zusammenhang mit ihren sozialen Interessen[19], mit deren Wahrnehmung die Studentenschaft gem. § 41 I HRG beauftragt werden darf; sie sind deshalb von der rahmengesetzlichen Aufgabenbestimmung mitumfaßt.

Um sicherzustellen, daß die Studentenschaft die ihr eingeräumten Zuständigkeiten, etwa durch die Inanspruchnahme eines allgemeinpolitischen Mandats, nicht überschreitet, geben einige Hochschulgesetze der Aufsichtsbehörde — also in erster Linie der Leitung der Hochschule — zusätzliche, über die üblichen Aufsichtsmittel hinausgehende Sanktionsmöglichkeiten an die Hand. Nach § 21 V BerlHG und § 72 III HHG kann sie bei rechtswidriger Verwendung der Beiträge für Angelegenheiten, die nicht zu den Aufgaben der Studentenschaft gehören, die von der Hochschulkasse eingezogenen Beiträge ganz oder teilweise sperren und finanzielle Verfügungen der Studentenschaft von ihrer Genehmigung abhängig machen bzw. gänzlich untersagen[20]. § 72 II HHG sieht außerdem bei Verstößen gegen Anordnungen der Aufsichtsbehörde ein Ordnungsgeld vor. § 52 NHG begründet einen Ordnungswidrigkeitstatbestand: Wer vorsätzlich oder leichtfertig als Organ oder Mitglied eines Organs der Studentenschaft den ihr zugewiesenen Aufgaben

---

[17] Allerdings ist auch die Studienberatung keineswegs eine Angelegenheit, die ausschließlich oder in erster Linie der Studentenschaft übertragen wäre. Sie gehört vornehmlich zu den Verantwortlichkeiten des Fachbereichs (§ 80 II Nr. 6 RP HochSchG); vgl. auch § 14 HRG, der die Hochschule als solche zur Studienberatung verpflichtet.

[18] § 21 III 2 Nr. 3 BerlHG, § 45 II Nr. 1 BremHG, § 131 II Nr. 3 HmbHG, § 63 II Nr. 3 HHG, § 50 III Nr. 4 NHG, § 89 I 2 Nr. 3 NW EWissHG, § 106 IV 2 Nr. 1 RP HochSchG. Dabei fällt auf, daß Hessen und Niedersachsen der Studentenschaft in realistischer Einschätzung ihrer Möglichkeiten für die Wahrnehmung wirtschaftlicher und sozialer Belange nur eine subsidiäre Zuständigkeit gegenüber dem Studentenwerk einräumen.

[19] Was die Gesetze übereinstimmend durch die sprachliche Verknüpfung „wirtschaftliche und soziale Belange“ zum Ausdruck bringen.

[20] Ähnlich auch § 53 IV NHG, jedoch kann die Verfügungssperre nur bei Verstößen gegen die für die Studentenschaft geltende Finanzordnung und gegen die einschlägigen Vorschriften der Landeshaushaltsordnung verhängt werden.

zuwiderhandelt, kann mit einer Geldbuße zur Rechenschaft gezogen werden.

Zur Gewährleistung einer ordnungsgemäßen Finanzwirtschaft der Studentenschaft verlangt § 134 HmbHG die Einsetzung eines Wirtschafts-, § 68 HHG die Errichtung eines Vermögensbeirates. Dem Wirtschaftsrat nach Hamburger Recht gehören ein vom Hochschulrat bestellter Professor, ein vom Präsidenten beauftragter Verwaltungsbeamter der Hochschule und drei vom Studentenparlament gewählte Studenten an. Der Vermögensbeirat bei den Studentenschaften der hessischen Hochschulen setzt sich aus dem Kanzler als Vorsitzendem, vier vom Hochschulleiter bestellten Professoren und sechs vom Studentenparlament entsandten Mitgliedern zusammen. Diese Gremien sollen die Studentenschaft in der Haushalts- und Wirtschaftsführung beraten. Darüber hinaus bedürfen bestimmte Maßnahmen ihrer Genehmigung. In Hamburg gehören dazu Aufstellung, Änderungen und Überschreitungen des Haushaltsplans sowie das Eingehen von längerfristigen Verbindlichkeiten. In Hessen fallen darunter die Finanzordnung der Studentenschaft, der Haushaltsplan und die Entlastung des AStA; der Beschluß über die Zustimmung zur Finanzordnung und zur Entlastung des AStA kann nur mit der Stimme des Kanzlers gefaßt werden.

X. Hochschule und Staat

Grundnorm für das Beziehungsgefüge zwischen Hochschule und Staat ist § 58 I HRG. Er bestimmt die Rechtsnatur der Hochschule als Körperschaft des öffentlichen Rechts und bezeichnet sie zugleich als staatliche Einrichtung. Die Hochschule ist demzufolge ein mitgliedschaftlich organisierter, mit Rechtsfähigkeit ausgestatteter rechtsfähiger Verband des öffentlichen Rechts; sie ist überdies, vor allem hinsichtlich des Personal- und Finanzwesens, Teil der Staatsverwaltung[1]. Beide — körperschaftliche wie staatliche — Elemente werden durch die Einheitsverwaltung verzahnt (§ 58 III HRG)[2]. Diese administrative Identität darf jedoch die unterschiedlichen Aufgaben und Verantwortungsbereiche, die sich aus dem Doppelcharakter der Hochschule ergeben, nicht aus dem Blick geraten lassen.

Als *Körperschaft* steht der Hochschule für die wissenschaftsrelevanten, die „akademischen" Angelegenheiten das — jedenfalls für die wissenschaftlichen Hochschulen — durch Art. 5 III GG gewährleistete und durch § 58 I 2 HRG bestätigte bzw. begründete Recht der Selbstverwaltung zu[3]. Insoweit, d. h. in der Beschränkung auf die wissenschaftsrelevanten Aufgaben, verfügt sie auch über Satzungsautonomie[4].

---

[1] *Kimminich*, Wissenschaft, S. 680 f.; *Dallinger*, in: Dallinger / Bode / Dellian, § 58 Rdnr. 4.

Hochschulpolitisch und hochschulrechtlich bedeutsam an dieser Regelung ist der Umstand, daß der Rechtscharakter der Körperschaft, der früher der Universität vorbehalten war, nunmehr allen Hochschulen gleich welchen Typs, also auch den Pädagogischen Hochschulen, Kunst- und Musikhochschulen sowie Fachhochschulen, zugute kommt. Zur unterschiedlichen institutionellen Ausprägung des Hochschulwesens in der Nachkriegszeit bis zum Ende der 60er Jahre: *Oppermann*, Kulturverwaltungsrecht, S. 139—339.

[2] Durch die Einheitsverwaltung wird das frühere System der preußischen Kuratorialverwaltung endgültig beseitigt (*Thieme*, WissR 1976 S. 214). Kritisch zum Konzept der Einheitsverwaltung angesichts ihrer Auswirkungen in der Gruppenuniversität: *Rupp*, WissR 1974 S. 96 ff.

[3] Nach h. M. ist die akademische Selbstverwaltung der wissenschaftlichen Hochschule bundesverfassungsrechtlich gesichert (statt vieler: *Wolff / Bachof*, Verwaltungsrecht II, § 93 IV b 2; *Kimminich*, Wissenschaft, S. 678 ff.); zurückhaltend: BVerfGE 35, 79 (116).

Die Selbstverwaltung ist nicht auf akademische Angelegenheiten beschränkt. Sie umfaßt selbstverständlich auch Verfügungen über hochschuleigene Vermögenswerte (*Kimminich*, Wissenschaft, S. 683). Überdies ergibt sich aus § 59 I 1 HRG, der die staatliche Aufsicht grundsätzlich auf die Rechtmäßigkeitskontrolle reduziert, eine gesetzliche Vermutung für die Selbstverwaltung (*Dallinger*, § 58 Rdnr. 10; *Reich*, § 58 Rdnr. 3). Das Recht der Selbstverwaltung erstreckt sich demnach, falls in den Hochschulgesetzen nichts

Die Selbstverwaltung ist an die Rechtsordnung gebunden; zu diesem Zweck unterliegt die Hochschule der staatlichen Rechtsaufsicht (§ 59 I 1 HRG). Die Mittel der Rechtsaufsicht sind landesgesetzlich zu bestimmen (§ 59 I 2 HRG).

Gem. § 58 II HRG gibt sich die Hochschule eine Grundordnung. Diese „Hauptsatzung" regelt die Gesamtorganisation der Hochschule, insbesondere ihre zentralen Organe, ihre Gliederung und ihre Einrichtungen sowie das Mitgliedschaftsverhältnis[5]. Da die Grundordnung weitgehend nicht den Kernbereich von Forschung und Lehre betrifft, ist die sog. Verfassungsautonomie der Hochschule von dem sich aus Art. 5 III GG herzuleitenden Recht der Selbstverwaltung und der Satzungsgewalt nicht umfaßt; sie muß daher durch Gesetz eingeräumt werden.

Die Grundordnung bedarf staatlicher Genehmigung. Die Voraussetzungen für eine Versagung der Genehmigung müssen vom Landesgesetzgeber geregelt werden (§ 58 II 2 HRG)[6].

Gegenteiliges bestimmt ist, auf sämtliche in § 2 I—VIII HRG genannten Aufgaben, auch soweit sie über die Primärfunktionen der Wissenschaftspflege und der wissenschaftlichen Berufsvorbereitung (§ 2 I) hinausgehen. Die nach § 58 I 2 HRG zulässige gesetzliche Einschränkung der Selbstverwaltung („im Rahmen der Gesetze") darf diese im Kernbereich von Forschung und Lehre nicht antasten (*Reich*, § 58 Rdnr. 3).

[4] *Thieme*, Deutsches Hochschulrecht, S. 84; *Wolff / Bachof*, Verwaltungsrecht II, § 93 IV d 1; *Bremer*, WissR 1978 S. 193 f. In der Rechtsetzung sind die Hochschulen allerdings weniger frei als in der Verwaltungstätigkeit i. e. S., da ihre Regelungen nur in seltenen Fällen auf den akademischen Bereich beschränkt bleiben und in ihren Auswirkungen (z. B. bei Prüfungsordnungen) oft Allgemeininteressen berühren (*Wolff / Bachof* II, § 93 IV d 5). Andererseits geht es nicht an, der Hochschule jegliche Satzungsgewalt von vornherein abzusprechen. Selbstverwaltung kann sich nicht in Einzelakten erschöpfen; sie bedarf, soll sie funktionsfähig sein, auch der rechtssatzförmigen Regelungen (so auch *Wolff / Bachof* II, § 84 IV b 4). Aus der Tatsache, daß § 58 II HRG der Hochschule die Befugnis, sich eine Grundordnung zu geben, in einer von der Gewährung des Selbstverwaltungsrechts (§ 58 I 2 HRG) gesonderten Vorschrift einräumt, läßt sich nicht im Wege des Umkehrschlusses folgern, das Gesetz enthalte der Hochschule die Satzungsgewalt im übrigen vor, es bedürfe daher für alle anderen satzungsrechtlich relevanten Gebiete landesgesetzlicher Ermächtigung (so aber *Dallinger*, § 58 Rdnr. 8). Die Grundordnung regelt die Organisation der Hochschule, berührt also im wesentlichen keine unmittelbar wissenschaftsrelevanten Fragen; sie liegt deshalb außerhalb der Selbstverwaltungsgarantie und damit auch außerhalb der Satzungsautonomie. Für ihren Erlaß ist folglich, anders als bei Satzungen im Kernbereich von Forschung und Lehre, eine gesetzliche Grundlegung erforderlich.

Der Streit um die Satzungsgewalt der Hochschule und deren Reichweite ist im übrigen weitgehend müßig, da das HRG selbst in zahlreichen Vorschriften davon ausgeht, daß die Hochschulen bestimmte Angelegenheiten durch Gesetz regeln können (so auch *Dallinger*, § 58 Rdnr. 8) und die Länderhochschulgesetze teils durch generelle, teils durch spezielle Ermächtigungen die Hochschulen zum Erlaß von Satzungen berechtigen.

[5] *Wolff / Bachof*, Verwaltungsrecht II, § 93 IV d 5.

[6] Die Ländergesetze können also auch Zweckmäßigkeitsgesichtspunkte (z. B. die im Hochschulwesen gebotene Einheitlichkeit) als Versagungsgründe

Die Freiheit der Hochschule zur Selbstorganisation durch die Grundordnung ist allerdings durch gesetzliche Vorgaben stark reduziert. Die Organisationseinheiten und Organe der Hochschule, die Verteilung ihrer Zuständigkeiten, Zusammensetzung und Verfahren der Gremien, die Mitgliedschaftsrechte: all diese für die Hochschulverfassung zentralen Regelungsbereiche sind schon durch Gesetz mehr oder weniger fixiert. Darin äußert sich wohl am auffälligsten, wie nachhaltig sich das Verhältnis von Staat und Hochschule in der Nachkriegszeit gewandelt hat. Während die Hochschulen bis Mitte der 60er Jahre dank der ihnen zumindest de facto gewährten Verfassungsautonomie ihre Verhältnisse ganz überwiegend selbst ordnen konnten, sind sie nunmehr in ein Netzwerk gesetzlicher Normen eingebunden, das ihnen nur noch wenig Spielraum für die Selbstorganisation beläßt. Die gewiß nicht unverständliche Sorge des Staates vor der Unregierbarkeit der Hochschulen, vor ihrer Unfähigkeit zur Konfliktlösung hat zu einem rigiden legislatorischen Perfektionismus geführt, der fast allen Innovationen und Experimenten einen Riegel vorschiebt[7].

Neben den Selbstverwaltungsangelegenheiten nimmt die Hochschule als *staatliche Einrichtung* staatliche Aufgaben wahr, für deren Ausführung die staatlichen Vorschriften maßgeblich sind. § 58 II HRG nennt beispielhaft („insbesondere") die Personal-, die Wirtschafts-, die Haushalts- und Finanzverwaltung sowie die Krankenversorgung und bezieht in diesen Bereich faktisch auch die Funktionen der Hochschule bei der Ermittlung der Ausbildungskapazität und der Festsetzung von Zulassungszahlen mit ein. Da das Gesetz, wie sich aus § 59 I 1 HRG ergibt, vom Grundsatz der Selbstverwaltung ausgeht, müssen die staatlichen Aufgaben wegen ihres Ausnahmecharakters in den Länderhochschulgesetzen einzeln aufgezählt werden[8]; dabei sind die in § 59 II HRG genannten Bereiche zu übernehmen. Zusätzliche Aufgaben darf das Landesparlament der Hochschule aber gem. § 2 VIII 2 HRG nur über-

---

heranziehen. Indem diese aber gesetzlich präzisiert werden, erhält die Genehmigung den Charakter einer präventiven Rechtskontrolle (*Reich*, § 58 Rdnr. 4), die allerdings in dem Maße, in welchem unbestimmte Rechtsbegriffe Verwendung finden, wiederum Zweckmäßigkeitserwägungen zugänglich ist.

[7] Dazu bereits oben, Abschnitt VII., im Zusammenhang mit der Sitz- und Stimmrechtsverteilung in den Gremien der wissenschaftlichen Hochschulen Nordrhein-Westfalens.

Das BerlHG und das NW EWissHG sind mit ihren — zumeist in umfängliche Absätze gegliederten — jeweils 195 Paragraphen an Ausführlichkeit kaum noch zu überbieten. Das HmbHG steht ihnen mit seinen 191 Paragraphen, die freilich nicht ganz so umfangreich geraten sind, nur wenig nach. Auch das BW UG geht in seiner Regelungsdichte sehr weit; so überrascht es nicht, daß sich die neue Verfassung der Universität Tübingen mit 14 kleineren Paragraphen begnügt (*von Mangoldt*, Universität und Staat, S. 39 Fn. 104).

[8] *Dallinger*, § 59 Rdnr. 4; *Reich*, § 58 Rdnr. 3.

tragen, wenn sie mit der Wissenschaftspflege und der wissenschaftlichen Berufsvorbereitung zusammenhängen; eine sachfremde Inanspruchnahme der Hochschule ist deshalb unzulässig[9].

Soweit die Hochschule staatliche Aufgaben erfüllt, ist sie der unmittelbaren Einwirkung des Staates unterworfen. Hierbei sind zwei Modalitäten der Aufgabenerledigung möglich: Die Hochschule kann die staatlichen Angelegenheiten entweder in mittelbarer Staatsverwaltung (Auftragsverwaltung) oder staatsunmittelbar im Wege der Organleihe ausführen[10]. Die Staatsaufsicht ist in diesen Fällen nicht auf Rechtskontrolle beschränkt: Der Landesgesetzgeber muß vielmehr eine weitergehende Aufsicht vorsehen (§ 59 II 1 HRG)[11].

Die Gegenüberstellung von wissenschaftlichen oder „akademischen" Aufgaben einerseits, von staatlichen oder „äußeren" Angelegenheiten andererseits führt zu vielfältigen Abgrenzungsschwierigkeiten. Eine scharfe Trennungslinie läßt sich nicht ziehen[12]. Mit der Abgrenzung der Verantwortungsbereiche allein ist nicht viel gewonnen. Staat und Hochschule sind aufeinander angewiesen und bedürfen des partnerschaftlichen Miteinander[13]. Hingewiesen sei einerseits auf die finanzielle Abhängigkeit der Hochschule von der öffentlichen Hand, andererseits auf die gesellschaftliche und politische Bedeutung der Hochschule als Forschungs- und Ausbildungsstätte. Diesem Kooperationsgebot trägt das HRG in § 60 Rechnung, indem es für bestimmte Angelegenheiten eine landesgesetzliche Regelung des Zusammenwirkens von Staat und Hochschule verlangt, ohne aber selbst die Formen des Zusammen-

---

[9] *Dallinger*, § 58 Rdnr. 9.

[10] *Dallinger*, § 58 Rdnr. 5.

[11] Diese kann als Fachaufsicht oder, sofern die Hochschule staatsunmittelbar tätig wird, als allgemeine Organaufsicht („Dienstaufsicht") oder in weniger eingreifenden Formen wahrgenommen werden (*Dallinger*, § 59 Rdnr. 3). Auch im Bereich der staatlichen Angelegenheiten muß die Aufsicht den Eigengesetzlichkeiten des Sachbereichs Wissenschaft Rechnung tragen (*Lorenz*, WissR 1978 S. 6).

[12] *Schuster* und *Graf Stenbock-Fermor*, WissR 1968 S. 32.

[13] *Oppermann*, Kulturverwaltungsrecht, S. 361. *Schuster* und *Graf Stenbock-Fermor*, ebd., S. 32 ff., entwickeln ein Modell, das sich durch drei konzentrische Kreise veranschaulichen läßt: den Kernbereich, der Forschung und Lehre und damit unmittelbar verbundene akademische Angelegenheiten umfaßt und der der Verfügungsgewalt des Staates und der gesellschaftlichen Kräfte entzogen ist; den durch die koordinierende Tätigkeit der zentralen Hochschulorgane bestimmten, auf ein differenziertes Zusammenwirken von Hochschule und Staat angelegten Kooperationsbereich, zu dem vor allem Fragen der inneren Organisation der Hochschule, Berufungs- und Ernennungsvorschläge, der Entwurf des Haushaltsplans und die Prüfungsordnungen gehören; sowie die Peripherie, zu der die Schaffung der äußeren Voraussetzungen für den Hochschulbetrieb rechnet und für die weithin, wenn auch durch die Besonderheiten des Sachbereichs Wissenschaft begrenzt, die staatliche Regelungsbefugnis gilt. So auch *Wolff / Bachof*, Verwaltungsrecht II, § 93 IV d 2; *Lorenz*, WissR 1978 S. 3 ff.

wirkens vorzuschreiben. Als kooperationsbedürftige Aufgaben werden „vor allem" genannt: die Ordnung des Studiums und der Hochschulprüfungen: die Organisationsmaßnahmen hinsichtlich der Fachbereiche, Studienbereiche, wissenschaftlichen Einrichtungen, Betriebseinheiten und gemeinsamen Kommissionen; die Hochschulplanung und die Aufstellung des Wahlvorschlags für die Leitung der Hochschule.

Das HRG — soviel ist deutlich geworden — regelt das Verhältnis von Hochschule und Staat nicht abschließend. Die konkrete Ausgestaltung des Beziehungsgefüges bleibt den Bundesländern vorbehalten.

So kommt es darauf an herauszufinden, wie diese in ihren Hochschulgesetzen das Gewicht zwischen Hochschule und Staat verteilt haben. Zu diesem Zweck sollen die Reichweite der Selbstverwaltungsaufgaben einerseits, der staatlichen Angelegenheiten andererseits (1.), die Modalitäten der Wahrnehmung staatlicher Aufgaben durch die Hochschule (2.) sowie die Mitwirkungsrechte des Staates beim Erlaß von Hochschulsatzungen (3) und hochschulorganisatorischen Maßnahmen (4.) untersucht werden[14].

1. Selbstverwaltungsangelegenheiten — staatliche Aufgaben

Sämtliche Länderhochschulgesetze gewähren den Hochschulen in Ausführung des § 58 I 2 HRG für die Wahrnehmung ihrer Funktionen das Recht der Selbstverwaltung[15]. Die der Vorschrift des § 59 HRG zu entnehmende Vermutung für die Selbstverwaltung wird von einigen Hochschulgesetzen ausdrücklich bekräftigt, indem sie als Selbstverwal-

---

[14] Soweit die Gesetze nach Hochschularten differenzieren, beschränken sich die folgenden Ausführungen auf die wissenschaftlichen Hochschulen.

[15] Bei der nach § 59 I 2 HRG erforderlichen Bestimmung der Rechtsaufsichtsmittel orientieren sich die Gesetze im wesentlichen an den für die Rechtsaufsicht über die Kommunen entwickelten Instrumenten (ausdrücklich z. B. § 13 I 1 SH HSG, der über § 50 Landesverwaltungsgesetz auf die einschlägigen Vorschriften der Gemeindeordnung verweist; vgl. auch die Vorschrift des § 123 I 2 BerlHG, die die Regelungen für das allgemeine Staatsaufsichtsrecht über die Träger der Selbstverwaltung für maßgeblich erklärt). Nach § 111 BremHG, § 76 VI NHG, § 146 III 1 NW EWissHG kann der zuständige Minister ein Kollegialorgan der Hochschule, das dauernd beschlußunfähig ist, auflösen und dessen unverzügliche Neuwahl anordnen; kritisch hinsichtlich der Zulässigkeit solcher Eingriffe: *Gallas*, Die Staatsaufsicht über die wissenschaftlichen Hochschulen, S. 139 f. Sehr behutsam verfährt das RP HochSchG bei der Festlegung der Aufsichtsmittel (§ 105): Der Kultusminister hat gegenüber rechtswidrigen Beschlüssen und Maßnahmen ein Beanstandungsrecht; er kann verlangen, daß die Hochschule bei Nichterfüllung ihrer gesetzlichen Pflichten und Aufgaben das Erforderliche innerhalb einer bestimmten Frist veranlaßt; erst danach ist er befugt, die beanstandeten Beschlüsse und Maßnahmen aufzuheben bzw. anstelle der Hochschule das Erforderliche zu veranlassen. Zu den spezifischen Problemen der Rechtsaufsicht über wissenschaftliche Hochschulen: *Gallas*, Die Staatsaufsicht, S. 109 ff.

tungsangelegenheiten negativ alle Aufgaben bestimmen, die keine staatlichen Angelegenheiten sind[16]; manche Gesetze zählen die Selbstverwaltungsangelegenheiten beispielhaft („insbesondere") auf[17].

Der Bereich der staatlichen Aufgaben wird unterschiedlich weit gezogen. Über die rahmenrechtlich durch § 59 II HRG vorgegebenen Gebiete der Personal-, Wirtschafts-, Haushalts- und Finanzverwaltung, der Krankenversorgung sowie der Kapazitätsermittlung und der Festsetzung von Zulassungszahlen hinaus werden u. a. erfaßt: die Organisation der Verwaltung der Hochschule (Baden-Württemberg und Bayern[18]), die Mitwirkung der Hochschule bei der Aufstellung des Haushaltsplans (Bayern, Saarland[19]), Immatrikulation und Exmatrikulation (Baden-Württemberg, Bayern und Schleswig-Holstein[20]), das Ordnungsrecht (Baden-Württemberg, Bayern, Niedersachsen und Schleswig-Hol-

[16] Art. 4 II BayHSchG, § 7 S. 1 BremHG, § 18 I HHG, § 74 S. 1 NHG, § 5 II NW EWissHG, § 4 II 2 RP HochSchG, § 9 II 1 SH HSG.

[17] § 7 S. 2 BremHG, § 5 II HmbHG, § 18 II HHG, § 74 S. 2 NHG, § 6 RP HochSchG, § 10 SH HSG. Der Aufgabenkatalog nach § 18 II HHG etwa umfaßt folgende Angelegenheiten: 1. Ausbildung, Hochschulprüfungen, Planung des Lehrangebots und Koordination der Forschung; 2. Heranbildung des wissenschaftlichen und künstlerischen Nachwuchses; 3. Mitwirkung bei Berufungen; 4. fachliche und didaktische Weiterbildung des wissenschaftlichen und künstlerischen Personals; 5. Regelung der sich aus der Mitgliedschaft zur Hochschule ergebenden Rechte und Pflichten, soweit diese Regelung nicht durch Gesetz erfolgt; 6. Verleihung der akademischen Grade und Ehren; 7. Aufstellung des Haushaltsvoranschlags; 8. Aufstellung und Fortschreibung des Hochschulentwicklungsplans und der Ausstattungspläne; 9. Verwaltung des eigenen Vermögens; 10. Ausübung des Hausrechts; 11. Immatrikulation und Exmatrikulation; 12. Studienberatung; 13. Unterrichtung der Öffentlichkeit über die Erfüllung der Aufgaben der Hochschule.

[18] § 124 II Nr. 4 BW UG, Art. 4 III Nr. 3 BayHSchG.

[19] Art. 4 III Nr. 2 BayHSchG, § 17 II Nr. 2 SUG. — Die ausschließliche Zuordnung der Vorbereitung des Haushalts zu den staatlichen Aufgaben ist sehr problematisch. Die Beschlußfassung des Senats (in Bayern) bzw. der Zentralen Haushalts- und Planungskommission (im Saarland) über den Entwurf des Haushaltsplans unterliegt damit uneingeschränkt der staatlichen Einwirkung. Demgegenüber wird zu Recht darauf hingewiesen, daß die Hochschule im Interesse der Wissenschaftsfreiheit an der Vorbereitung des Haushaltsplans maßgeblich beteiligt sein muß (*Bachof*, Festschrift für Jahrreiss, S. 12 ff.; *Wolff / Bachof*, Verwaltungsrecht II, § 93 IV d 2; *von Mangoldt*, Universität und Staat, S. 17 ff). Die meisten Hochschulgesetze rechnen daher die Aufstellung des Haushaltsvoranschlags bzw. die Anmeldung des Haushaltsbedarfs ausdrücklich zum Selbstverwaltungsbereich (§ 114 BerlHG, § 7 S. 2 Nr. 10 BremHG, § 5 II Nr. 9 HmbHG, § 18 II Nr. 7 HHG, § 74 S. 2 Nr. 6 NHG, § 6 Nr. 9 RP HochSchG, § 10 Nr. 7 SH HSG); gem. § 114 IV BerlHG obliegt dem Kuratorium aufgrund des staatlichen Globalzuschusses sogar die Feststellung des Haushaltsplans. Zu Fragen der Hochschulfinanzierung: *Zeh*, Finanzverfassung und Autonomie der Hochschule, S. 105 ff.

[20] § 124 II Nr. 8 BW UG, Art. 4 3 Nr. 4 BayHSchG, § 11 Nr. 6 SH HSG. Die Immatrikulation zählt traditionell zur akademischen Selbstverwaltung (*Thieme*, Deutsches Hochschulrecht, S. 318). Allerdings kann dem Staat wegen seiner sich aus Art. 12 I 1 GG ergebenden Verantwortung nicht die Legitimation abgesprochen werden, diese Angelegenheiten als staatliche Aufgaben zu organisieren.

stein[21], die Ausübung des Hausrechts (Baden-Württemberg, Bayern, Niedersachsen, Schleswig-Holstein[22]). Diese — unvollständige — Aufzählung macht deutlich, daß der Kreis der staatlichen Angelegenheiten vor allem in Bayern, aber auch in Baden-Württemberg vergleichsweise stark ausgedehnt ist.

Darüber hinaus sehen einige Gesetze die Möglichkeit vor, daß der Hochschule zusätzliche Aufgaben als staatliche Angelegenheiten übertragen werden können[23]. Daß dabei wegen § 2 VIII 2 HRG der Zusammenhang mit den Primäraufgaben der Hochschule als Stätte der Wissenschaftspflege und der wissenschaftlichen Berufsvorbereitung gewahrt sein muß, wird nicht überall beachtet. Nach § 8 III BremHG und § 6 III HmbHG genügt es, wenn die zusätzlichen als staatliche Angelegenheiten zu erledigenden Aufgaben mit den übrigen Funktionen der Hochschule insgesamt, also nicht speziell mit Wissenschaftspflege und wissenschaftlicher Berufsvorbereitung zusammenhängen[23a]. In Bayern und Berlin ist zwar generell für die Übertragung weiterer Funktionen gefordert, daß sie im Kontext mit den Primärfunktionen der Hochschule stehen (Art. 2 VIII BayHSchG, § 4 X BerlHG); soweit es sich um die Zuweisung zusätzlicher staatlicher Angelegenheiten handelt, wird diesem Erfordernis jedoch nicht ausdrücklich Rechnung getragen (Art. 4 III Nr. 8 BayHSchG, § 2 IV 1 BerlHG)[24].

Nur § 124 II Nr. 6 i. V. m. § 3 VII und VIII BW UG, § 2 II SUG und § 11 Nr. 9 i. V. m. § 2 II SH HSG schränken die Übertragung weiterer staatlicher Angelegenheiten auf solche Bereiche ein, die mit den Primärfunktionen der Hochschule in Verbindung stehen[25].

---

[21] § 124 II Nr. 7 BW UG, Art. 4 III Nr. 6 BayHSchG, § 75 I Nr. 8 NHG, § 11 Nr. 8 SH HSG. Durch § 75 I Nr. 8 NHG wird allerdings nur die allgemeine Zuständigkeit des Hochschulleiters für die Wahrung der Ordnung erfaßt, während das förmliche Ordnungsrecht der Hochschule als Selbstverwaltungsaufgabe verbleibt.

[22] § 124 II Nr. 7 BW UG, Art. 4 III Nr. 7 BayHSchG, § 75 I Nr. 8 NHG, § 11 Nr. 7 SH HSG.

[23] § 124 II Nr. 6 a. E. BW UG, Art. 4 III Nr. 8 BayHSchG, § 2 IV BerlHG, § 8 III BremHG (nur mit Zustimmung der Hochschule), § 6 III HmbHG (im Benehmen mit der Hochschule), § 17 II Nr. 4 i. V. m. § 2 II SUG (nach vorheriger Anhörung der Hochschule), § 11 Nr. 9 i. V. m. § 2 II SH HSG (nach vorheriger Anhörung).

[23a] In Bremen verhindert allerdings die Zustimmungsbedürftigkeit der Maßnahme, daß der Hochschule eine staatliche Aufgabe gegen ihren Willen aufgedrängt wird.

[24] Nach Art. 2 VIII BayHSchG kann das Staatsministerium für Unterricht und Kultus durch Rechtsverordnung der Hochschule nach Benehmen weitere Aufgaben als Körperschaftsangelegenheiten übertragen, wenn sie mit Wissenschaftspflege und wissenschaftlicher Berufsvorbereitung zusammenhängen; in Art. 4 III Nr. 8 BayHSchG heißt es schlicht, daß zu den staatlichen Angelegenheiten „weitere durch Gesetz oder auf Grund Gesetzes bestimmte Angelegenheiten gehören".

[25] Auch diejenigen Hochschulgesetze, die die Zuweisung weiterer Aufgaben ausschließlich als Selbstverwaltungsangelegenheiten vorsehen, beachten

2. Modalitäten der Wahrnehmung staatlicher Aufgaben

Sieht man von den Regelungen des BayHSchG und des BerlHG ab, so nehmen die Hochschulen die staatlichen Aufgaben als Auftragsangelegenheiten wahr. Sie unterliegen daher der Fachaufsicht des für sie zuständigen Ministers und haben dessen Weisungen zu befolgen[26].

In Bremen sind die Einwirkungsmöglichkeiten des Wissenschaftssenators auch in staatlichen Angelegenheiten nicht unerheblich reduziert. Einzelweisungen dürfen nur in besonders begründeten Ausnahmefällen ergehen; außerdem kann die Hochschule gegen eine Weisung Einwendungen — wenn auch ohne aufschiebende Wirkung — erheben, über die der Wissenschaftssenator unverzüglich zu entscheiden hat (§ 111 VIII BremHG). Gem. § 147 I 2 NW EWissHG, § 105 III 2 RP HochSchG, § 98 III 2 SUG soll den Hochschulen vor der Weisung Gelegenheit zur Stellungnahme gegeben werden.

Demgegenüber nehmen die bayerischen Hochschulen die staatlichen Angelegenheiten staatsunmittelbar wahr (Art. 4 I, Art. 100 I 2 BayHSchG i. V. m. Art. 55 Nr. 5 S. 1 der Landesverfassung). Sie unterliegen daher der vollen Organaufsicht des Staatsministeriums für Unterricht und Kultus[27].

An den Berliner Universitäten und der Hochschule der Künste wirken Staat und Hochschule bei der Erfüllung staatlicher Aufgaben in der Personal-, der Wirtschafts-, der Haushalts- und Finanzverwaltung in besonderen Gremien zusammen (§ 2 IV 2 BerlHG). Zu nennen ist vor allem das Kuratorium, das den Haushalt feststellt (§ 114 IV) und als oberste Dienstbehörde fungiert (§ 115 I). Es handelt sich um ein Organ, das Entscheidungen im Kondominium zwischen Staat und Hochschule trifft[28]. Ihm gehören Mitglieder des Senats von Berlin, des Abgeordne-

---

nicht sämtlich die durch § 2 VIII 2 HRG gebotene Einschränkung. Gem. § 3 VIII HHG kann der Kultusminister durch Rechtsverordnung im Benehmen mit den Hochschulen diesen weitere Aufgaben übertragen, wenn sie mit den übrigen Aufgaben (also nicht notwendig mit den Primäraufgaben) zusammenhängen. § 3 I NHG verzichtet gänzlich auf den rahmenrechtlich gebotenen Bezug: Die Vorschrift bestimmt, daß andere als die im Hochschulgesetz genannten Aufgaben nur durch Gesetz übertragen werden können. Dagegen halten sich die in § 2 VII NW EWissHG und § 2 VIII 1 RP HochSchG getroffenen Regelungen an die durch § 2 VIII 2 HRG gezogenen Grenzen.

[26] §§ 118 I, 124 II BW UG; § 8 IV BremHG; § 6 II, IV HmbHG; § 20 IV HHG; § 75 III NHG; § 147 I NW EWissHG; §§ 7 II, 103 II, 105 III RP HochSchG; §§ 17 I, 96 I, 98 III SUG; § 13 I 2 SH HSG.

[27] Dazu die Begründung zu Art. 100 des Regierungsentwurfs zum BayHSchG vom 16. 11. 1979 (LT-Drucksache 8/6645): Die Befugnisse des Ministeriums gegenüber den Hochschulen „sind infolge der Doppelnatur der Hochschulen, die auch staatliche Einrichtungen sind ..., keine fachaufsichtlichen Befugnisse, sondern die gegenüber einer nachgeordneten Behörde bestehenden Befugnisse".

[28] *Dallinger*, § 60 Rdnr. 3.

tenhauses, der Hochschule sowie Vertreter der Berufspraxis an (§ 84). Allerdings vermag der Staat wichtige übergreifende Interessen auch gegenüber dem Kuratorium im Wege der Aufsicht durchzusetzen. Der Wissenschaftssenator kann dessen Tätigkeit beanstanden, soweit die Einheitlichkeit im Hochschul-, Haushalts-, Finanz- und Personalwesen, die Durchführung der staatlichen Planung im Hochschul- und Gesundheitswesen sowie der personal-, der finanz- und der gesundheitspolitischen Entscheidungen des Berliner Senats oder die Erfüllung der dem Land obliegenden Verpflichtungen gefährdet sind. Führt die Beanstandung binnen vierzehn Tagen zu keinem Erfolg, kann der Senator selbst entscheiden (§ 123 II BerlHG).

3. Mitwirkungsrechte des Staates beim Erlaß von Hochschulsatzungen

Die meisten Gesetze gewähren den Hochschulen ausdrücklich Satzungsautonomie[29]. Hessen, Rheinland-Pfalz, das Saarland und Schleswig-Holstein räumen zwar keine umfassende Satzungsgewalt ein, sehen aber in ihren Gesetzen Spezialermächtigungen für die wichtigen Regelungsbereiche vor[30,31].

Hinsichtlich der Grundordnungskompetenz der Hochschule geht das BerlHG einen Sonderweg: Es verpflichtet in § 3 I nicht zum Erlaß einer Hochschulverfassung im formellen Sinn, sondern läßt Satzungsregelungen „für einzelne Bereiche" genügen. Die Vereinbarkeit dieser an die frühere Rechtslage nach § 5 I und II des Berliner Universitätsgesetzes[32] anknüpfenden Vorschrift steht nicht in Frage. Das Rahmenrecht sagt nichts darüber aus, in welcher Form — ob als abschließende Gesamtregelung oder als Zusammenfassung von Teilregelungen — die Grundordnung zu beschließen ist.

Für die Entfaltung der Wissenschaftsfreiheit hängt vieles davon ab, welche Rolle die Hochschulgesetze dem Staat beim Erlaß von Hochschulsatzungen zuweisen.

Sämtliche Gesetze unterwerfen die Satzungen dem Vorbehalt staatlicher Genehmigung, Zustimmung oder Bestätigung. Dabei ist nach

[29] § 7 BW UG, Art. 5 I 1 BayHSchG, § 2 II BerlHG, § 3 III BremHG, § 2 II HmbHG, § 73 I, II NHG, § 5 I 3 NW EWissHG.

[30] § 5 II RP HochSchG zählt sie einzeln auf: Immatrikulationsordnung, Studienordnungen, Ordnungen für Hochschulprüfungen, Promotions- und Habilitationsordnungen, ferner, soweit erforderlich, Ordnungen über die Benutzung wissenschaftlicher Einrichtungen und Betriebseinheiten sowie Bibliotheksordnung.

[31] In den Ländern, in denen eine Generalermächtigung fehlt, ergibt sich die Satzungsautonomie im übrigen aus der den Hochschulen zustehenden Selbstverwaltung (*Wolff / Bachof*, Verwaltungsrecht II, § 93 IV d 5).

[32] In der Fassung vom 4. 9. 1975 (GVBl. S. 2565).

dem Charakter der Genehmigung (Zustimmung, Bestätigung) zu unterscheiden: Teils handelt es sich um ein Mittel der Rechtsaufsicht; die Genehmigung beinhaltet demnach eine rechtliche Unbedenklichkeitsbescheinigung des Staates. Teils stellt sie einen staatlich-hoheitlichen Mitwirkungsakt am recht- und zweckmäßigen Zustandekommen der Satzung dar; die Genehmigung ist in diesem Fall keine bloße rechtsaufsichtliche Kontrollmaßnahme, sondern eine Sanktion[33].

Bei der Bestimmung der Gründe, die die Versagung einer Satzungsgenehmigung rechtfertigen, kann der Gesetzgeber nicht nach Belieben verfahren. Je mehr eine autonome Regelung den Kernbereich von Forschung und Lehre betrifft, um so größere Zurückhaltung ist geboten; hier muß es in der Regel bei einer rechtsaufsichtlichen Genehmigung sein Bewenden haben. Je weiter andererseits eine Hochschulsatzung in den staatlichen Verantwortungsbereich, etwa auf dem Gebiet des Ausbildungswesens, hineinragt, in um so stärkerem Maß kann die Genehmigung von sachlichen Erwägungen abhängig gemacht, dem Staat ein echtes Mitwirkungsrecht eingeräumt werden[34].

Was den Umfang der Genehmigungsvorbehalte anbetrifft, so legen die Länderhochschulgesetze abweichende Maßstäbe an.

Hinsichtlich der Genehmigung der *Grundordnung,* die prinzipiell auf die freie wissenschaftliche Betätigung nicht einwirkt, bleibt es dem insoweit durch Art. 5 III GG nicht gebundenen Gesetzgeber unbenommen, bei der Festlegung der Versagungsgründe gem. § 58 II 2 HRG auch außerrechtliche Gesichtspunkte der Zweckmäßigkeit zu berücksichtigen. Bayern, Bremen, Hessen und Niedersachsen haben von dieser Möglichkeit keinen Gebrauch gemacht; in diesen Ländern kann die Genehmigung der Grundordnung nur aus rechtlichen Gründen versagt werden (Art. 5 I 2 BayHSchG, § 110 III 1, I BremHG, § 21 II 1, I Nr. 1 HHG, § 77 II Nr. 1 NHG)[35]. Nach § 5 III 2 RP HSchG und § 14 II SH HSG kommen als Versagungsgründe außerdem Verstöße gegen den Hochschulgesamtplan und Abweichungen von den Vorschriften des Verwaltungsverfahrensgesetzes einerseits, Kollisionen mit den dem Land obliegenden rechtlichen Pflichten andererseits in Betracht. In diesen Fällen wird auf gesetzliche Bestimmungen oder sonstige Rechtsvorschriften verwiesen; es handelt sich deshalb auch hier um Genehmigungsvorbehalte, die auf rechtliche Gründe gestützt sind[36].

---

[33] *Salzwedel,* Staatliche Genehmigungsvorbehalte gegenüber der Selbstverwaltung, S. 206. Zur Unterscheidung der Genehmigungsarten: *Gallas,* Die Staatsaufsicht über die wissenschaftlichen Hochschulen, S. 144 ff.; s. auch *Wolff / Bachof,* Verwaltungsrecht II, § 77 II c 4.

[34] *Gallas,* Die Staatsaufsicht, S. 149—161.

[35] Wobei allerdings die Regelungsdichte der Gesetze der Hochschule in ihrer Grundordnungskompetenz enge Grenzen zieht. Aus der Beschränkung der Genehmigung auf eine Rechtmäßigkeitskontrolle ergibt sich daher für die Hochschulen nicht ohne weiteres ein höheres Maß an Gestaltungsfreiheit.

Andere Hochschulgesetze ziehen als Prüfungskriterien für die Entscheidung über die Genehmigung der Grundordnung zusätzlich im einzelnen benannte funktionelle Gesichtspunkte heran. Dazu zählen vor allem die Einheitlichkeit im Hochschulwesen (§ 125 I 1 BerlHG, § 148 III 2 Buchst. b NW EwissHG) sowie die Grundsätze der Wirtschaftlichkeit und Sparsamkeit (§ 137 III 2 HmbHG, § 148 III 2 Buchst. d NW EWissHG, § 16 II 3 SUG).

Nach § 123 II BW UG kann die Zustimmung zur Grundordnung aus „wichtigen Sachgründen" vorenthalten werden. Beispielhaft („insbesondere") werden Verstöße gegen den Hochschulgesamtplan, Gefährdung der im Hochschulwesen gebotenen Einheitlichkeit, Nichtbeachtung der Grundsätze der Wirtschaftlichkeit und Sparsamkeit sowie Gefährdung der gegenüber dem Bund oder anderen Ländern bestehenden Verpflichtungen genannt. Die „wichtigen Sachgründe" entsprechen mangels Bestimmtheit dem Regelungsauftrag des § 58 II 2 HRG („Die Voraussetzungen für eine Versagung der Genehmigung sind gesetzlich zu regeln") nur insoweit, als sie durch die Beispiele belegt sind.

Wenn § 137 III 2 HmbHG die Versagung der Genehmigung nicht nur bei Verstoß gegen die Grundsätze der Wirtschaftlichkeit und Sparsamkeit, sondern auch für den Fall zuläßt, daß die Grundordnung „die in diesem Gesetz oder anderen Rechtsvorschriften niedergelegten Ziele nicht angemessen verwirklicht", so ergeben sich aus rahmenrechtlicher Sicht gleichfalls erhebliche Bedenken. Die Unbestimmtheit dieses Maßstabes („Ziele") verträgt sich kaum mit den Anforderungen des § 58 II 2 HRG, zumal durch den Verweis auf „Rechtsvorschriften" — also auch nichtgesetzliche Normen — das rahmenrechtliche Gebot einer gesetzlichen Regelung der Versagungsvoraussetzungen umgangen wird.

Beim Erlaß von *Studien- und Prüfungsordnungen* stehen dem Staat in der Ausübung des Genehmigungsvorbehalts aufgrund seiner sich aus Art. 12 I 2 GG ergebenden Regelungszuständigkeiten nicht unerhebliche Mitwirkungsrechte zu[37]. Hier kann der Gesetzgeber ausbildungs- und berufspolitische Gesichtspunkte als Versagensgründe normieren. Dabei muß der Staat aber die wissenschaftliche Qualifikation und Autonomie des Hochschulstudiums und damit die vorrangige Zuständigkeit der Hochschule achten[38]. Hochschule und Staat sind deshalb auf Kooperation verwiesen (§ 60 Nr. 1 HRG).

Nach § 16 HRG bedürfen Hochschulprüfungsordnungen der Genehmigung der zuständigen Landesbehörde. § 16 I 2 HRG bestimmt seiner-

---

[36] Dazu *Gallas*, Die Staatsaufsicht, S. 151 ff.

[37] *Scholz*, in: Maunz / Dürig / Herzog / Scholz, Art. 5 III Rdnr. 163.

[38] *Scholz*, ebd., Fn. 1. Diese Kompetenzgrenze läßt *Gallas*, Die Staatsaufsicht, S. 155 f., außer acht, wenn er dem Staat prinzipiell die Befugnis zugesteht, auf diesen Gebieten eigene Regelungen mit entsprechend geminderter Beteiligung der Hochschule zu treffen.

seits als Grund für die Versagung der Genehmigung die Abweichung der Prüfungsordnung von den Empfehlungen einer Studienreformkommission und verlangt im übrigen, daß die Voraussetzungen für die Nichterteilung der Genehmigung landesgesetzlich zu regeln sind.

Die Länderhochschulgesetze vermitteln hinsichtlich des Umfangs der staatlichen Genehmigungsvorbehalte ein verwirrendes Bild. Die weitestreichenden Einwirkungsmöglichkeiten sind dem Staat in Baden-Württemberg und Hamburg eröffnet.

Das BW UG läßt für die Versagung der Zustimmung zu Studien-, Prüfungs-, Promotions- und Habilitationsordnungen außer Rechtswidrigkeit „wichtige Gründe" genügen; genannt werden „insbesondere" die Unvereinbarkeit mit Empfehlungen der Studienreformkommission, die Gefährdung der Einheitlichkeit im Hochschulwesen oder der Gleichwertigkeit der Ausbildung oder der Abschlüsse (§§ 45 IV, 51 I 2, 54 II 3, 55 II 3). Nur soweit hinsichtlich der Prüfungsordnungen die „wichtigen Gründe" durch Beispiele präzisiert sind, entspricht das BW UG dem Regelungsauftrag des § 16 I 2 HRG.

Nach § 123 IV, V UG kann das Wissenschaftsministerium außerdem, gleichfalls aus „wichtigen Gründen", den Erlaß neuer sowie die Änderung oder Aufhebung bestehender Studien- und Prüfungsordnungen verlangen und seine Vorstellungen ggf. im Wege der Ersatzvornahme durchsetzen. Diese Befugnis geht sowohl in formeller als auch in materieller Hinsicht erheblich über das dem Ministerium nach § 9 VII HRG zustehende Einwirkungsrecht hinaus. Ist es dort inhaltlich an die Empfehlungen einer Studienreformkommission gebunden, so kann es hier sein eigenes Programm, wenn auch nur aus wichtigen Gründen, durchsetzen. Muß es dort der Hochschule Gelegenheit zur Stellungnahme geben (§ 9 VI HRG), so kann es hier die Universität auch ohne Anhörung in die Pflicht nehmen[39].

Nach § 137 III 3 HmbHG kann die Genehmigung einer Prüfungsordnung nicht nur bei Verstoß gegen Grundsätze der Wirtschaftlichkeit und Sparsamkeit, sondern auch dann versagt werden, wenn sie die im Hochschulgesetz oder in anderen Rechtsvorschriften niedergelegten Ziele nicht angemessen verwirklicht. Unter Berufung auf diesen höchst unbestimmten Maßstab vermag die Behörde de facto eine Vielzahl von Zweckmäßigkeitsgesichtspunkten zur Geltung bringen. Der Forderung

[39] Kritisch zu diesen Vorschriften: *von Mangoldt*, Universität und Staat, S. 29 f. *von Mangoldts* Schlußfolgerung, diese erweiterte ministerielle Initiativbefugnis sei wegen Verstoßes gegen die rahmenrechtlich vorgegebene Verteilung der Gewichte zwischen Universität und Staat nichtig, verkennt die Tatsache, daß die Bestimmungen des HRG nur Anweisungsnormen für den Landesgesetzgeber sind und deshalb keine unmittelbare Geltungskraft beanspruchen; Art. 31 GG findet daher keine Anwendung (dazu oben, Einleitung).

des § 16 I 2 HRG nach gesetzlicher Regelung der Versagungsvoraussetzung wird durch den pauschalen Verweis auf irgendwo rechtlich (nicht notwendig gesetzlich) verankerte Ziele nicht genügt. Bei Studienordnungen ist in Hamburg der Einfluß des Staates noch umfassender: Die Behörde des Wissenschaftssenators kann ihnen gem. § 137 III 4 HmbHG die Genehmigung aus bloßen Gründen der Zweckmäßigkeit vorenthalten.

Ziemlich weit, wenn auch nicht so umfassend wie in Baden-Württemberg und in Hamburg, sind die Voraussetzungen für die Versagung der Genehmigung von Studien- und Prüfungsordnungen in den Hochschulgesetzen Bayerns, Berlins, Bremens, Nordrhein-Westfalens und des Saarlandes geregelt. Die Berechenbarkeit staatlichen Handelns, auf die der Regelungsauftrag des § 16 I 2 HRG angelegt ist, wird den Hochschulen dadurch erschwert.

Bayern: Die Genehmigung von Studien- und Prüfungsordnungen ist zu versagen, wenn diese den Empfehlungen der Studienreformkommission widersprechen, die Einheitlichkeit im Hochschulwesen oder die Gleichwertigkeit der Ausbildung oder der Abschlüsse nicht gewährleisten, ihre Durchführung einen überdurchschnittlichen Personalaufwand erfordern würde oder die haushaltsmäßigen Voraussetzungen für ihre Durchführung nicht vorliegen (Art. 62 III, 70 I 3 BayHSchG); Entsprechendes gilt für Promotions- und Habilitationsordnungen (!) (Art. 70 c S. 3, Art. 74 II 2 i. V. m. Art. 70 I 3).

Berlin: Für Studien-, Prüfungs-, Promotions- und Habilitationsordnungen gilt gleichermaßen, daß sie die Einheitlichkeit im Hochschulwesen, die Durchführung der Hochschulplanung des Landes, insbesondere der gesetzlich festgelegten Ziele der Neuordnung des Hochschulwesens und der Studienreform oder die Erfüllung der dem Land obliegenden Verpflichtungen nicht gefährden dürfen. Die Bestätigung von Studien- und Prüfungsordnungen kann auch versagt werden, wenn sie nicht den Empfehlungen von Studienreformkommissionen entsprechen oder wenn sie die gesetzlich festgelegte Regelstudienzeit überschreiten (§ 125 II BerlHG).

Bremen: Die Genehmigung von Promotions- und Habilitationsordnungen kann im Blick auf die im Hochschulwesen gebotene Einheitlichkeit, die Genehmigung von Studien- und Prüfungsordnungen kann außerdem versagt werden, wenn die Sicherung der gesetzlichen Ziele der Hochschul- und Studienreform (dazu zählen auch die Empfehlungen einer Studienreformkommission) oder die Hochschulplanung des Landes dies erfordern oder die finanziellen Voraussetzungen für die Durchführung der Ordnung nicht vorliegen (§ 110 III 2 und 3 BremHG).

Nordrhein-Westfalen: Die Genehmigung einer Studienordnung darf nur aus rechtlichen Gründen versagt werden (§ 148 III 3 EWissHG); jedoch kann der Wissenschaftsminister die Anpassung geltender oder neuer Studienordnungen an die Empfehlungen der Studienreformkommission verlangen (§ 107 I 2). Die Genehmigung von Prüfungs-, Promotions- und Habilitationsordnungen (!) ist zu versagen, wenn sie den Zielen und Grundsätzen des Hochschulgesetzes und anderer Ausbildungsgesetze, der Hochschulplanung oder den Empfehlungen einer Studienreformkommission widersprechen, wenn sie die Erfüllung der dem Land obliegenden Verpflichtungen gefährden würden, wenn sie die Einheitlichkeit und die Gleichwertigkeit der Studien-, Lehr- und Forschungsbedingungen mit erheblichen Nachteilen für die Freizügigkeit der Betroffenen beeinträchtigen oder wenn sie gegen Grundsätze der Wirtschaftlichkeit und Sparsamkeit verstoßen (§ 148 III 2).

Saarland: Die Zustimmung zu Studien- und Prüfungsordnungen kann versagt werden, wenn sie den Empfehlungen einer Studienreformkommission nicht entsprechen, die im Bereich wissenschaftlicher Hochschulen erforderliche Einheitlichkeit oder die Gleichwertigkeit der Ausbildung oder der Abschlüsse nicht gewährleisten, durch unangemessene Gestaltung des Prüfungsverfahrens den Leistungscharakter der Prüfung gefährden, wenn sie ohne gewichtige Gründe den Prüfungsanspruch wegen bloßer Versäumung der Meldefrist entfallen lassen, oder wenn die personellen, rechtlichen oder finanziellen Voraussetzungen für den Studiengang nicht gewährleistet sind (§ 99 V 2 SUG). Für die Promotions- und Habilitationsordnungen, die als solche vom Gesetz nicht mit Zustimmungsvorbehalten versehen sind, dürfte allenfalls eine ihre Besonderheiten berücksichtigende entsprechende Anwendung dieser Vorschrift in Betracht kommen.

Zwar greifen auch die Hochschulgesetze Hessens, Niedersachsens, Rheinland-Pfalz' und Schleswig-Holsteins bei der Festsetzung der Gründe für die Versagung der Genehmigung teilweise auf unbestimmte Kriterien zurück; doch sind die Vorschriften insgesamt zurückhaltender und abgewogener.

Hessen: Die Versagungsgründe werden nach der Art der Satzungen differenziert: Studienordnungen bedürfen nur der rechtsaufsichtlichen Genehmigung; allerdings kann der Kultusminister die Änderung oder den Erlaß von Studien- (und Prüfungs-)ordnungen in Anpassung an die Empfehlungen einer Studienreformkommission verlangen. Die Genehmigung von Prüfungsordnungen (einschließlich Promotionsordnungen) kann im übrigen nur versagt werden, wenn sie den Zielsetzungen des Hochschulgesamtplans widersprechen, die gebotene Einheitlichkeit im Hochschulwesen gefährden oder die Gleichwertigkeit der Ausbildung oder der Abschlüsse nicht gewährleisten; Habilitationsordnungen sind nur auf ihre Rechtmäßigkeit hin zu prüfen (§ 21 II 1 und 2 i. V. m. I Nr. 5, 6 und 7 HHG, § 52 VI 2 HHG).

Niedersachsen: Studienordnungen darf die Genehmigung nur aus Rechtsgründen vorenthalten werden; doch kann ihre Anpassung an Empfehlungen der Studienreformkommission verlangt werden. Die Genehmigung von Prüfungs-, Promotions- und Habilitationsordnungen kann im übrigen versagt werden, wenn sie in ihren Auswirkungen dem Hochschulgesamtplan widersprechen oder die Erfüllung der dem Land obliegenden Verpflichtungen gefährden (§ 77 II Nr. 2, III Nr. 2 bis 4, § 12 NHG).

Rheinland-Pfalz: Prüfungsmaßstab für die Genehmigung von Studien-, Prüfungs-, Promotions- und Habilitationsordnungen sind gleichermaßen der Hochschulgesamtplan, die Vorschriften des Verwaltungsverfahrensgesetzes des Landes und die gebotene Einheitlichkeit im Hochschulwesen; die Genehmigung von Studien- und Prüfungsordnungen kann ferner versagt werden, wenn sie Empfehlungen einer Studienreformkommission nicht berücksichtigen (§ 5 III HochSchG).

Schleswig-Holstein: Die Genehmigung von Studienordnungen, Prüfungs- (einschließlich Promotions-)ordnungen und Habilitationsordnungen kann versagt werden, wenn sie gegen den Hochschulgesamtplan verstoßen oder die Wahrnehmung der dem Land obliegenden rechtlichen Pflichten wesentlich behindern (§ 14 II HSG); für Studien- und Prüfungsordnungen gilt überdies, daß sie die Einheitlichkeit im Hochschulwesen nicht gefährden dürfen und den Empfehlungen einer Studienreformkommission entsprechen müssen (§ 14 III Nr. 1 § 82 III 3).

Welche Versagensgründe für die Genehmigung von Studien-, Prüfungs-, Promotions- und Habilitationsordnungen die Hochschulgesetze im einzelnen auch bestimmen: Gerade dort, wo auf Zweckmäßigkeitsgesichtspunkte abgestellt wird oder wo die Kriterien „weich" formuliert sind („gesetzliche Ziele der Neuordnung des Hochschulwesens und der Studienreform", „Ziele dieses Gesetzes", „Einheitlichkeit im Hochschulwesen", „finanzielle Voraussetzungen für die Durchführung der Ordnungen", „Grundsätze der Wirtschaftlichkeit und Sparsamkeit" o. ä.), muß der zuständige Minister, der über die Erteilung oder Versagung der Genehmigung zu befinden hat, die Gebote der Erforderlichkeit und der Verhältnismäßigkeit beachten. Je stärker wissenschaftliche Gesichtspunkte im Vordergrund stehen (so etwa bei Promotions-, noch eindeutiger bei Habilitationsordnungen[40]), um so mehr ist staatlicherseits Zurückhaltung geboten.

Hinsichtlich des Erlasses *sonstiger Hochschulsatzungen* räumt Hamburg dem Staat ungewöhnlich weitreichende Mitwirkungsrechte ein. Die Genehmigung einer Satzung kann nicht nur aus Rechtsgründen, sondern auch aus Zweckmäßigkeitserwägungen versagt werden (§ 137 III 4 HmbHG)[41].

Ähnlich umfassend sind die staatlichen Genehmigungsvorbehalte in Bremen ausgestaltet. Den Ordnungen über Forschungsförderung und Forschungsschwerpunkte, den Ordnungen über die Durchführung von Drittmittelprojekten und den Ordnungen der Sonderforschungsbereiche kann ebenso wie den Berufungsordnungen und den Ordnungen über das Verfahren bei der Aufstellung der Einstellungsvorschläge für Hochschulassistenten die Genehmigung aus Gründen der sachlichen Notwendigkeit vorenthalten werden (§ 111 4 BremHG)[42].

Nordrhein-Westfalen sieht zwar davon ab, für die Genehmigung von Hochschulsatzungen nur ein pauschales Kriterium wie Zweckmäßigkeit

[40] Nach *Wolff / Bachof*, Verwaltungsrecht II, § 93 IV d, verstoßen Zustimmungsverweigerungen aus bloßen Zweckmäßigkeitserwägungen bei Promotions- und Habilitationsordnungen gegen die Wissenschaftsfreiheit.

[41] Die Spezifizierung „insbesondere im Interesse der Einheitlichkeit im Hochschulwesen" bedeutet keineswegs, daß nicht auch andere Zweckmäßigkeitsgesichtspunkte in Betracht kämen.

[42] Bemerkenswert ist, daß demgegenüber die Genehmigung der Grundordnungen der Studentenschaften und ihrer Beitragssatzungen nur aus Rechtsgründen versagt werden kann.

oder sachliche Notwendigkeit aufzustellen. Doch eröffnet § 148 III EWissHG dem Staat den Rückgriff auf eine derart breit angelegte Palette unbestimmter Prüfungsmaßstäbe, daß daraus im Ergebnis kaum begrenzbare Einwirkungsbefugnisse hergeleitet werden können, die den Hochschulen die Berechenbarkeit der staatlichen Reaktion erschweren. Die Genehmigung von Satzungen[43] ist danach u. a. zu versagen, wenn die Regelung die Ziele und Grundsätze des Hochschulgesetzes, anderer Ausbildungsgesetze oder der Hochschulplanung gefährdet oder die Einheitlichkeit und Gleichwertigkeit der Studien-, Lehr- und Forschungsbedingungen mit erheblichen Nachteilen für die Freizügigkeit des Personals, der Studienbewerber und Studenten beeinträchtigt oder wenn sie gegen die Grundsätze der Wirtschaftlichkeit und Sparsamkeit verstößt[44].

Die Hochschulgesetze Hamburgs, Bremens und Nordrhein-Westfalens geben somit dem Staat die Möglichkeit, auf unmittelbar wissenschaftsrelevante Angelegenheiten der Hochschulselbstverwaltung inhaltlich Einfluß zu nehmen. Das ist deshalb bedenklich, weil in diesem Bereich die Gestaltungsfreiheit des Gesetzgebers begrenzt ist. Zwar muß er wegen der ihn zum Handeln verpflichtenden wertentscheidenden Grundsatznorm des Art. 5 III GG für die Hochschule Organisationsregelungen zum Schutze der freien wissenschaftlichen Betätigung der Hochschulangehörigen treffen. Dabei kann er auch, sofern die von ihm getroffenen Vorschriften wissenschaftsadäquat sind, übergreifende Interessen der Hochschulplanung (z. B. den Gesichtspunkt der Einheitlichkeit im Hochschulwesen oder die Beachtung des Hochschulgesamtplans) einbeziehen. Wie und in welchen Formen sich indes der akademische Willensbildungsprozeß im gesetzlich vorgegebenen Rahmen vollzieht, darauf darf der Staat nicht einwirken.

Insoweit stoßen auch die baden-württembergischen, niedersächsischen und saarländischen Regelungen teilweise auf Bedenken.

Die Zustimmung zu einer Hochschulsatzung kann gem. § 123 I 1 BW UG auch aus „Sachgründen“, nach § 99 V 1 SUG aus „wichtigen Sachgründen“ versagt werden. Von diesem Zustimmungsvorbehalt werden allerdings als wissenschaftsrelevante Satzungen in Baden-Württemberg nur die Verwaltungs- und Benutzungsordnungen der Institute (§ 28 V

---

[43] Dazu zählen z. B. außer der Grundordnung und den Prüfungsordnungen: die Fachbereichssatzungen und die Rahmenordnung für Fachbereichssatzungen (§ 18 IV), die Verwaltungs- und Benutzungsordnungen für die zentralen wissenschaftlichen Einrichtungen (§ 29 III 2) und die Berufungssatzung (§ 61 VI 2).

[44] Die Vorschrift des § 148 III EWissHG ist auch deshalb problematisch, weil sie für jede Satzung gleich welchen Regelungsinhalts dieselben Prüfungsmaßstäbe heranzieht; eine Differenzierung nach der Art der zu genehmigenden Rechtsvorschrift — etwa im Sinne einer Berücksichtigung des Grades der Wissenschaftsbezogenheit der Satzung — erfolgt nicht.

UG), im Saarland die Ordnungen für wissenschaftliche Einrichtungen, gemeinsame Kommissionen und Studienbereiche (§ 20 V SUG) erfaßt[45]. Ähnlich ist die Rechtslage in Niedersachsen: Die Genehmigung der Ordnungen über Aufgaben und Organisation wissenschaftlicher Einrichtungen (und Betriebseinheiten) kann nach § 77 IV Nr. 2 NHG auch aus Gründen der Zweckmäßigkeit versagt werden. Damit ist nicht auszuschließen, daß der Staat bei diesen Satzungen, sofern und soweit sie den internen Ablauf des Wissenschaftsbetriebes regeln, durch den auf Sach- oder Zweckmäßigkeitsgründe gestützten Genehmigungsvorbehalt die Möglichkeit der Intervention in rein akademische Angelegenheiten erhält. Als problematisch erweist sich daher auch die Bestimmung des § 77 IV Nr. 2 NHG, die die Genehmigung der sog. Drittmittelordnungen gleichfalls von Zweckmäßigkeitserwägungen abhängig macht. Die Beschränkung des Staates auf bloße Rechtmäßigkeitskontrolle wäre hier schon deshalb geboten, weil die Drittmittelforschung durch gesetzliche Vorschriften detailliert geregelt ist[46].

Im übrigen aber wahren die Hochschulgesetze die Grenzen, die dem Staat in seiner Einflußnahme auf die rechtsetzende Tätigkeit der Hochschule in der akademischen Sphäre von Verfassungs wegen gezogen sind. Sie beschränken die Genehmigungsvoraussetzungen auf die Rechtmäßigkeit der Satzungen (Art. 5 I 2 BayHSchG) oder, falls sie darüber hinausgehen, auf vergleichsweise engumrissene Kriterien wie Einheitlichkeit im Hochschulwesen, Gefährdung der Durchführung der Hochschulplanung oder Widerspruch zu den Zielsetzungen des Hochschulgesamtplans.

4. Mitwirkungsrechte des Staates beim Erlaß hochschulorganisatorischer Maßnahmen

Die Errichtung, Änderung und Aufhebung von Organisationseinheiten der Hochschule, insbesondere von Fachbereichen und Instituten, ist gem. § 60 Nr. 2 HRG dem Kooperationsbereich zugewiesen, in dem Staat und Hochschule zusammenwirken. Die nähere Ausgestaltung der Kooperation bleibt den gesetzlichen Regelungen der Bundesländer vorbehalten.

---

[45] Die Ordnungen für Bibliotheken und sonstige Betriebseinheiten (§§ 28 V, 30 V, 31 II BW UG; § 20 V SUG), die Immatrikulationsordnung (§ 94 III BW UG, § 82 SUG) und die Wahlordnungen (§ 55 III SUG), deren Genehmigung gleichfalls aus (wichtigen) Sachgründen versagt werden kann, können hier außer Betracht bleiben, da ihnen der unmittelbare Wissenschaftsbezug fehlt. Hier ist es dem Staat nicht verwehrt, Zweckmäßigkeitsgesichtspunkte geltend zu machen, — zumal dann, wenn es sich um staatliche Angelegenheiten, wie beim Immatrikulationswesen in Baden-Württemberg, handelt.

[46] Dazu oben Abschnitt III. 3. c.

Organisationsentscheidungen dieser Art wirken sich allenfalls mittelbar auf die freie wissenschaftliche Betätigung der Hochschulangehörigen aus. Sie berühren andererseits finanzielle und haushaltswirtschaftliche Interessen des Staates, zumeist auch seine Verantwortlichkeit für die Ausbildung der Studenten. Diese Gesichtspunkte kann der Gesetzgeber bei der Festlegung der Form des Zusammenwirkens zur Geltung bringen; er verfügt hier — weitergehend als bei Studien- und Prüfungsordnungen, die zugleich in den autonomen Sachbereich Wissenschaft hineinragen — über einen breiten Normierungsspielraum.

Das BayHSchG räumt die Zuständigkeit für den Erlaß der die Fachbereiche und Institute betreffenden Organisationsakte ausschließlich dem Staat ein; die Hochschule muß zwar gehört werden („im Benehmen"), ihre Vorschläge binden den Staat jedoch nicht (Art. 11 III 1, Art. 19 I Nr. 6).

Hamburg überträgt grundsätzlich der Hochschule die Organisationshoheit. Die Mitwirkung des Staates ist durch einen Zustimmungsvorbehalt gesichert: Der Beschluß über die Bildung von Fachbereichen oder wissenschaftlichen Einrichtungen bedarf der staatlichen Genehmigung, die auch aus Gründen der Zweckmäßigkeit versagt werden kann (§§ 96 II, 106 III i. V. m. § 137 III HmbHG). Darüber hinaus kann aber auch der Wissenschaftssenator Institute errichten, ändern oder aufheben; in diesem Fall steht der Hochschule nur ein Anhörungsrecht zu.

In Baden-Württemberg, Rheinland-Pfalz, im Saarland und in Schleswig-Holstein ist es Sache der Hochschule, über die Bildung von Fachbereichen und Instituten zu beschließen. Wirksam werden die Maßnahmen erst mit der Genehmigung des Kultusministers, die nicht nur aus Rechts- sondern auch aus Sachgründen verweigert werden kann. Andererseits steht es dem Minister frei, von der Hochschule die Gründung, Änderung oder Aufhebung von Fachbereichen und wissenschaftlichen Einrichtungen zu verlangen[47]. Dieses Recht kann er mit Aufsichtsmitteln, ggf. also auch im Wege der Ersatzvornahme, durchsetzen.

---

[47] §§ 28 IV 1 und 4, 123 I 1, IV BW UG; §§ 84 I 2, 71 II Nr. 6, 79 III, 84 I 3 RP HochSchG; §§ 19 S. 2, 20 V 1, I, III, 99 V 1, II 1 SUG; §§ 51 III, 58 I 2, 60 II, 14 III Nr. 2, 15 II SH HSG.

Im einzelnen ist zu bemerken: Das RP HochSchG enthält keine Regelungen über die Voraussetzungen, unter denen der Minister die Genehmigung einer Organisationsmaßnahme verweigern kann; da er aber seinerseits berechtigt ist, die Hochschule nach freiem Ermessen zum Erlaß von bestimmten Organisationsakten zu verpflichten, kann er die Genehmigung einer von der Hochschule beschlossenen Maßnahme auch aus Zweckmäßigkeitsgründen verweigern. In Baden-Württemberg kann das Wissenschaftsministerium nur die Errichtung, Aufhebung und Änderung von Universitätseinrichtungen, nicht aber von Fakultäten (Fachbereichen) verlangen; im übrigen — das gilt gleichermaßen für das Saarland — ist dieses Recht nur bei Vorliegen wichtiger Gründe gegeben. Da die Fachbereiche (Fakultäten) in Baden-Würt-

In Bremen, Hessen, Niedersachsen und Nordrhein-Westfalen ist die Mitwirkung des Staates bei Organisationsakten der Hochschule auf den Genehmigungsvorbehalt beschränkt; die Hochschule ist nicht verpflichtet, institutionelle Vorkehrungen nach Maßgabe des Ministers zu treffen. In Bremen und Niedersachsen überprüft der Senator/Minister die organisatorischen Entscheidungen außer nach rechtlichen Gesichtspunkten auch nach dem Kriterium sachlicher Notwendigkeit bzw. Zweckmäßigkeit[48]. In Nordrhein-Westfalen gelten die gleichen Versagungsgründe wie bei der Genehmigung von Hochschulsatzungen[49]. Am stärksten ist der staatliche Einfluß in Hessen zurückgedrängt: Die Genehmigung von Organisationsakten kann, außer aus rechtlichen Gründen, nur versagt werden, wenn sie den Zielsetzungen des Hochschulgesamtplans widersprechen, nicht die Gewähr für gleichwertige Studien-, Prüfungs-, Lehr- und Forschungsbedingungen bieten oder aus anderen Gründen die Einheitlichkeit im Hochschulwesen gefährden[50].

Berlin beschreitet einen Sonderweg. Organisationsentscheidungen fallen hier nicht in einem zweistufigen Verfahren wie in den übrigen Bundesländern; sie werden durch das Kuratorium als formalisiertes Kooperationsorgan getroffen[51]. Der Einfluß des Staates wird zusätzlich dadurch gesichert, daß dem Wissenschaftssenator als Aufsichtsbehörde ein Beanstandungs- und Letztentscheidungsrecht eingeräumt ist: Er kann dabei Gesichtspunkte der Einheitlichkeit im Hochschul-, Haushalts-, Finanz- und Personalwesen, Aspekte der Planung im Hochschul- und Gesundheitswesen sowie personal-, finanz- und gesundheitspolitische Entscheidungen des Berliner Senats und überdies die rechtlichen Verpflichtungen des Landes zur Geltung bringen (§ 123 II BerlHG).

---

temberg und in Rheinland-Pfalz durch die Grundordnung gebildet werden, gelten insoweit die dafür maßgeblichen begrenzten Versagungsgründe.

48 §§ 80 II Nr. 5, 110 II Nr. 2, III 4 BremHG; §§ 91 Nr. 5, 77 I, IV Nr. 1 NHG.

49 §§ 13 I 2 Nr. 5, 148 II Nr. 1, III EWissHG.

50 §§ 18 II Nr. 2 Buchst. a, 20 II, 26 I HUG, § 21 I Nr. 3, II 2 HHG.

51 §§ 88 III, 98 I 4, 108 I 2.

Schluß

Der Gang der Untersuchung hat gezeigt: Der „Rahmen", den das HRG den Bundesländern für die gesetzliche Regelung des Hochschulwesens gezogen hat, ist nicht so eng, daß er die Mannigfaltigkeit der Gestaltungsformen völlig erstickt hätte.

Ob es um die Gesamthochschulfrage oder den freiheitlichen Wissenschaftsprozeß geht, ob man auf die Organisation der Hochschule oder die Zusammensetzung ihrer Gremien abhebt, ob Fragen des Ordnungsrechts oder der Studentenvertretung und schließlich das Verhältnis von Hochschule und Staat berührt sind: In all diesen Feldern haben die Länderparlamente die Akzente durchaus unterschiedlich gesetzt, zeichnet sich keineswegs ein uniformes Muster ab.

Es mag überraschen, daß parteipolitische Konfigurationen, die sich tendenziell bei der Zusammensetzung der Hochschulgremien und der Definition der Einstellungsvoraussetzungen für Professoren stärker ausgeprägt haben, insgesamt eine vergleichsweise geringe Rolle spielen. Um es an einem Beispiel zu verdeutlichen: Das Hochschulrecht im sozialliberalen Hessen hat mit dem des christdemokratischen Niedersachsen weit mehr gemeinsam als mit dem „Bremer Modell" der sozialdemokratischen Hansestadt.

Daß eine unitarische Gleichförmigkeit des Hochschulrechts vermieden wurde, hängt nicht allein mit dem rahmenrechtlichen, also prinzipiell auf Offenheit angelegten Charakter des HRG zusammen. Als mindestens ebenso wichtig schlägt der nur politisch zu erklärende Umstand zu Buche, daß das Gesetz auf vielen Gebieten dilatorische Formelkompromisse enthält, die den Ländern einen nicht unerheblichen Normierungsspielraum belassen haben. Dabei sollte jedoch nicht übersehen werden, daß die verbliebene Bandbreite in zahlreichen Fällen unter Verstoß gegen das Gebot rahmenrechtlicher Konkordanz noch zusätzlich ausgeweitet wurde.

Trotz der fortwirkenden Eigenart, die dem Hochschulwesen eines jeden Bundeslandes anhaftet, läßt sich nicht übersehen, daß das HRG die zuvor kaum überschaubare Vielfalt der hochschulrechtlichen Erscheinungsformen strukturiert und durch einheitstiftende Regelungen gebändigt hat.

Das gilt zunächst und vor allem für die wohl wichtigste Frage der *Mitbestimmung in den Hochschulgremien.* Hier konnte (und mußte) das Gesetz auf die Markierungspunkte im Hochschulurteil des Bundesverfassungsgerichts zurückgreifen, um der verfassungsrechtlich gebotenen Sonderstellung der Professoren Rechnung zu tragen.

Das HRG ist über die verfassungsgerichtlich festgelegten Mindeststandards noch hinausgegangen. Es räumt den Professoren in sämtlichen Gremien mit Entscheidungsbefugnissen in Angelegenheiten, die wissenschaftlich relevante Themen „berühren" (also nicht nur dann, wenn sie diese „unmittelbar betreffen") von vornherein die absolute Stimmenmehrheit ein. Nach den rahmengesetzlichen Vorschriften müssen die Professoren auch bei Beschlüssen in Fragen der Lehre mehrheitlich beteiligt sein, obwohl nach dem Hochschulurteil ein hälftiger Stimmenanteil ausgereicht hätte. Das HRG läßt es bei Entscheidungen in Forschungs- und Berufungsangelegenheiten nicht bei der vom Bundesverfassungsgericht für notwendig erachteten absoluten Stimmenmajorität der Professoren bewenden, sondern schreibt vor, daß Beschlüsse auf diesen Gebieten von der Mehrheit der Professoren durchgesetzt werden können.

Die Bundesländer haben den ihnen danach noch verbliebenen Spielraum sehr unterschiedlich genützt. Die von der SPD bzw. SPD/FDP regierten Länder sowie das CDU-geführte Niedersachsen bemessen die Professorenmehrheit nur knapp, die übrigen Länder haben sie im allgemeinen großzügig ausgeweitet.

Zu bedauern ist, daß die Länderhochschulgesetze sich nicht darauf beschränkt haben, die rahmenrechtlichen Regelungen an die Hochschulen zur Umsetzung in Form von Satzungen, etwa durch die Grundordnung, „weiterzugeben", sondern die Sitzverteilung und Stimmengewichtung bis in die Details schematisch fixiert haben.

Die *Freiheit der wissenschaftlichen Betätigung* ist nunmehr auch gesetzlich abgesichert. Versuche, eine generelle gesellschaftliche Folgenverantwortung der Wissenschaft zu etablieren, haben in einigen Länderhochschulgesetzen allenfalls deklamatorischen Stellenwert erlangt.

Von nicht zu unterschätzender Bedeutung für die Hochschulen dürften die *Vereinheitlichung und Vereinfachung der Personalstruktur* sein. Davon ist insbesondere die Rechtsstellung der Professoren betroffen. Das HRG verwendet einen einheitlichen Professorenbegriff, der sowohl funktionell als auch nach den Qualifikationskriterien über den Begriff des Hochschullehrers, wie ihn das Bundesverfassungsgericht definiert hat, hinausgeht. Die verfassungsrechtlich gebotenen Differenzierungen des Professorenamtes nach der Art der Hochschule und ihren spezifischen Aufgaben werden dadurch jedoch nicht hinfällig. Soweit die Bundesländer — das gilt vor allem dort, wo sozialliberale Mehrheiten bestehen, aber auch in Baden-Württemberg — die Einstellungsvoraussetzungen für Professoren an wissenschaftlichen Hochschulen und an Fachhochschulen gleichartig geregelt haben, wird es von der künftigen Berufungspraxis abhängen, ob die unterschiedlichen Standards gewahrt bleiben und das Homogenitätsgebot bei der Zusammensetzung der Gruppe der Professoren beachtet wird.

Der „Mittelbau" ist nunmehr in zwei scharf voneinander getrennte Gruppen geschieden: die Hochschulassistenten, die den akademischen Nachwuchs bilden, und die wissenschaftlichen Mitarbeiter, denen wissenschaftliche Dienstleistungen obliegen. Ob der Rahmengesetzgeber klug beraten war, die Aufgaben der wissenschaftlichen Mitarbeiter ausschließlich auf Dienstleistungsfunktionen festzulegen, darf man füglich bezweifeln. Immerhin haben einige Länder — teils im Einklang, teils im Widerspruch zum HRG — auch diesen Bediensteten die Möglichkeit der wissenschaftlichen Weiterbildung und der Forschung eingeräumt.

Die durch das HRG in die Wege geleitete, auf dem Zwei-Ebenen-Prinzip beruhende *Organisationsreform* macht die Hochschulstruktur überschaubarer. Die insbesondere für die Forschung unerläßliche Eigenständigkeit der Institute wird dadurch nicht unmöglich gemacht und ist in den meisten Ländergesetzen hinlänglich gesichert.

Das *Ordnungsrecht*, so sehr es auch in den Diskussionen um das HRG und die Länderhochschulgesetze im Vordergrund gestanden hat, wird im Hochschulalltag wohl nur eine marginale Rolle spielen.

Das HRG erteilt keinen Regelungsauftrag zur Bildung von *Studentenschaften*. Immerhin haben neun von elf Bundesländern an der verfaßten Studentenschaft festgehalten, diese aber, im Rückgriff auf rahmenrechtliche Vorgaben, bei der Vertretung studentischer Interessen auf ein hochschulpolitisches Mandat beschränkt.

Die *integrierte Gesamthochschule*, einstmals vorrangiges Ziel einer Hochschulreform, ist im HRG nur noch als alternatives Angebot enthalten. Auch in denjenigen Bundesländern, die ihr weiterhin Priorität beimessen, wird ihre Entwicklung durch finanzielle Engpässe bis auf weiteres gebremst.

Am nachhaltigsten betroffen sind die Hochschulen von den Regelungen des HRG und der Länderhochschulgesetze zur *Studienreform*. Dabei sind es nicht so sehr die am Praxisbezug der Wissenschaft orientierten Bildungsziele, die Schlimmes befürchten lassen. Auch die Regelstudienzeit, so fragwürdig sie im Ansatz auch sein mag, wird als solche in ihren konkreten Auswirkungen die Realität des Studiums nur wenig beeinflussen. Eine ernstliche Bedrohung der Eigenständigkeit der Lehre und des Studiums stellen indes die Studienreformkommissionen dar. Hier zeichnet sich eine Tendenz zur reglementierenden Verschulung, die Gefahr der Außensteuerung der Hochschule durch eine unheilvolle Allianz von Experten und Staat ab.

Der Gegenstandsbereich des HRG erstreckt sich auf das *gesamte Hochschulwesen.* Die Bundesländer sind diesem Anspruch gefolgt und haben sämtliche Hochschulen — von der Fachhochschule bis zur Universität — gleichförmigen Strukturprinzipien unterworfen. Diese Einebnung der institutionellen Ausprägungen bringt vor allem den Fachhochschulen Gewinn; sie partizipieren fortan an den Privilegien, die traditionell der Universität vorbehalten waren. Ob der damit für die wissenschaftlichen Hochschulen zwangsläufig einhergehende Prestigeverlust zugleich eine Minderung der Qualität ihrer wissenschaftlichen Leistungen bedeutet, bleibt abzuwarten.

Die Hochschulgesetze der Bundesländer haben eines gemeinsam: *legislatorischen Perfektionismus.* Offensichtlich hat die verbreitete Überzeugung von der „Unregierbarkeit" der Hochschulen die Politiker dazu bewogen, die Selbstverwaltung, so sehr sie diese in den Gesetzen auch verbal bekräftigen, in die Zucht des staatlichen Regiments zu nehmen. Die Freiheit der Hochschule, lange Jahre von inneren Erschütterungen gefährdet, droht nun von außen eingeschnürt zu werden.

Literaturverzeichnis

Avenarius, Hermann: Sonderforschungsbereiche und Hochschulen. Zum Regierungsentwurf eines Hochschulrahmengesetzes, WissR 1971 S. 252—258

Bachof, Otto: Überlegungen zu einer Verwaltungsreform der deutschen Hochschulen, in: Festschrift für Hermann Jahrreis, Köln—Berlin—Bonn—München 1964, S. 5—31

Bremer, Heinz: Die Satzungsautonomie der Gesamthochschulen in Nordrhein-Westfalen, WissR 1978 S. 193—204

Damkowski, Wulf: Zur Problematik der verfaßten Studentenschaft. Zugleich ein Beitrag zur Systematik der öffentlichen Aufgaben, DVBl. 1978 S. 229—238

Dallinger, Peter: Zur Organisation der Sonderforschungsbereiche nach dem Hochschulrahmengesetz, WissR 1977 S. 106—118

Dallinger, Peter, Christian *Bode* und Fritz *Dellian:* Hochschulrahmengesetz. Kommentar, Tübingen 1978

Denninger, Erhard: Das Hochschulrahmengesetz — Kernstück einer Bildungsreform? Frankfurt am Main 1972

Deutsche Forschungsgemeinschaft: Bericht über die Sprecherkonferenzen vom 9., 10., 11. September und über die Konferenz mit den leitenden Verwaltungsbeamten der wissenschaftlichen Hochschulen vom 19. September 1960 (hektogr.), Bad Godesberg 1969

— Tätigkeitsbericht 1978 — Jahresbericht Band I, Bonn o. J.

Gallas, Andreas: Die Staatsaufsicht über die wissenschaftlichen Hochschulen unter besonderer Berücksichtigung der Staatsaufsicht über die Studentenschaften, Berlin 1976

Hesse, Konrad: Die Leitung der Universität in den gegenwärtigen Bestrebungen zu einer Hochschulreform, WissR 1970, Beiheft 4, S. 82—94

Kimminich, Otto: Grundgesetz und Gruppenuniversität, WissR 1973 S. 193 bis 218

— Wissenschaft, in: Ingo von Münch (Hrsg.), Besonderes Verwaltungsrecht, Berlin—New York 1976, S. 665—709

Krüger, Hartmut: Die Begriffe „Hochschullehrer" und „Hochschule" im Hochschulrahmengesetz und ihre Auswirkungen auf das Prozeßrecht, WissR 1977 S. 219—239

Kühnel, Reiner: Die Fachhochschule im neuen Hochschulrecht, DUZ/HD 1978 S. 302—304

Lippert, Hans-Dieter: Beratende und beschließende Ausschüsse des (akademischen) Senats nach Hochschulrecht, DVBl. 1979 S. 334—337

Lorenz, Dieter: Die Rechtsstellung der Universität gegenüber staatlicher Bestimmung, WissR 1978 S. 1—23

Mangoldt, Hans von: Universität und Staat. Zur Lage nach dem Hochschulrahmengesetz, Tübingen 1979

Maunz, Theodor, Günter *Dürig*, Roman *Herzog* und Rupert *Scholz:* Grundgesetz. Kommentar, Lieferung 1 bis 16, München 1978, lfd.

Oppermann, Thomas: Kulturverwaltungsrecht. Bildung — Wissenschaft — Kunst, Tübingen 1969

Perschel, Wolfgang: Hochschulrecht und Hochschulpolitik in der Rechtsprechung des Bundesverwaltungsgerichts, in: Otto Bachof — Ludwig Heigl — Konrad Redeker (Hrsg.), Verwaltungsrecht zwischen Freiheit, Teilhabe und Bindung. Festgabe aus Anlaß des 25jährigen Bestehens des Bundesverwaltungsgerichts, München 1978, S. 471—497

Pieroth, Bodo: Störung, Streik und Aussperrung an der Hochschule. Ein Beitrag zur Konkretisierung von Grundrechten und zum Hochschulverwaltungsrecht, Berlin 1976

Reich, Andreas: Hochschulrahmengesetz. Kommentar, Bad Honnef 1977

Rupp, Hans Heinrich: „Gruppenuniversität" und Hochschulselbstverwaltung, WissR 1974 S. 89—106

Salzwedel, Jürgen: Staatliche Genehmigungsvorbehalte gegenüber der Selbstverwaltung, in: Archiv für Kommunalwissenschaften 1962 S. 203—220

Schelsky, Helmut: Einsamkeit und Freiheit. Idee und Gestalt der deutschen Universität und ihrer Reformen, Reinbek bei Hamburg 1963

— Abschied von der Hochschulpolitik oder Die Universität im Fadenkreuz des Versagens, Bielefeld 1969

Schenck, Guntram von: Das Hochschulrahmengesetz. Hochschulreform in der Gesellschaftskrise, Bonn—Bad Godesberg 1976

Scheven, Dieter und Norbert *Pelzner:* Hochschulrechtliche Aspekte der Gesamthochschule in Nordrhein-Westfalen, WissR 1973 S. 44—63

Schmitt Glaeser, Walter: Die Freiheit der Forschung, WissR 1974 S. 107—134, S. 177—192

Schuster, Hermann Josef: Zur Organisation von Sonderforschungsbereichen in wissenschaftlichen Hochschulen, WissR 1970, Beiheft 4, S. 175—201

Schuster, Hermann Josef und Friedrich *Graf Stenbock-Fermor:* Überlegungen zur Eigenart der Hochschulverwaltung, WissR 1968 S. 28—46

Stenbock-Fermor, Graf Friedrich: Zur Frage der Verwaltung des Fachbereichs. Empfehlungen der Kommission „Organisation der Hochschulverwaltung" im Planungsbeirat für die Entwicklung des Hochschulwesens in Nordrhein-Westfalen, WissR 1970 S. 70—76

Thieme, Werner: Deutsches Hochschulrecht, Berlin—Köln 1956

— Der Universitätspräsident, DVBl. 1969 S. 1—4

— Das Hochschulrahmengesetz, WissR 1976 S. 193—221

— Gutachtliche Stellungnahme zur Wahl der Vizepräsidenten der Universität Hamburg, abgedr. in Mitt. des Hochschulverbandes 1978 S. 229—302

— Bildungsziele der Universität als Rechtsproblem, DÖV 1979 S. 73—81

Waibel, Wolf-Wilhelm: Rechtsprechungsübersicht zum Ordnungsrecht der Hochschulen, WissR 1974 S. 153—168; 1975 S. 86—96

Wissenschaftsrat: Empfehlungen zum Ausbau der wissenschaftlichen Hochschulen bis 1970, Tübingen 1967

Wissenschaftsrat: Empfehlungen zur Struktur und Verwaltungsorganisation der Universitäten, Tübingen 1968

Wolff, Hans J. und Otto *Bachof:* Verwaltungsrecht I, 9. Aufl., München 1974

— Verwaltungsrecht II, 4. Aufl., München 1976

Zeh, Wolfgang: Finanzverfassung und Autonomie der Hochschule. Hochschulfinanzierung im Spannungsfeld von Wissenschaft, Gesellschaft und Staat, Berlin 1973

Zimmermann, Georg: Ist die „verfaßte Studentenschaft" noch zu rechtfertigen? DUZ/HD 1974 S. 502—505

— Noch einmal zur Verfaßten Studentenschaft, DUZ/HD 1977 S. 646—649

FSC
www.fsc.org
MIX
Papier | Fördert
gute Waldnutzung
FSC® C083411

Kolibri 360 GmbH
Ferdinand-Jühlke-Straße 7
99095 Erfurt, Deutschland
produktsicherheit@kolibri360.de

Druck:
CPI Druckdienstleistungen GmbH
im Auftrag der
Kolibri 360 GmbH
Ferdinand-Jühlke-Str. 7
99095 Erfurt